Werner Bätzing Orte guten Lebens

D1725650

Über dieses Buch

Werner Bätzing beschäftigt sich seit über 30 Jahren mit dem Alpenraum, und er gilt heute als der bedeutendste Alpenforscher in Europa. Dieser Band enthält eine Auswahl von Aufsätzen, die er in den Jahren 1978 bis 2008 verfasst hat. Es sind Texte, die sich an ein breites Publikum wenden und zugleich die große Breite seiner Alpenforschungen sichtbar machen.

Die Themen reichen von Darstellungen der Entsiedlung und Wildnisentwicklung in piemontesischen Alpentälern und den Folgen des Massentourismus in Gastein über Analysen der Berglandwirtschaft, der Alpenstädte, der Alpenkultur und des alpinen Umweltschutzes bis hin zu Gesamtdarstellungen der Alpenentwicklung im Kontext der Globalisierung.

Alle Texte kreisen um die Frage, wie unter den heutigen Rahmenbedingungen ein lebenswertes Leben in den Alpen möglich ist, das seine eigenen Grundlagen nicht zerstört. Damit weisen sie auch weit über diesen Gebirgsraum hinaus.

Werner Bätzing

Orte guten Lebens

Die Alpen jenseits von Übernutzung und Idyll

**Einsichten und Einmischungen
aus drei Jahrzehnten**

Herausgegeben von Evelyn Hanzig-Bätzing
Geleitwort von Reinhold Messner

Rotpunktverlag

© 2009, Rotpunktverlag, Zürich.
www.rotpunktverlag.ch

Umschlagfoto: Blick über das Neraissa-Tal (ganz vorn) und das Stura-Tal
(Bildmitte) auf die zentralen Seealpen (Werner Bätzing, August 2001).

ISBN 978-3-85869-392-1
1. Auflage

Inhalt

Geleitwort

Von Reinhold Messner

Es war Werner Bätzing, der mein Interesse, das lange Zeit auf die Gipfel fokussiert war, auf die Menschen in den Alpen gelenkt hat, auf die Älpler also, die diesem Gebirge erst Leben und Geschichte geben. Seine Erkenntnisse waren mir Hilfe sowohl beim Wiederaufbau von Bergbauernhöfen als auch im Europäischen Parlament. Ich bin Professor Bätzing dankbar dafür, bewundere ihn für seine Feldarbeit und seine Sensibilität im Umgang mit jenen Älplern, die am Rande ihrer Existenz irgendwo verloren in tiefen Tälern das Überleben proben.

Professor Werner Bätzings Arbeit in den Alpen verfolge ich seit bald drei Jahrzehnten. Seine Forschungsergebnisse, seine Bücher und vor allem sein Einsatz vor Ort haben ihn zum bedeutendsten Sprecher jener Bergkultur gemacht, von der die Zukunft der Alpen abhängt – mehr als vom Klimawandel oder der Globalisierung. Bätzings Augenmerk gilt dieser alpenspezifischen Lebenshaltung, in der er die Voraussetzung für die wirtschaftliche Entwicklung, das soziale und ökologische Gleichgewicht in den Alpen erkannt hat. Nicht der Massentourismus und seine Folgen oder die Transitbelastung bedeuten das Ende des Lebens in den Alpen sondern der stetige Verlust an einer Kultur, die der Mensch im Überlebenskampf mit der Bergnatur entwickelt hat.

Bätzing bemüht sich seit Jahrzehnten um jenen Teil der Alpen, der völlig zu entvölkern droht: die Cottischen- und Seealpen im Piemont. Seit Jahren propagiert er den Weitwanderweg GTA, berät

Hirten, Bürgermeister und Talgemeinschaften, unterstützt kleine Gastbetriebe, wenn sie im Rahmen des »Agriturismo« lokale Produkte nach heimischen Rezepten auf Speisezettel schreiben. Er erforscht die Siedlungsgeschichte kleiner verlassener Weiler, beobachtet die Ausdauer der letzten verbliebenen Bauern und steigt mit ihnen hinauf bis über die Waldgrenze, wo Mensch und Tier seit jeher das Überleben mit äußerster Vorsicht gestalten. Am schmalen Saum zwischen Kultur- und Naturlandschaft hat der Alpenforscher und Wanderer Bätzing sein Forschungsgebiet gefunden: Eine Zone der Erkenntnis, in der ihm klar geworden ist, dass die alpine Kultur großflächig verschwinden wird, nicht aber vergessen werden darf. Mit Vehemenz und Einfühlungsvermögen versucht er den Untergang aufzuhalten: Indem er neue Entwicklungen anstößt, Anreize für Rücksiedler schafft, Bücher schreibt. Vor allem will er Hoffnung verbreiten, bevor alle Erfahrung verloren geht. Nicht die Verwitterung und nicht das Klima bedeuten das Ende der Bergkultur in den Alpen, es ist der Verlust jener nachhaltigen Überlebensstrategie, die innerhalb Jahrtausenden entstanden ist. So wie Bätzing alte Flurkarten entschlüsselt, die sonst kaum jemand lesen kann, erkennt er hoch oben zwischen Berg und Tal jenen Wert, der nicht verspielt werden darf: Die Kunst, in den Bergen eigenständig zu überleben. Werner Bätzing ist also nicht nur einer, der beobachtet, wo sich ihre Spur verliert, vor allem zeigt er Wege auf, wie diese Kultur weiterentwickelt werden kann. Dafür hat er meinen ganzen Respekt.

Einleitung

Werner Bätzings Zugang zum »Leben in den Alpen«

Von Evelyn Hanzig-Bätzing

Mensch und Umwelt sind die Leitbegriffe, unter die sich die Arbeiten Werner Bätzings während der letzten drei Jahrzehnte gestellt haben. Exemplarisch am Lebens- und Wirtschaftsraum der Alpenbewohner ausgerichtet, zielen seine Analysen aber weit darüber hinaus auf eine prinzipielle Fragestellung, nämlich auf die nach *Orten guten Lebens* in unserer Welt, die ein befriedigendes menschliches Leben ohne idyllische Verklärungen und harmonistische Weltsichten ermöglichen. Und damit sind sie immer auch – über die Beschäftigung mit dem Alpenraum hinaus – grundsätzlich an den Problemen der *Lebenswelt* des Menschen orientiert. Und somit auch an seiner Mitwelt und an seiner Nachwelt. Insofern ist in Bätzings Arbeiten von Anfang an mit dem Begriff der Lebenswelt der der Verantwortung untrennbar verbunden.

Werner Bätzings Untersuchungen führen einen seit 1976 von hoher Komplexität und Einheitlichkeit sich entwickelnden Schwerpunkt fort, der in Bätzings spezifischer Zugangsweise zum *Verhältnis* zwischen Mensch und Umwelt liegt: Diese besteht in der seine Arbeiten prägenden Auffassung, dass es keinen direkten Zugang und damit kein *unmittelbares* Wissen von diesem Verhältnis zwischen Mensch und Umwelt gibt. Sondern dass es sich – wenn überhaupt – allein durch ein von konkreter Erfahrung geprägtes Wissen angemessen verstehen und beschreiben lässt.

Diese bestimmte Zugangsweise, die sich jeder einseitigen Fixierung verweigert, führt sich auf Bätzings biografischen Werdegang zurück: In den ersten Jahren seiner Alpendurchquerungen, in denen er die bergbäuerlichen Tätigkeiten immer differenzierter wahrnahm, sich selbst an ihnen beteiligte und mit den Bauern lebte, entstand in ihm die Überzeugung, dass weder ein rein theoretischer Zugang (wie er ihm in seinem Studium der evangelischen Theologie und der Philosophie vermittelt worden war), noch eine bloß praktisch-pragmatische Herangehensweise (die er in seiner politisch-gewerkschaftlichen Tätigkeit kennengelernt hatte) eine dem komplexen Verhältnis zwischen Mensch und Umwelt angemessene Sichtweise und Beurteilung desselben ermöglichen. In dieser Zeit festigte sich Bätzings Annahme, dass sich ein realitätsgerechtes Verständnis des Mensch-Umwelt-Verhältnisses nur aus der Beziehung von Theorie und Praxis gewinnen lässt.

Die Verknüpfung von theoretischem mit erfahrungsgemäßem Wissen bildete gleichsam die Grundlage seines Engagements und seines spezifischen Zugangs zum Alpenraum. An der Schnittstelle zwischen Theorie und Praxis entsteht denn auch Bätzings Grundsatzfrage: Wie ist unter den heutigen Rahmenbedingungen ein Leben in den Alpen möglich, das seine natürlichen und kulturellen, identitätsstiftenden Grundlagen nicht zerstört? Mit seinen zahlreichen Publikationen, seinem viel beachteten Habilitationsvortrag von 1993, der der Analyse und Diskussion der Grundlagen »nachhaltigen Wirtschaftens« gewidmet war, und insbesondere mit seinen drei Alpenbüchern versuchte Werner Bätzing eine Antwort auf diese komplexe Grundsatzfrage zu finden.

Viele Anstöße, die von seinen Arbeiten ausgingen, sind untrennbar verbunden mit einem sein Denken begleitenden Leitgedanken: »Man sieht nur, was man weiß.« Werner Bätzing interpretiert diesen Satz auf ein ganz und gar unzeitgemäßes Verständnis von *Wissen* hin, das völlig quer steht zum Zeitgeist der Fortschrittslogik unserer sogenannten Wissensgesellschaft. Wissen, verstanden als subjektiver Aneignungsprozess von Inhalten der Auseinandersetzung des Menschen mit seiner eigenen Lebens- und Welterfahrung, in welcher angemessenes und verantwortungsbewusstes Handeln allererst zu entstehen vermag, ist heute ein Ungedanke. Wissen verkommt derzeit zu einem rein funktionalen Begriff. Er meint bloß noch *Kompetenzen*. Also jederzeit und an jedem Ort unmittelbar abrufbare Informationen. Und das heißt, unter Wissen werden rein formale, messbare Fähigkeiten des Menschen verstanden – Fähigkeiten, die allein noch auf ökonomisch verwertbare Leistungsbilanzen hin bewertet werden. Mit der Fixierung auf rein formale Fähigkeiten einerseits und dem Verlust jeglicher Inhalte andererseits ermöglicht Wissen heute nur noch technokratische Außenansichten unserer Lebenswelt, was zum Beispiel bedeutet, dass man heute nur noch danach fragt, wie jemand gesund *gemacht* werden kann, und nicht mehr, wodurch er krank *geworden* ist. Damit fallen Wahrnehmen und Begreifen unwiederbringlich auseinander, was zwangsläufig mit einer mangelnden Fähigkeit zur Erfahrung einhergeht. Indessen gewährt die vermeintliche Gewissheit, dass alles machbar, wissenschaftlich-technisch beherrschbar ist, kompensatorisch Ersatzbefriedigung, indem sie narzisstische Allmachtsfantasien bedient.

Je mehr erfahrungsgemäßes Wissen entwertet wird, umso mehr wird Erinnerung liquidiert, verlieren wir den Blick für das Gewordensein, für die Spuren des Lebens schlechthin. Mit dem derzeit zunehmenden Verlust von Erfahrung verlieren wir auch die Fähigkeit zur Wahrnehmung dessen, was Werner Bätzings Alpenforschung von Anfang an anleitete: Die jahrtausendealte Kulturlandschaft, die nicht aus ihrem Bezug zur menschlichen Arbeit zu lösen ist, steht für die zentrale Bedeutung dieses Erfahrungswissens. Aber es braucht zugleich genauso die persönliche Erfahrung desjenigen, der dieses Wissen verstehen will. In seinem allerersten Text aus dem Jahr 1978 formulierte es Werner Bätzing so: »…wenn man all dies nicht selber entdecken kann und will, wird man nichts sehen. Man muss sich auf diese Gegend einlassen, sich Zeit nehmen und versuchen, ihre Lebensweise und ihren Rhythmus herauszufinden, nur dann bekommt man eine Ahnung von der Auseinandersetzung dieser Menschen mit ihrer Umwelt. Weder die Natur noch die Kultur ist hier so vorbereitet und aufgearbeitet, dass man sie bloß passiv zu konsumieren braucht – wer das erwartet, wird sich wohl ziemlich schnell langweilen. Diese Landschaft erschließt sich nur dem, der sie sich selbst aktiv erschließt …«

Der Verlust von Erfahrung in unserer auf das hier und jetzt Machbare fixierten Gesellschaft führt aber nicht nur zur inneren Ortlosigkeit und Bindungslosigkeit des Menschen, also zum Verlust seiner Selbsterfahrung. Mit diesem Verlust geht auch das verloren, was Werner Bätzing als die aktive und verantwortungsbewusste Auseinandersetzung des Menschen mit seinen natürlichen und kulturellen Lebensgrundlagen beschrieben hat: das Verhältnis zwischen der äußeren und der inneren Natur als das »In-Beziehung-Sein« des Menschen. Dieses grundlegende, mit der Conditio humana mitgegebene spezifisch menschliche In-Beziehung-Sein erfährt unter den heutigen Lebensbedingungen einen dramatischen Bedeutungsverlust, indem das Verhältnis zwischen Außen- und Innenwelt auf die bloße Abhängigkeit des Menschen vom wissenschaftlich-technischen Funktionieren reduziert wird. Dementsprechend erleben wir alles, was nicht unmittelbar funktioniert, als technischen Störfall.

Aus diesem Erleben heraus werden auch »Naturkatastrophen« wahrgenommen und bewertet, und man versucht sie lediglich technisch in den Griff zu bekommen. So sorgte beispielsweise der sogenannte Katastrophensommer des Jahres 1987 für europaweite

Schlagzeilen. Schnell war man mit monokausalen Erklärungen und fixen Zuschreibungen der Ursachen (Waldsterben, Skipisten und so weiter) bei der Hand, in deren Folge das Erfahrungswissen, dass Natur unberechenbar und für den Menschen bedrohlich ist, der vermeintlichen Gewissheit wich, dass durch ein Noch-Mehr von technischem Einsatz das Unberechenbare und Unvorhersehbare beherrschbar und für den Menschen »sicher« gemacht werden kann.

Werner Bätzings Analysen haben derartige unmittelbare Zuschreibungen stets unterlaufen, indem sie nicht von wissenschaftlichen Prinzipien deduzierten oder von kausalen Zusammenhängen ausgingen, sondern indem sie die jeweils komplexen lokalen Verhältnisse vor Ort in den Blick nahmen und von hier aus die spezifischen Beziehungen zwischen Mensch und Umwelt am Einzelfall zu verstehen versuchten. Weil es Werner Bätzing immer um ein umfassendes Bild der jeweiligen Lage geht, geben seine Befunde zugleich den Blick frei für das Fragwürdige, nämlich für die Fehleinschätzungen bloßer Außenansichten: Denn sowohl die theoretischen Erkenntnisse als auch deren praktische Umsetzungsvorschläge schließen beide jeweils vom Prinzip auf den Einzelfall und werden daher der konkreten Realität nie gerecht. Bätzings Befunde widersprechen allem forschungspolitischen Streben nach technischer Machbarkeit, das derzeit zunehmend Vorrang gewinnt vor jeder vergangenheitsbezogenen und zukunftsorientierten Lebens- und Wirtschaftsweise und somit Leben als *menschliches* obsolet erscheinen lässt.

Mit Bätzings Untersuchungen wird demgegenüber die zentrale Frage nach den Bedingungen der Möglichkeit von verantwortungsbewussten Existenzformen, mithin die Frage nach den Bedingungen der Möglichkeit nachhaltigen Handelns aufgeworfen. Eine Antwort aus der Außenansicht technokratischen Denkens gibt es nicht. Sie liefe – wie heute üblich – auf appellative Formen moralischer Sollenssätze hinaus, deren Forderungen den realen Verhältnissen bloß nachträglich aufgesetzt werden. Doch dass sich durch Detailanalysen der den jeweiligen Verhältnissen angepassten, das heißt auf die ökologische Stabilität der Kulturlandschaft ausgerichteten Nutzungsformen die *Bedingungen für nachhaltige Lebens- und Wirtschaftsweisen* freilegen lassen, das hat Werner Bätzing empirisch belegt. Mitgezeigt wird da immer auch: Die tätige, den jeweiligen konkreten Verhältnissen angepasste Auseinandersetzung des Menschen mit sich selbst, seiner eigenen Geschichte und seiner Umwelt verleiht seiner Lebenswelt ihre menschliche Dimension, und sie stiftet Sinn und Wertorientierung. Und mit ihr entsteht verantwortungsbewusster Umgang des Menschen nicht nur mit seiner Umwelt, sondern auch mit sich selbst.

Was frühere Untersuchungen noch nicht thematisierten, wird seit 1983 in den Arbeiten von Werner Bätzing zu einem zentralen Thema. Seitdem geht es, aus den unterschiedlichsten Problemstellungen heraus, um die Frage, in welcher Weise Gelingen und Misslingen der Naturnutzung unter gleichzeitiger Sicherung der Lebensgrundlagen, der Stabilisierung der anthropogen gestalteten Kulturlandschaft, von wirtschaftlichen und gesellschaftlichen Rahmenbedingungen abhängen. Es war die Ausgangssituation seiner Untersuchungen, nämlich die zunehmend sich durchsetzenden, am reinen Produktionsdenken orientierten Wirtschaftsweisen des Menschen im Alpenraum, die Bätzings Aufmerksamkeit auf jene fundamentalen Tätigkeiten lenkte, durch die die Kulturlandschaft ökologisch stabil gehalten werden konnte: das sind die reproduktiven Tätigkeiten. Reproduktive Tätigkeiten bedeuten somit die bewusste und planmäßige Stabilisierung der ökologisch instabilen Kulturlandschaft zum Zwecke ihrer dauerhaft-langfristigen Nutzung. Die Kultivierung der Natur, also die Veränderung der natürlichen

Ökosysteme zum Zwecke der landwirtschaftlichen Produktion ist somit unablösbar von der reproduktiven Arbeit des Menschen.

Werner Bätzing hat dieses Gegensatzpaar *Produktion – Reproduktion* in bestimmter Weise gefasst, was er aus seinen Untersuchungen heraus inhaltlich begründen konnte: Die Produktion hat sich – will der Mensch seine Existenzgrundlagen nicht zerstören – an den reproduktiven Tätigkeiten zu orientieren, weil diese durch die Nutzungsfolgen der Natureingriffe, die jede Produktion mit sich bringt, notwendig werden. Eine an der Reproduktion orientierte Produktion bedeutet deshalb, dass das Unbeherrschbare, das Unvorhersehbare, oder anders gesagt das Nichtwissen in den Akt des Produzierens als Handlungsgrenze des Machbaren mit eingeschlossen ist. Dadurch wird Produktion allererst zu einem verantwortlichen Handeln.

Infolge dessen wird das Mensch-Umwelt-Verhältnis dann nicht mehr als ein in sich geschlossenes, vom Menschen oder von der Natur dominiertes Verhältnis verstanden. Es wird nun vielmehr als eines begriffen, das sich aus der konkreten Erfahrung der uneinholbaren Vorrangstellung der Natur gegenüber dem Menschen bestimmt. Und als solches ist das Mensch-Umwelt-Verhältnis durch eine prinzipielle *Offenheit* gekennzeichnet, sodass Produktion und Reproduktion immer in einem spannungsvollen Verhältnis stehen, das die Unberechenbarkeit des Ganzen symbolisiert und durch technische Lösungen nie beherrscht werden kann.

Mit dieser Auslegung des Mensch-Umwelt-Verhältnisses ist Werner Bätzing eine Verbindung dessen gelungen, was gemeinhin, vor allem aber unter den Rahmenbedingungen unserer globalisierten, auf unmittelbare, grenzenlose Verfügbarkeit ausgerichteten Lebenswelt auseinander fällt. Denn unter der Fortschrittslogik des Produktionsdenkens werden alle reproduktiven Tätigkeiten, auch die zwischenmenschlich und psycho-sozial motivierten, dem Kosten-Nutzen-

Prinzip unterworfen und damit vollständig entwertet. Sie stellen bestenfalls noch einen unerwünschten Kostenfaktor dar, der die Konkurrenzfähigkeit, auch die des Menschen selbst, radikal in Frage stellt: Mit den am reinen Produktionsdenken orientierten Lebensweisen wird der Mensch der Ware, die er produziert, gleich gemacht – in ihm spiegelt sich nicht mehr das von ihm selbst aktiv gestaltete, gelebte Leben, sondern bloß noch die passiv erlebte (Waren-)Welt.

Auch diese Einsicht verdankt sich Bätzings Erfahrungen. Denn über das jeweils Fachspezifische hinaus hat er in seinen Arbeiten die Grundsatzfrage nach den Bedingungen, unter denen *Orte guten Lebens* entstehen und erhalten werden können, nie aus den Augen verloren.

Bätzings Arbeiten gehen aus dem einzigartigen Zusammenwirken von Wissenschaft und Leidenschaft hervor. Vielleicht ist es gerade diese geglückte Verbindung, die seinen Schülern und Kollegen sowie vielen außeruniversitären Persönlichkeiten unverzichtbare Anregungen und vielfältige Denkanstöße gab.

* * *

Dieser Sammelband erscheint zum 60. Geburtstag von Werner Bätzing. Dieses Datum bedeutet für ihn zugleich dreißig Jahre Beschäftigung mit und Engagement für die Alpen.

Dieser Band ist als *Lesebuch* gedacht und verfolgt das Ziel, eine repräsentative Auswahl von Texten aus seinen Publikationen zusammenzustellen, die den gesamten Zeitraum seiner Beschäftigung mit den Alpen abdecken (vom ersten Aufsatz aus dem Jahr 1978 bis zum neuesten Text aus dem Jahr 2008) und die die thematische Vielfalt seiner Alpenanalysen sichtbar machen. Zugleich wurde bei dieser Auswahl darauf geachtet, nur solche Texte auszuwählen, die sich an ein breites Publikum wenden.

Die 24 Texte wurden nach dem Jahr ihrer Entstehung geordnet, sodass der Leser sowohl die Entwicklung des Denkens des Autors als auch die Veränderungen in den Alpen selbst nachvollziehen kann. Am Ende jedes Textes steht ein Hinweis auf den Ort der ursprünglichen Publikation sowie ein kurzer Kommentar zu seinem Stellenwert im Kontext der Arbeiten von Werner Bätzing. An ausgewählten Stellen werden in Fußnoten Hinweise und Vergleiche zur heutigen Situation gegeben. Die Texte sind leicht redigiert, unterschiedliche Schreibweisen angeglichen und teilweise sind Kürzungen vorgenommen worden, um inhaltliche Überschneidungen zu vermeiden.

Zusätzlich findet sich in diesem Sammelband ein Fototeil mit Bildern von Werner Bätzing, denn die Fotografie besitzt für ihn bei seiner Auseinandersetzung mit den Alpen von Beginn an einen zentralen Stellenwert. Fast alle hier abgedruckten Texte wurden von ihm mit eigenen Fotos illustriert, um zentrale Aussagen zu veranschaulichen, und dies ist auch die Leitidee für den Fototeil dieses Bandes. Dafür wurden Bilder ausgewählt, die zeitnah zu den jeweiligen Aufsätzen entstanden sind und die bislang selten oder nie publiziert wurden.

Ein kaum bekanntes Alpengebiet

»Wohin fährst du? In die Cottischen Alpen? Wo sind die denn?« Das war die Reaktion meiner Freunde im Frühjahr. Wie kommt jemand überhaupt auf die Idee, sich solch eine Gegend für den Urlaub auszusuchen? Dazu muss ich kurz ausholen.

Im Sommer 1976 war ich in den Ötztaler Alpen, in einer Gegend, die mir von den Bergen her sehr gut gefallen hat. Aber – ins Tal durfte man nicht absteigen: Die Fremdenverkehrsindustrie hat dieses Gebiet ja so fest im Griff und nach ihren Maßstäben so gründlich umgestaltet, dass man von der früheren Bauernkultur nur noch Reste wahrnimmt. Ich blieb deshalb oben in der Region der Pässe, Gletscher und Gipfel, in einer Region, in der der Mensch gar nicht oder nur besuchsweise existieren kann. Auf die Dauer war mir das aber nicht genug. Der große Reiz der Alpen beruht ja – jedenfalls für mich – nicht allein in der Wildheit, Fremdheit und Unberührtheit der Gipfelregion. Genauso wie ein Alpenfoto Leben erst bekommt durch den Gegensatz und den Widerstreit von blühender Lebendigkeit und totem abweisendem Gestein, bekommen die Alpen auch erst dann ihren wirklichen Reiz, wenn ihre Lebensfeindlichkeit, Schroffheit und Unberührtheit in ständiger Auseinandersetzung steht mit dem Kampf der Menschen um Lebensmöglichkeiten und dem Kampf auch der Natur, wieder Leben in diese Öde hineinzutragen. Besetzt allerdings »unsere« Fremdenverkehrsindustrie solche Gebiete, wird diese Auseinandersetzung zerstört und eine künstlich-kaputte Welt aufgebaut, die aus sich heraus selbständig gar nicht lebensfähig ist und alles gewachsene Leben angreift.

Entdeckung und schwierige Anfahrt

Wo gibt es nun in den Alpen noch Gebiete, in denen diese Fremdenverkehrsindustrie noch nicht alles beherrscht, und wie findet man sie? Als Buchhändler habe ich ständig mit Bibliografien, Literatur- und Kartenverzeichnissen zu tun, und deshalb tat ich das für mich Einfachste: Ich suchte ein Alpengebiet, über das es *keine* Reiseführer, Bergführer, Wanderkarten und so weiter gibt und das in den großen Alpenbildbänden und Alpenkalendern *nicht* erwähnt wird. Da merkte ich, dass für die Verlage die Alpen offenbar südlich der Grenze Pelvoux-Massiv/Monviso nicht mehr existieren. Das war für mich der Grund, dorthin aufzubrechen. Es wurde eine oft abenteuerliche Reise in ein fernes, unbekanntes Land.

Schon die Anfahrt machte Schwierigkeiten. Meine Freundin und ich wollten eigentlich bis Limone/Piemonte mitten in den Seealpen mit dem Zug fahren. Es war aber in Berlin selbst mittels Reisebüro nicht möglich, die entsprechenden Fahrkarten zu besorgen. Das ging nur bis Cuneo. Und mit den bestellten Platzkarten klappte es auch nicht. Also fuhren wir ohne sie in überfüllten Zügen über Mailand und Turin nach Cuneo, was 24 Stunden dauerte. Cuneo liegt etwa zehn Kilometer vor den Alpen und bildet den Mittelpunkt des gesamten Gebietes, von hier fahren Busse in sehr viele Täler der Cottischen, der See- und der Ligurischen Alpen.

Wilde Berge und üppige Wiesen

Es war dann auch so, wie wir es uns vorgestellt hatten: Eine vom Tourismus fast gänzlich unberührte, landschaftlich wilde Gegend, in der noch Bergbauern die Kulturlandschaft prägen. Wir sind da mit Rucksack und Zelt durchgegangen, haben manchmal tagelang keinen Menschen gesehen, uns dann wieder länger in Dörfern aufgehalten und das alles bei insgesamt gutem Wetter nach dem Motto: Nichts überstürzen und nicht hetzen. Es ist ein Märchen, dass die Berge so weit unten im Süden nicht mehr schön und wild seien, entscheidend ist ja die relative Höhe, und die ist hier groß: Die Poebene liegt auf etwa 500 Meter, die Täler in den Seealpen sind beim letzten Dorf nicht viel höher als 1000 Meter und die Gipfel liegen auf 3000 Meter, in den Cottischen Alpen liegen die Talschlüsse und die Gipfel etwa 200 Meter höher. Es ist hier so alpin wie in den Zentralalpen, da die Berge im Alpenhauptkamm eher schroff und wild sind (oft dolomitartige Formen). Vom Alpenhauptkamm in der Nähe des Colle di Tenda hat man einen unwahrscheinlichen Blick nach Nordwesten: Man sieht zuerst über die Ausläufer der Seealpen und der Cottischen Alpen hinweg, sieht dann die schneebedeckten Dreitausender der Cottischen Alpen, die von der Pyramide des Monviso (3841 Meter) ganz deutlich um 500 Meter überragt werden, und sieht dahinter als Schimmer am Horizont das Pelvoux-Massiv – ein Panorama, das wohl zu den schönsten der Alpen zählt und das man in keinem Bildband finden kann.

Wir waren Mitte Juni in diesen Bergen und hatten immer noch arge Schwierigkeiten mit dem Schnee. Trotz Süden und Sonne lag die Schneegrenze noch bei 2200 Meter, weshalb etliche Pässe und Gipfel für uns unpassierbar waren. Gerade in der Nähe des Alpenhauptkammes liegen die Pässe oft 2500 bis 2800 Meter hoch – eine sehr schöne Sache, wenn man nur leichte Kletterei unternehmen möchte, da die nächsten Gipfel mit Fernblick zum Greifen nah sind. Leider mussten wir davon einiges streichen. Dafür hatten wir aber einen sehr guten Ausgleich: Auf den Almen und Hängen in 2000 Meter Höhe zeigte sich der Frühling in seiner ganzen Pracht: Ich habe selten in Deutschland, und in den Alpen schon gar nicht, so über und über bunte Wiesen, ein solches Blühen und Sprießen gesehen. Dazu als ständiger Kontrast im Hintergrund die schneebedeckten schroffen Berge – es war umwerfend.

Von Tourismus war kaum etwas zu sehen. Einzig das Vermenagna-Tal, durch das die Hauptstraße von Turin nach Nizza über den Colle di Tenda führt, wies eine Reihe von Neu- und Hochbauten auf. Der Ort Limone/Piemonte ist zu einem Wintersportzentrum ausgebaut: Neben dem noch fast vollständig erhaltenen recht einfachen und ärmlichen Dorf wurden riesige moderne Appartements gebaut, oft zehn oder zwölf Stockwerke hoch. Der Kontrast zwischen den alten zweistöckigen Steinhäusern des Dorfes und diesen Appartements, die alle verschlossen und leer standen, war brutal. Wie halten die Dorfbewohner das nur aus? Ansonsten kaum Fremdenverkehr. In manchen Dörfern wurden wir denn auch etwas befremdet angesehen, weil die Leute offenbar kaum je Wanderer gesehen haben; in anderen Dörfern gab es erste Ansätze von Tourismus, meist Italiener aus der nahen Poebene und einige Franzosen. Deutsche haben wir überhaupt keine getroffen.

Urtümliche Dörfer und Spuren des Verfalls

Dörfer, Almen und Häuser sind sehr verschieden von denen, die wir aus den Nordalpen kennen, was erst einmal sehr reizvoll ist. Alle Häuser sind aus Stein gebaut und je höher man kommt, desto öfter fehlt der Verputz, sodass man die geschickt aufeinander gelegten unbearbeiteten Steine sieht. Die Dächer sind mit Steinplatten gedeckt, was den Eindruck erweckt, man sei gar nicht mehr in Mitteleuropa. Einzeln stehende Höfe gibt es gar nicht, alle ganzjährig bewohnten Häuser sind in kleinen Dörfern zusammengefasst, die ganz eng und verschachtelt gebaut sind, ähnlich wie griechische oder süditalienische Dörfer. Diese Dörfer sind stellenweise so ärmlich, dass es uns manchmal unangenehm wurde, da durchzugehen, alles anzusehen oder gar zu fotografieren. Wir sahen auch öfters alte, schwarz gekleidete Frauen ihre drei Geißen oder ihre eine Kuh auf die Weide am Wegrand treiben – die sozialen Hintergründe der Märchen der Gebrüder Grimm wurden lebendig. (1)

In den Seealpen war die Lage noch schlechter: Über die Hälfte aller Almhütten war verlassen, die hochgelegenen Dörfer waren teilweise nur zur Hälfte bewohnt und lagen zur anderen Hälfte in Trümmern. Ebenfalls waren Wege, Felder und Terrassen oft im Stadium des Verfalls, zum Teil in erschreckendem Umfang. Und es sah so aus, als ob dieser Verfall erst seit zehn oder zwanzig Jahren eingesetzt habe. Ein alter Bauer sagte mir dazu lapidar: Die einen, die Alten, sind oben (er deutete zum Himmel), die anderen, die Jungen, sind unten (er deutete auf die Poebene) und nur seine Generation sei noch übrig geblieben. Leider reichte mein Italienisch nicht aus, um genauer nachzufragen.

Ganz anders das Bild in den Cottischen Alpen: Obwohl die Dörfer ähnlich ärmlich waren, gab es doch keine verlassenen Häuser oder Almen, und der Boden wurde soweit wie möglich genutzt. Allerdings fehlten fast vollständig technische und mechanische Hilfsmittel wie Materialseilbahnen, befahrbare Almwege und Ähnliches. Häufig wurde noch mit der Sense, seltener auch mit der Sichel gearbeitet.

Die Bauern betrachteten uns oft neugierig – erstaunt und zurückhaltend. Kam man aber ins Gespräch, wurden sie bald freundlich und herzlich. Als erstes kam immer die Frage, ob wir Franzosen seien. Wenn wir verneinten, tippten sie auf Engländer, und wenn wir dann wieder nein sagten, waren sie ratlos. Sagten wir dann, wir kämen aus Deutschland, waren sie sehr erstaunt und es folgte der typische Kommentar: Ach – von so weit kommen Sie her.

Manchmal zählte man uns auf, wie viele Deutsche jemals im Dorf gewesen waren, man erinnerte sich fast an jeden Einzelnen, mehr als zehn waren es aber seit dem Zweiten Weltkrieg offenbar nicht (abgesehen vom Vermenagna-Tal). Die Verständigung war nicht einfach: Die Bauern sprechen eine Art Dialekt, halb Französisch, halb Italienisch, und können meistens auch beide Sprachen richtig, Deutsch und Englisch hingegen spricht niemand.

Militärstraßen und einsame Pfade

Mit Wegmarkierungen haben wir es sehr unterschiedlich angetroffen: Teilweise waren sie ganz hervorragend, teilweise hatten wir das Gefühl, seit mehreren Jahren als Erste hier durchzulaufen. Deshalb wäre gutes Kartenmaterial umso wichtiger. Doch das ist gar nicht so einfach, denn aktuelle Karten gibt es zurzeit einzig von den Seealpen und den nördlichen Cottischen Alpen. (Immer nur bezogen auf italienisches Gebiet, der französische Teil der Cottischen und der Seealpen wäre ein anderes Kapitel. In drei Wochen ist überhaupt nicht daran zu denken, auch noch dahin zu kommen, wenn man nicht wie blöd in der Gegend herumhetzen will.) Für einen Bergwanderer ist es angenehm, dass hier die Grenze zwischen Frankreich und Italien verläuft, denn deshalb gibt es am Alpenhauptkamm eine Reihe von Militärstraßen bis ganz hoch zu den Grenzpässen hinauf. Teilweise sind sie hervorragend instandgehalten und werden vom italienischen Militär intensiv benutzt (was den Vorteil hat, dass man sich mitnehmen lassen kann), teilweise sind sie am Verfallen. (2)

Im direkten Grenzgebiet gibt es noch eine Menge älterer militärischer Anlagen, die umfangreichsten liegen in den Seealpen auf dem Colle di Tenda und stammen wohl aus dem 19. Jahrhundert (5 große alte Forts mit Kasematten in 2000 Meter Höhe), sonst findet man bis in Höhen von 2800 Meter hinauf betonierte MG-Nester und Stellungen – der reinste Wahnsinn. Vom Colle di Tenda zieht sich, immer ganz oben am Grat des Alpenhauptkamms in etwa 2000 Meter Höhe, eine alte Militärstraße 30 Kilometer nach Süden hin, mit ganz tollen Ausblicken. Für einen Bergwanderer geradezu ideal.

Wer durch diese Hinweise Lust bekommt, den möchte ich doch warnen – wer sogenannte touristische Selbstverständlichkeiten und Sehenswürdigkeiten sucht, wird enttäuscht werden und kaum die Schönheiten und Reize des Landes entdecken. Es gibt kaum irgendwo Hinweise auf umwerfende Panoramablicke, wilde Schluchten, sehenswerte Dörfer und Bauten – wenn man all dies nicht selber entdecken kann und will, wird man nichts sehen. Man muss sich auf diese Gegend einlassen, sich Zeit nehmen und versuchen, ihre Lebensweise und ihren Rhythmus herauszufinden, nur dann bekommt man eine Ahnung von der Auseinandersetzung dieser Menschen mit ihrer Umwelt. Weder die Natur noch die Kultur (in Form von Heimatabenden zum Vorzeigen) ist hier so vorbereitet und aufgearbeitet, dass man sie bloß passiv zu konsumieren braucht – wer das erwartet, wird sich wohl ziemlich langweilen. Diese Landschaft erschließt sich nur dem, der sie sich selbst aktiv erschließt. Dann ist sie allerdings ganz großartig, spannungsvollund wird einen lange nicht mehr loslassen. (3)

Anmerkungen

Dieser Artikel erschien in *Der Bergbote – Mitteilungsblatt der Sektion Berlin des Deutschen Alpenvereins, 30/1978,* Heft 4, S. 5–8. In diesem Text beschreibt W.B. seine ersten Alpenerfahrungen aus den Jahren 1976 und 1977, zugleich ist es sein allererster Text und seine allererste Veröffentlichung zum Thema Alpen.

(1) Derartige Beobachtungen macht W.B. in den folgenden Jahren (1978 bis 1981) immer seltener, ab 1982 dann gar nicht mehr, weil diese traditionelle Nutzungsform (privater Weidegang im Talraum auf kleinen kommunalen Parzellen, meist an Wegrändern) eingestellt wird.

(2) In den ersten Jahren (1977 bis 1980) ist das italienische Militär in diesen Alpentälern noch sehr präsent, später ist es dann immer seltener zu sehen, und in der zweiten Hälfte der 1980er-Jahre verschwindet es ganz.

(3) Nach diesem ersten Besuch war W.B. von dieser Region so fasziniert, dass er seitdem praktisch jedes Jahr hierher zurückkehrte – bis heute.

Berge ohne Bergbauern – was dann?

Glücklicherweise ist in den letzten Jahren bei vielen das Bewusstsein gewachsen, dass die Alpen durch Massentourismus und Übererschließung immer mehr kaputtgemacht werden und dass die Alpen gerade dadurch ihren besonderen Charakter, der auf viele Menschen so anziehend wirkt, verlieren. Die Alpen stehen in der Gefahr, von den Projekten der großen Fremdenverkehrsindustrie zu einem riesigen Freizeitpark à la Disneyland oder Legoland umgestaltet zu werden, bei dem die Natur höchstens noch einen Stellenwert als Kulisse behält. Dagegen gibt es verständlicherweise immer stärkeren Protest: »Keine weitere Erschließung der Alpen« ist die Leitformel dieses Widerstandes.

Es reicht aber nicht aus, nur die Übererschließung der Alpen aufzuzeigen und anzuprangern, die Zerstörung der Alpen ist ein erheblich vielschichtigerer Vorgang: Ein typisches Merkmal des Massentourismus besteht darin, den Tourismus in bestimmten (bekannten) Gebieten zu ballen: Die Übernachtungen im bayerischen Alpenraum konzentrieren sich zum Beispiel zu 75 Prozent auf nur 23 Gemeinden, oder in Graubünden und im Wallis verdichtet sich der Tourismus zu 60 Prozent in nur zehn Fremdenverkehrsorten. Diese ungleiche Verteilung finden wir nicht nur in den einzelnen Alpengebieten, sondern in ähnlicher Form auf der Ebene des gesamten Alpenraumes: Eine begrenzte Anzahl von Alpengebieten (wie Dolomiten, Montblanc, Ötztaler Alpen) wird immer noch weiter erschlossen, während andere Gebiete vollkommen unbekannt und unerschlossen bleiben. Oder kennen Sie etwa die Bergamasker oder Tessiner Alpen, die Cottischen, See-, Ligurischen oder Provenzalischen Alpen?

Was passiert eigentlich in diesen unbekannten Alpengebieten, also sozusagen auf der Kehrseite der Übererschließung? Nachrichten und Informationen von dort erhalten wir so gut wie keine, es sei denn, man zeigt kriminalistisches Gespür und Ausdauer. Eigentlich müssten wir hier noch eine ursprüngliche und unzerstörte Alpennatur vorfinden. Stimmt das?

Am Beispiel der Cottischen Alpen und der Seealpen möchte ich aufzeigen, welche Entwicklung solche unbekannten Berggebiete heute nehmen; denn man kann nur dann wirklich über die Zerstörung der Alpen reden, wenn man den Massentourismus und seine Kehrseite kennt – beide hängen untrennbar zusammen. Und weiter könnten uns vielleicht solche Gebiete eine Antwort auf die Frage geben: Bis zu welchem Punkt kann oder darf die Erschließung einer Landschaft gehen und wo wird eine intakte Landschaft irreparabel geschädigt?

Da man die heutige Lage eines solchen Gebietes nicht verstehen kann, ohne die wichtigsten Ereignisse seiner Geschichte zu kennen, möchte ich kurz mit einigen geschichtlichen Bemerkungen beginnen.

Die Cottischen Alpen und die Seealpen in den letzten Jahrhunderten

Da dieses Gebiet der »Treffpunkt« der Armeen von Frankreich und Habsburg (Österreich, das lange Oberitalien besaß) war, die jahrhundertelang um die Vorherrschaft in Europa kämpften, und da zugleich der kleine Gebirgsstaat Savoyen seit dem Mittelalter eine sehr expansive Eroberungspolitik verfolgte (die erst aufhörte, als er 1815 als Savoyen-Piemont-Sardinien eine mittlere Großmacht geworden war), gab es hier im Hochgebirge jahrhundertelang ständig kriegerische Auseinandersetzungen, die dazu führten, dass die Zahl der Bergbevölkerung lange Zeit stagnierte oder nur leicht anstieg.

Als dann mit dem Wiener Kongress zum ersten Mal seit Jahrhunderten eine lang andauernde Friedenszeit begann, entwickelte sich die Bevölkerung explosionsartig: 1860 tauchen die ersten Berichte über Saison-Auswanderung größeren Ausmaßes auf, ab 1880 setzt eine große Auswanderungsbewegung ein, zuerst in die benachbarten südfranzösischen Alpen, später nach Übersee.

Die Bevölkerung war so zahlreich geworden, dass das Land sie nicht mehr ernähren konnte, obwohl eine ganz intensive Landwirtschaft betrieben wurde und trotzdem die Bergbauern in unvorstellbarer Armut lebten. Die Auswanderungsbewegung, die zeitweise einen sehr großen Umfang annahm (die Bewohner des oberen Ubaye-Tals wanderten zum Beispiel geschlossen nach Brasilien aus), senkte aber die Überbevölkerung nur langsam.

Einen schwereren Einschnitt brachten dann die beiden Weltkriege mit sich: Die Bergbauern stellten den Stamm der Alpini-Divisionen, die die Hauptlast des Ersten Weltkriegs im Gebirgskampf gegen Österreich trugen, und sie erlitten sehr hohe Verluste. Noch schlimmer wurde der Zweite Weltkrieg: Die Bergbauern stellten das Gros der italienischen Divisionen, die an deutscher Seite in Russland eingesetzt und dort fast vollständig vernichtet wurden. Und als im September 1943 Mussolini gestürzt wurde und deutsche Truppen das Land besetzten, bildete sich hier im Schutz des Gebirges und mit aktiver Unterstützung der Bergbevölkerung sofort eine aktive Partisanenbewegung, der es zeitweise gelang, die fremden Truppen aus den Alpentälern hinauszuwerfen und befreite Gebiete zu errichten. Anderthalb Jahre tobte hier ein heftiger Kampf, in dessen Verlauf deutsche und italienische Faschisten das Prinzip der verbrannten Erde verfolgten und zahlreiche Dörfer und Almsiedlungen zerstörten. In dieser Zeit wurde hier die Bergbauernwirtschaft so stark angeschlagen, dass sie sich davon seitdem nicht mehr richtig erholte – nach 1945 wurden zahlreiche Dörfer und Almsiedlungen nicht mehr aufgebaut und blieben in Trümmern liegen.

Nach 1945 begann im gesamten Alpenraum die verkehrsmäßige Erschließung auch kleiner Alpentäler und der Zusammenbruch der wirtschaftlichen Autonomie der Bergbauern. Hier in den Cottischen Alpen und in den Seealpen war diese Entwicklung dadurch gekennzeichnet, dass zur Mussolinizeit die gesamte Gebirgsgrenze zwischen Italien und Frankreich zur so genannten »Alpen-Maginot-Linie« ausgebaut und durch ein Netz von Militärstraßen verkehrsmäßig sehr gut erschlossen worden war. Der große wirtschaftliche Boom des Turiner Industriezentrums seit Ende der 1950er-Jahre tat dann das seinige dazu, die Abwanderung der Bergbevölkerung erneut stark voranzutreiben.

Die Bevölkerungsentwicklung in den letzten 100 Jahren

Im Bild der Bevölkerungsstatistik sieht diese Entwicklung so aus: Die Einwohnerzahl des gesamten Maira-Tals in den südlichen Cottischen Alpen geht von 22 171 Personen im Jahr 1881 auf 6699 Personen im Jahr 1969 zurück.

In den 1970er-Jahren hält diese Entwicklung an, es gibt noch kein Zeichen einer Stabilisierung der Bevölkerungszahl auf einer bestimmten Ebene. Die Resultate dieses Bevölkerungsverlustes sieht man überall: Verlassene Almen, aufgelassene Weiden, verfallene Wege, Dörfer, die zu drei viertel in Trümmern liegen, Ruinen überall.

Hier zeigt sich ungeschönt eine Entwicklung, wie wir sie auch in anderen Alpengebieten finden: Die Bevölkerung der Alpen nimmt rapide ab. In erschlossenen Gebieten wird diese Entwicklung dadurch überlagert und verschleiert, dass in einer Reihe von Talbereichen die Ortschaften und Städte explosionsartig wachsen, weil sich der Massentourismus hier entfaltet, weil eine Unzahl von Zweitwohnungen entsteht und weil sich die Industrie ausbreitet. Manche dieser Täler weisen heute schon Großstadtcharakter auf. Die Bevölkerung, die nicht in diesen Expansions-Talgebieten lebt, nimmt aber im gesamten Alpenraum ähnlich rapide ab wie in den Cottischen Alpen, sodass die Gesamtzahlen (die Gesamtbevölkerung des Alpenraumes steigt an) wenig aussagen.

Diese Entwicklung verläuft aber in sich noch komplizierter: Ein Beispiel wieder aus den südlichen Cottischen Alpen soll zeigen, welchen Einfluss die Höhenlage dabei hat (Angaben nach eigenen Untersuchungen, Zahlen sind Circa-Angaben): Gesamtbewohnerzahl eines kleinen Nebentals vor 100 Jahren: über 300 Personen, heute 28 Personen (dieses Nebental erstreckt sich zwischen 900 und 2500 Meter Höhe in einer Länge von sechs Kilometern).

Aufteilung der Dörfer mit Einwohnerzahlen früher (vor 100 Jahren) und heute, die Ortschaften sind aufgegliedert nach ihrer Höhenlage:

	1100m	1162m	1300m	1370m	1433m	1520m
früher	60	100	60	50	40	35
heute	25	–	3	–	–	–

Das zeigt, dass die Abnahme der Bevölkerung in den oberen Höhenlagen erheblich schneller geht als in den unteren Lagen und dass die Durchschnittszahlen dies sogar noch verwischen. Nimmt man die Zahl der Kinder hinzu, als Hinweis auf die künftige Entwicklung, dann fällt das Ergebnis noch katastrophaler aus: Unter den verbleibenden 28 Menschen ist nur noch ein Kind! (1)

Das heißt, im gesamten Alpenraum werden die Berggebiete

menschenleer (von einigen wenigen hoch gelegenen Hotelsiedlungen abgesehen), in einer Reihe von Tallagen entstehen zusammenhängende Ballungsgebiete großstädtischen Charakters, während andere Tallagen in ihrer Bevölkerungsentwicklung stagnieren oder zurückgehen.

Was bedeutet dieser Bevölkerungsverlust für die Alpennatur?

Es ist klar, dass diese Bevölkerungsveränderung auf die Natur einen sehr großen Einfluss haben muss. Gebiete, die jahrhundertelang vom Menschen bearbeitet wurden, liegen jetzt verlassen. In erschlossenen Gebieten täuschen die Masse der Sommer- und Wintertouristen und die Aktivitäten der Fremdenverkehrsindustrie Leben im Hochgebirge vor – aber es ist ein völlig anderes Leben als das der Bergbauern, ein Leben, das sich nur zu Besuch in der Höhe aufhält und das nicht gezwungen ist, sich in der Natur und mit der Natur am Leben zu erhalten. Verglichen mit dem Leben der Bergbauern könnte man dieses Leben, das durch den Tourismus ins Hochgebirge gebracht wird, ein Scheinleben nennen. In den verlassenen Gegenden der Alpen dagegen führt dieser Bevölkerungsverlust dazu, dass der Bereich des Hochgebirges im wahrsten Sinne des Wortes menschenleer wird und dass man eventuell eine Woche lang auf keinen Menschen trifft.

Das hat für die Entwicklung der Natur gewaltige Auswirkungen:

- Die zahlreichen Terrassen, von den Bergbauern in Jahrhunderten als Erosionsschutz an steilen Hängen angelegt, verfallen; der Erdboden wird weggespült.
- Die zahlreichen Verbauungen in den Wildbächen und deren befestigte Ränder verfallen, die Wildbäche erlangen wieder eine furchtbare Gewalt.

31

- Die Zusammensetzung der alpinen Rasen und Wiesen verändert sich: Die gleichmäßig dichte Rasenfläche ist Ergebnis jahrhundertelanger Bearbeitung, ohne diese wird der Rasen oder die Wiese »löchrig«, das heißt, verholzende Pflanzen oder kleine Sträucher, zwischen denen nichts wächst, verdrängen die anderen Pflanzen. Die Fähigkeit der Wasserspeicherung dieser Böden sinkt erheblich, die freien Stellen können im Zusammenhang mit der erhöhten oberirdischen Wasserableitung schnell weggespült werden – die Erosion findet gute Ansatzmöglichkeiten. Im Winter legt sich das lange ungeschnittene Gras nach unten und bildet eine hervorragende Rutschbahn für Lawinen.

Insgesamt muss man feststellen, dass durch das Ende der Bergbauernkultur *ein* ökologisches Gleichgewicht umkippt. (Ich spreche hier ausdrücklich von *einem* ökologischen Gleichgewicht, weil es mehrere unterschiedliche gibt.) Dieses umkippende ökologische Gleichgewicht ist ganz entscheidend durch den Menschen bestimmt worden: Indem er die Alpen besiedelt hat und sie zu seinem Lebensraum gemacht hat, hat er die vorgefundene Natur verändert, weil diese ihm nicht ausreichende Lebensbedingungen bot.

Am Ende der letzten Eiszeit, als der Mensch die Alpen zu besiedeln begann, fand er ungefähr folgende Verhältnisse vor:
- Die Tallagen waren alle völlig versumpft und undurchdringlich.
- Bis zur Baumgrenze war alles mit dichtem Wald bedeckt, der an der Baumgrenze langsam in Gesträuch überging.
- Oberhalb der Baumgrenze gab es zwar alpinen Rasen, aber nur sehr stückweise, mit spärlichem Wuchs, und stark durchsetzt mit Geröll.

Dieses »System« war ökologisch gesehen stabil, weil die problematischsten Stellen, die steilen Hänge, fast überall mit Wald bewachsen waren, der den besten Schutz gegen Erosion bietet. Der Mensch fand seinen ersten Lebensraum in den Alpen offenbar nicht in den

Tälern, sondern oberhalb der Baumgrenze im Bereich der alpinen Rasen (Viehzucht), sofern er sich nicht als Jäger betätigte. Er veränderte nun im Laufe der Jahrtausende Folgendes:

- Die Tallagen wurden entwässert und entsumpft, und durch Rodungen im talnahen Bereich wurde die zusammenhängende Kulturfläche des Tals geschaffen (die uns heute oft als so »natürlich« erscheint).

- In der mittleren Lage wurde der Wald an zahlreichen Stellen gerodet, stattdessen wurden Äcker und Wiesen angelegt.

- Im Hochalm-Bereich wurde die Baumgrenze durch Rodung erheblich herabgesetzt und dadurch und mittels Bodenmelioration (regelmäßiges Schneiden, Düngen, Auslesen von Steinen und so weiter) die große Kulturfläche der Hochalmen geschaffen.

Diese Änderungen bedeuteten einen erheblichen Eingriff in den vorgefundenen Zustand. Was die ökologische Stabilität betraf, so war dieser neue Zustand nur stabil unter einer Voraussetzung: Es musste ständig eine große Menge intensiver menschlicher Arbeit verausgabt werden, sollte nicht wieder alles zerstört werden! Die geringere ökologische Stabilität der Wiesen und Äcker gegenüber dem Wald musste mittels menschlicher Arbeit (Verbauungen, regelmäßige Pflege und so weiter) erhöht werden.

Das war jahrtausendelang kein Problem, weil in den Alpen genügend menschliche Arbeitskraft zur Verfügung stand. Genau hierin liegt aber heute das Problem: Ohne die Arbeit der Bergbauern verfällt der Zustand der Alpen, wie er sich durch die menschliche Besiedlung im Laufe der Geschichte herausgebildet hat. Wenn diese Entwicklung ungehindert weitergeht, dann werden in einer Übergangs- oder Umbruchszeit von vielleicht 100 oder 200 Jahren gewaltige Erosionen, Bergrutsche, Lawinen und andere Naturkatastrophen entstehen, aber dann werden sich die Alpen wieder allmählich überall mit Wald bedecken und wird sich langsam wieder

der frühere Zustand vor der menschlichen Besiedelung herstellen. (2)

Dieser Vorgang läuft in den unerschlossenen Alpengebieten heute erst langsam ab, aber dort, wo der Massentourismus am Werk ist, erreicht er schon erheblich größere Geschwindigkeiten, weil das labile Gleichgewicht solche enormen Belastungen nicht verträgt.

Was ist »Natur«?

Es gibt eine Reihe von Menschen, die meinen, dieser Verfall der Bergbauernkultur sei doch gut, weil dadurch der natürliche Zustand der Alpen wiederhergestellt würde. Hier möchte ich aber fragen: Was ist »natürlich«? Ist eine Natur ohne Menschen natürlich? Der Mensch gehört doch zur Natur, ist doch aus ihr hervorgegangen und selbst Teil von ihr. Andernfalls müsste man doch die Besiedlung der Alpen durch den Menschen bereits als den ersten Alpen-Umwelt-Skandal beurteilen. Maßstab für «natürlich» müsste meines Erachtens sein, dass zwischen Mensch und Natur ein partnerschaftliches Verhältnis besteht, bei dem der Mensch sich seiner Verwurzelung in der Natur, seiner Abhängigkeit von der Natur und daher auch seiner Verantwortung für die Natur voll bewusst ist.

Und das heißt: Die Veränderung der Natur durch den Menschen ist eine ganz natürliche Sache, ohne die der Mensch gar nicht leben kann. Entscheidend aber ist dabei das Wie der Veränderung der Natur: Hier kommt es sehr darauf an, dass die Natur nicht durch Raubbau kurzfristig ausgebeutet wird, sondern dass der Mensch in der Verantwortung für die Natur als seiner eigenen Grundlage diese für seine Zwecke verändert.

Und genau dieses Wissen finden wir bei den Bergbauern sehr ausgeprägt: Das Bewusstsein, dass die notwendige Veränderung der Natur nur zusammen mit der Natur und nie gegen die Natur ge-

lingt, und dass dabei die natürlichen Zusammenhänge und Gesetz-
mäßigkeiten genauestens bekannt sein müssen, will man sich nicht
eine Katastrophe einhandeln. Dieses Wissen um die Natur ist bei
den Bergbauern viel stärker ausgeprägt als im Flachland, weil die
Alpen-Natur so extrem schwierig ist, dass die Bergbauern sich praktisch keinen kleinsten »Fehler« erlauben können im Umgang mit
der Natur. Ich denke, dass gerade wir Mitteleuropäer, die wir jeden
natürlichen Umgang mit der Natur gründlich verlernt haben (sodass wir oft schon meinen, Natur und Menschen seien Gegensätze),
gerade von den Bergbauern sehr viel lernen könnten.

Ich denke deshalb, dass zur »Natur« der Alpen, wie wir sie kennengelernt haben und wie sie sich in Jahrtausenden herausgebildet
hat, untrennbar die Bergbauernkultur dazugehört als Teil dieser
Natur. Deshalb möchte ich von der zweifachen Zerstörung der Alpen sprechen: Der Massentourismus zerstört einen Teil der Alpen
durch Übererschließung, der Rest der Alpen wird durch den entgegen gesetzten Prozess zerstört: durch Unterentwicklung. (3)

Ich trete daher dafür ein, dass die Bergbauernkultur und -wirt-
schaft nicht zerstört werden darf. Abgesehen davon, dass es kein
Zurück zu scheinbar natürlichen Verhältnissen gibt und dass die
Erfahrungen der Bergbauern nicht verloren gehen dürfen, sprechen
folgende Gründe für die Erhaltung der Bergbauernkultur:
 – Durch die Alpen verlaufen zentrale europäische Verbindungs-
   wege. Durch ökologische Instabilität der Alpen entstünden hier
   Kosten in Milliardenhöhe, um diese Strecken zu sichern.
 – Durch die ökologische Instabilität der Alpen würden sehr viele
   touristische Einrichtungen bedroht; die deutlichen Verände-
   rungen im Landschaftsbild würden die Erholungsfunktion der
   Alpen deutlich mindern. Anders ausgedrückt: Nur auf Grundlage einer lebendigen Bergbauernwirtschaft können die Alpen
   Erholungslandschaft sein.

– Die Bergbauernwirtschaft produziert ausgesprochen hochwertige Nahrungsmittel; in einer Zeit der Verschlechterung der Qualität sämtlicher Nahrungsmittel und des wachsenden Hungers großer Teile der Weltbevölkerung können wir uns diese Verschwendung eigentlich gar nicht erlauben.

Was man jetzt tun könnte oder sollte, um die Bergbauernwirtschaft vor dem drohenden Untergang zu retten, darüber möchte ich hier nicht mehr sprechen, das würde den Rahmen dieses Artikels sprengen. Sicher ist jedoch: Ein Patentrezept wird es nicht geben und man muss sich sehr genau mit diesen Problemen vor Ort beschäftigen, um weiterzukommen.

Anmerkungen

Dieser Text erschien in *Der Bergbote – Mitteilungsblatt der Sektion Berlin des Deutschen Alpenvereins*, 33/1981, Nr. 3, S. 5–9 und wurde nachgedruckt in: *BNG-Informationen* (B.U.N.D., Bremen), Nr. 2, 1981, S. 32–43 und in: *Reisebriefe* (Gruppe Neues Reisen, München/Berlin), Nr. 1, 1983, S. 14–21. Dieser Aufsatz ist die Grundlage – und zugleich die Einladung – für den ersten öffentlichen Dia-Vortrag von W.B. über die Alpen, den er im April 1981 im Rahmen der Sektion Berlin des DAV hält. Seitdem ist das Medium Dia-Vortrag für W.B. eine wichtige Form der Öffentlichkeitsarbeit.

(1) Dies sind die allerersten publizierten Aussagen über das Neraissa-Seitental im Stura-Tal, über das W.B. später seine Dissertation schreibt (Publikation 1990). Heute leben in diesem Seitental nur noch drei Personen.

(2) Hier entwickelt W.B. zum ersten mal seine Sichtweise der ökologischen Stabilität, die er in den folgenden Jahren weiter vertieft (siehe in diesem Band »Mensch–Natur-Beziehung am Beispiel des Alpenraums«, S. 68).

(3) Die gegenläufige Entwicklung der Alpen bildet seitdem eine Konstante in seiner Wahrnehmung der Alpen. Ab 1991 analysiert W.B. dann die Alpen auf Gemeindeebene, um diese Gegensätze auch quantifizieren zu können (siehe in diesem Band »Das neue Bild der Alpen«, S. 175).

Ein Projekt des sanften Tourismus in den italienischen Alpen

Wer die Verhältnisse in Italien etwas kennt, der weiß, dass hier Ideen und Ansätze für sanfte Tourismusformen wenig entfaltet sind. Umso erstaunlicher ist es, dass in diesem Land jetzt ein sehr beachtliches sanftes Tourismusprojekt aufgebaut wurde, das zur Nachahmung in anderen Alpenregionen anregt: Der Weitwanderweg »Grande Traversata delle Alpi« (GTA). Entstanden ist diese Idee in der ärmsten Alpenregion Italiens, in den Cottischen, See- und Ligurischen Alpen. Dies ist eine der »vergessenen« Regionen der Alpen, in der weder Tourismus noch Industrie Fuß gefasst haben, und die sehr stark durch Abwanderung geprägt sind: Viele Täler haben in den letzten hundert Jahren zwei Drittel ihrer Bevölkerung verloren. Und das bedeutet, dass bereits heute zahlreiche Seiten- und Nebentäler menschenleer geworden sind, weil sich die restliche Bevölkerung auf die günstigen Siedlungsplätze im Haupttal zurückgezogen hat. Verfallende Wege und Wasserleitungen, zugewachsene Ackerterrassen, vergandende Almen und Ruinendörfer, in denen vielleicht noch ein, zwei Alte leben – das ist das Bild dieser Alpentäler.

Mit den »klassischen« Tourismusformen hat man hier schlechte Erfahrungen gemacht: Da man in kleinen Steinhäusern, die meist mehreren Besitzern gemeinsam gehören, keine Fremdenzimmer ausbauen kann, bestand die einzige Möglichkeit einer Tourismusentwicklung im Neubau von Hotel- und Appartementblocks, was entsprechendes Kapital erforderte, das vor Ort nicht vorhanden war. Also bauten in den 1960er- und 1970er-Jahren auswärtige Kapitalgesellschaften an einigen wenigen Stellen größere Touristenzentren auf. Aber es stellte sich schnell heraus, dass die Einheimischen und die lokalen Gemeinden davon praktisch keinen Nutzen hatten, denn wenn Gewinne gemacht wurden, dann wurden sie sofort abgezogen, und zahlreiche Spekulationspleiten prägten den Alltag dieser Kapitalanlagen. Am Beispiel des bekannteren Skiortes Limone/Piemonte in den Seealpen fällt dies deutlich ins Auge: Auf der einen Seite zahlreiche teure und protzig hergerichtete Eigentumshochhausblöcke, die im Sommer alle leerstehen und eine Geisterstadt bilden, auf der anderen Seite direkt daneben die kleinen alten, oft reparaturbedürftigen Steinhäuser der Einheimischen, die durch den harten Kontrast noch besonders ärmlich und jämmerlich wirken.

Was sollte man dagegen machen? Die Region erstarrte in Resignation, und der berühmte Buchtitel von Nuto Revelli *Il Mondo dei Vinti* (Die Welt der Besiegten) kennzeichnete diese Lage treffend. Aber dann setzte Mitte/Ende der 1970er-Jahre eine Gegenbewegung ein: Junge Leute kehrten in ihre Heimatdörfer zurück, um sich dort mit neuen Ideen eine Zukunft aufzubauen, und auch in der lokalen Administration und Verwaltung wurden junge Menschen eingestellt, die sich gegen das weitere Ausbluten ihrer Täler engagierten – die Stimmung der Resignation wurde zurückgedrängt, und hier und dort entstanden erste landwirtschaftliche und touristische Kooperativen beziehungsweise Genossenschaften.

In dieser Situation entstand auch der Plan des Weitwanderweges GTA: Ein Weg, der ohne alpinistische Schwierigkeiten durch diese von Abwanderung bedrohte Region führen sollte, und der es den Einheimischen ermöglichen sollte, sich etwas Geld hinzuzuverdienen.

Zu diesem Zweck wurde auf folgende Dinge besonders geachtet:
- Beginn und Ende jeder Tagesetappe liegen immer in einem Dorf, denn nur so kann die lokale Bevölkerung von diesem Weg profitieren. Im Gegensatz zu den zahlreichen Höhenwegen in den Ostalpen oder den immer zahlreicher werdenden »Alte Vie« in Italien wurde bewusst davon abgesehen, den Weg über längere Zeit in der hochalpinen Region zu führen, denn dies hätte den Neubau von Hütten nötig gemacht, wäre ökonomisch relativ teuer und ökologisch bedenklich gewesen (Ver-/Entsorgungsprobleme).
- In jedem Etappenort wurde eine einfache Übernachtungsmöglichkeit eingerichtet, die von Einheimischen betreut wird. Idealerweise ist dies eine lokale Gaststätte/Pension/Hotel; wo eine solche nicht vorhanden war, wurde ein leer stehendes Gebäude (oft das alte Rathaus oder die alte Schule) als GTA-Unterkunft neu genutzt.
- Keine Neuanlage von Wegen, sondern Wiederherstellung der alten Bauernwege, Saumwege, Militärstraßen und so weiter. Durch den Rückgang der Bevölkerung sind diese alten Wege meist nur schwer passierbar und oft sogar gefährlich zu begehen. Dadurch wird überhaupt erst die Möglichkeit eines Wandertourismus in dieser Region geschaffen.
- Einbeziehung der neu geschaffenen Naturparks und Naturschutzgebiete in die Wegführung, ebenso Einbeziehung wichtiger kultureller »Sehenswürdigkeiten« der lokalen Bergbauernkultur.
- Organisation des gesamten Weges durch die neu gegründete Associazione GTA, die von folgenden öffentlichen Institutionen getragen wird: Tourismus- und Kulturministerium der Region Piemont, Bergbauernreferat der Provinzen Turin und Cuneo, sowie alle Comunità montane (Zusammenschluss mehrerer Ge-

meinden eines Alpentals), durch die der Weg führt. Die Betreuung der einzelnen Etappen liegt dabei in lokalen Händen, was eine Fremdbestimmung von außen erschwert.

Auf diese Weise wurde ein Tourismuskonzept entwickelt, das alle Kriterien eines »sozial- und umweltverträglichen Tourismus« erfüllt.

Im Jahr 1981 wurden die ersten Etappen eröffnet, inzwischen ist der Weg im Piemont praktisch fertiggestellt, er reicht jetzt in etwa 55 Etappen von den Ligurischen Alpen in der Nähe des Mittelmeers bis ins Anzasca-Tal in den Walliser Alpen nahe der Schweizer Grenze. Die alpine Landschaft, die man auf diesem Weg erlebt, ist keine rein hochalpine Landschaft, sondern eine, bei der man praktisch täglich vom Kontrast zwischen der stark vom Menschen geprägten traditionellen Kulturlandschaft und der vegetationsfeindlichen Schnee- und Felsregion beeindruckt wird. Im Gegensatz zum heute weit verbreiteten Vorurteil, die Alpen seien umso schöner je höher man hinaufsteigt, liegt der besondere landschaftliche Reiz der Alpen gerade in diesem Kontrast, und mitzuerleben, wie der Mensch mit seinem traditionellen Wirtschaften diesen ihm eigentlich feindlichen Alpenraum geprägt hat, gehört zu den zentralen Erlebnissen eines Wanderurlaubs in den Alpen. Auch das ist ein wichtiger Aspekt eines umweltverträglichen Tourismus und zugleich der Schlüssel für die Verbindung von Umwelt- und Sozialverträglichkeit.

Im Rahmen der Übererschließung großer Teile der Alpen ist heute schon oft die Forderung nach einem absoluten Stopp jeder neuen touristischen Einrichtung aufgestellt worden und wird es von Naturschützern auch immer wieder begrüßt, wenn sich der wirtschaftende Mensch aus der Natur zurückzieht. Wäre es da nicht sinnvoller, den Entsiedlungsprozess in den piemontesischen Alpen einfach weitergehen zu lassen, ihn vielleicht sogar noch zu fördern, damit die Natur dort wieder »zu ihrem Recht« kommt?

Dagegen sprechen zwei schwerwiegende Gründe:

1. Die Alpen unterhalb der Schnee- und Eisregion sind vom Menschen tief greifend umgestaltete Kulturlandschaft, deren ökologische Stabilität vom Menschen mühsam mittels einer genau angepassten Bewirtschaftung und zahlreicher »Reparatur-Arbeiten« gesichert werden musste. Wenn sich der Mensch ersatzlos zurückzieht, dann verwandelt sich diese Kulturlandschaft wieder langsam in eine Naturlandschaft. Aber dieser Prozess ist mit zahlreichen ökologischen Instabilitäten und damit mit stark ansteigender Gefährdung durch Naturkatastrophen verbunden. Dadurch wird nicht nur der Alpenraum selbst, sondern auch das Vorland erheblich bedroht.

2. Ein solcher sich entleerender Raum stellt in Mitteleuropa ein Vakuum dar, das von allen Seiten die verschiedensten Kräfte anzieht. Zum Beispiel fordert das italienische Militär in dieser Region immer größere Schieß- und Übungsplätze; die immer intensiver betriebene Landwirtschaft der Ebene braucht immer mehr Wasser und fordert die Überflutung ganzer Alpentäler durch Stauseen; und auf dem Höhepunkt der Energiekrise machte man sich von Regierungsseite in Rom aus Gedanken, uranhaltiges Gestein in den Seealpen abzubauen und gleich an Ort und Stelle aufzuarbeiten – alles Nutzungsformen, die eine menschenleere Region benötigen und die die Natur gleichzeitig schwer schädigen.

Der Rückzug des wirtschaftenden Menschen aus den piemontesischen Alpen schafft also keine idyllischen Verhältnisse, sondern provoziert gerade ganz besonders problematische Prozesse. Daher gibt es zu einer angemessenen Entwicklung dieser Alpentäler, zu der unter anderem auch das GTA-Projekt gehört, keine Alternative.

Anmerkung
Dieser Text erschien in den *Mitteilungen des Deutschen Alpenvereins* (München), Nr. 4, 1986, S. 259–260 (Rubrik »Jugend am Berg«). Seit 1984 engagiert sich W.B. für die GTA (siehe dazu in diesem Band »Fünfzehn Jahre Erfahrung …«, S. 184), und sein zweibändiger GTA-Wanderführer *Grande Traversata delle Alpi*, Bd. 1: *Der Norden*, Bd. 2: *Der Süden* (1. Auflage 1986/89, 5. Auflage 2006) gehört zu seinen meist verkauften Büchern.

Ökologische und ökonomische Probleme alpiner Touristenzentren

Das Gasteiner Tal ist mit 2,6 Millionen Übernachtungen im Jahr 1984 eine der am stärksten für den Fremdenverkehr erschlossenen Alpenregionen. Dabei ballen sich 93 Prozent der Übernachtungen in den beiden Gemeinden Bad Hofgastein und Badgastein, deren Ortskerne nur sechs Kilometer voneinander entfernt liegen. Dies stellt eine für den gesamten Alpenraum außergewöhnlich hohe Fremdenverkehrsintensität dar.

In diesem Beitrag wird die Gemeinde Bad Hofgastein unter der Fragestellung untersucht, welche ökonomischen Auswirkungen der moderne Tourismus für eine solche weitgehend monostrukturell geprägte Gemeinde besitzt, wie es dabei mit der ökologischen Stabilität der Landschaft bestellt ist und wie sich der damit verbundene Wandel des Landschaftsbildes ästhetisch auswirkt. Ziel ist es dabei, aus den gegenwärtig ablaufenden Prozessen auf die Entwicklung im nächsten Jahrzehnt zu schließen, um zu überprüfen, ob die Zukunft dieser Gemeinde gesichert ist.

Analyse der gegenwärtigen Situation

Entwicklungen im ökonomischen Sektor

Landwirtschaft. Die Landwirtschaft wird durch den alpen- beziehungsweise europaweit ablaufenden Strukturwandelprozess immer weiter an den Rand gedrängt. Dies findet seinen deutlichsten Ausdruck darin, dass die amtliche Bodennutzungserhebung im Jahr 1983 1428 Hektar nicht mehr genutztes Grünland ausweist (13,8 Prozent der Gemeindefläche) sowie dass von den 120 landwirtschaftlichen Betrieben nur noch zwölf Vollerwerbsbetriebe sind. Dieser Prozess fand seinen negativen Höhepunkt in der Zeit zwischen 1970 und 1975, seither wirken sich die Bergbauernförderungsmaßnahmen von Bund, Land und Gemeinde positiv aus, allerdings können sie diesen Prozess des An-den-Rand-Drängens nur bremsen, nicht aufhalten oder gar umdrehen, dazu sind die Unterstützungen zu gering. Als ausgesprochen ungewöhnlich ist dabei die Tatsache zu vermerken, dass die Zahl der landwirtschaftlichen Betriebe in den letzten 30 Jahren nicht abgenommen hat: Die Gasteiner Bauern haben das Angebot von Arbeitsplätzen im Tourismusbereich nicht dazu genutzt, ganz aus der Landwirtschaft auszusteigen, sondern erhalten unter praktisch allen Umständen die Bewirtschaftung ihres Hofes aufrecht. Wegen der ökonomisch schwierigen Lage nutzen sie ihr Neben- und Zuerwerbseinkommen, um sich landwirtschaftliche Maschinen anzuschaffen – die Bauern subventionieren sich durch den Neben- und Zuerwerb letztlich selbst!

Tourismus. Mit einer Agrarquote von 6,5 Prozent (das entspricht den Werten großstädtisch geprägter Regionen Österreichs) und dem Fehlen von tourismus-unabhängigen Gewerbebetrieben ist die Gemeinde monostrukturell vom Fremdenverkehr abhängig. Charakteristisch für die Betriebsstruktur des Gaststätten- und Beherbergungsgewerbes ist der ausgeprägt mittelständische Charakter der Betriebe und das weitgehende Fehlen von Betrieben in Fremdkapitalbesitz – nur zwei Hotels sind nicht im Besitz der Einheimischen. Mit einer durch den Kurbetrieb ausgesprochen langen Saison, nämlich elf Monate, und einer Bettenauslastung, die immer im Spitzenfeld österreichischer Werte lag und liegt (früher über 50 Prozent, heute bei 45 Prozent), ließen sich stets gute bis sehr gute Betriebsergebnisse erwirtschaften. Erst 1981 brach der stete Aufwärtstrend plötzlich ab, seitdem stagnieren die Übernachtungszahlen. Dazu ist allerdings festzustellen, dass der Sommertourismus praktisch schon seit 1973 stagniert, und der Zuwachs seitdem allein dem Wintertourismus zu verdanken ist, dessen Stagnation ab 1981 dann eine gewisse Krise oder besser Zäsur auslöste, die noch dadurch unterstrichen wurde, dass in diesen Jahren die mittleren und unteren Übernachtungskategorien besonders stark negativ betroffen waren, während die höchste Kategorie noch deutliche Zuwächse erzielte (Übernachtungen 1982 bis 1984: Kategorie C/D: -23,5 Prozent, Kategorie A/A1: +15,3 Prozent). (1) Dies hat zwar noch keine Betriebsaufgaben oder -zusammenbrüche zur Folge gehabt, aber dadurch ist die gesamte mittelständische Gasteiner Hotellerie sehr stark unter Druck geraten, denn in der Hotelkategorie A/A1 besitzen die beiden großen Hotels in Fremdkapitalbesitz eine dominierende Position. Damit zeichnet sich die Möglichkeit eines tief greifenden Strukturwandels im Beherbergungsgewerbe ab – zum Nachteil der Einheimischen.

Gemeindefinanzen. Dass die Explosion der Übernachtungszahlen von 250 000 im Jahr 1950 auf 1,4 Millionen im Jahr 1981 nur durch einen parallel laufenden Ausbau sämtlicher kommunaler und touristischer Infrastruktureinrichtungen möglich war, liegt auf der Hand. Dieser Ausbau hielt sich allerdings in gewissen Dimensionen und verzichtete auf besonders »großzügige« Erschließungen. Der in der alpinen »Goldgräberzeit« Anfang der 70er-Jahre geplante Ausbau von »Sportgastein« im Stil einer französischen Retortenstation kam dabei – glücklicherweise – doch nicht zustande. Was die öffentlichen Gelder betrifft, so hat die Finanzierung der notwendigen und immer aufwendigeren Infrastruktur so lange keine besonderen Schwierigkeiten gemacht, wie die Übernachtungszahlen stets weiter anstiegen. 1981 kam mit der Stagnation die Krise. Mit radikalen Sparmaßnahmen wurden die Gemeindefinanzen mühsam saniert, aber zur Zeit besteht die schwierige Situation, dass mit dem derzeitigen Etat zum Beispiel die vorhandene Bausubstanz gar nicht ausreichend erhalten werden kann – die Gemeinde lebt ökonomisch von der Substanz. Darüber hinaus bedeutet diese Entwicklung, dass die kommunalen Steuern immer höher und die kommunalen Leistungen immer teurer werden, sodass alle Einwohner der Gemeinde letztlich den Tourismussektor über den Gemeindeetat mitfinanzieren, egal ob sie davon profitieren oder nicht. Abgesehen von sozialen Spannungen kann dies ab einem gewissen Moment ins Negative umschlagen und bestimmte mobile Bewohner zum Abwandern veranlassen – mit sehr negativen Konsequenzen für die Gemeinde.

Die Veränderung der Kulturlandschaft seit 1900

Der Talboden. Der etwa einen Kilometer breite und knapp zwanzig Kilometer lange ebene Talboden, der sich fast durch das ganze Tal zieht, war lange Zeit das wertloseste Land im Gemeindebereich. Erst durch die Melioration zwischen 1820 und 1850 wurde er in ertragreiches Wiesland umgewandelt, wobei der Boden in zahlreiche Parzellen aufgeteilt wurde, die mit Zäunen, Hecken oder Baumreihen voneinander abgetrennt und auf denen oft dezentrale Heustadel in Blockbauweise errichtet wurden. Dadurch wurde der eigentlich großflächige und monotone Talboden sehr kleinräumig-abwechslungsreich gegliedert. Bis etwa 1955 blieb dieser Talboden unverändert, dann wurde er immer stärker überbaut, weil seine Lage zentral war und die Erschließungs- und Baukosten deutlich geringer waren als in den Hangbereichen. Die Bebauung folgte hauptsächlich den Leitlinien der Straßen, mit dem Ergebnis, dass ein diffuses

Siedlungsband immer weiter in die Landschaft hineinwucherte. Die Tendenz besteht darin, alle Weiler und Orte im Talboden baulich miteinander zu verbinden und dann den gesamten ebenen Talboden flächendeckend zu überbauen. Im Bereich zwischen Bad Hofgastein und Badgastein ist diese Entwicklung am weitesten vorangeschritten. Dabei entsteht eine zersiedelte Landschaft anonymen Charakters, die jeden Bezug zur traditionellen Architektur und zu ihrer Umgebung verliert, und deren Charakter sich immer mehr dem von Randgebieten mitteleuropäischer Agglomerationsräume angleicht. Auffällig ist dabei, dass die Landwirtschaft, die durch diesen Prozess sehr negativ beeinträchtigt wird (Verdrängung vom Talboden), heute jedes Fleckchen bewirtschaftet, das noch nicht überbaut ist. Und das ist für diesen Raum aus ästhetischen Gründen ausgesprochen wichtig: Durch die traditionelle, kleinräumige Kulturlandschaft des Talbodens wird die Entfernung bis zur nächsten Siedlung optisch verlängert, die Gebäude erscheinen dadurch weiter entfernt zu sein, als sie wirklich sind. Und das dürfte der Grund sein, weshalb die Bausünden im Gasteiner Tal nicht so krass zu spüren sind, wie man es von den Luftbildern her eigentlich erwarten würde.

Die Berghänge. Ursprünglich dicht bewaldet, wurde der untere Bereich der Berghänge zwischen dem Talboden (800 Meter) und etwa 1300 Meter Höhe weitgehend gerodet. Dies war der traditionelle primäre Wirtschaftsraum. Je nach Hangexposition war die Rodungsintensität stärker oder schwächer, und günstige Expositionen waren weitgehend waldfrei. Im oberen Hangbereich zwischen 1300 und 1800 Meter Höhe fand sich ein buntes Mosaik von Wald und Bergmähdern, sodass der gesamte Hangbereich ebenfalls kleinräumig gegliedert war. Durch die Schwierigkeiten der Landwirtschaft ist die Bewirtschaftung der oberen Berghänge inzwischen fast vollständig eingestellt worden, und im unteren Bereich hat sich die Landwirtschaft auf flachere, gut besonnte und ertragreiche Flächen zurückgezogen. Diese Änderungen lassen sich im Landschaftsbild gut erkennen: Im oberen Bereich entsteht auf den Bergmähdern langsam Buschwerk als Vorstufe eines späteren standortgemäßen Waldes, sodass sich das ehemalige Mosaik von Wald und waldfreien Stellen verwischt. Im unteren Bereich kommt auf allen steileren und schattigeren Stellen Gebüsch oder Wald hoch, sodass das verbliebene Kulturland fast inselartig inmitten dieser Sukzessionsflächen liegt.

Die Almen. Die Almen der Gemeinde Bad Hofgastein liegen auf den beiden etwa 2500 Meter hohen Seitenkämmen in den Talschlüssen der kleinen Nebentäler. Weil die natürliche Waldgrenze hier um 2000 Meter liegt, waren viele dieser Almen von Natur aus bewaldet oder nur sehr klein, sodass der Mensch sie durch Rodung vergrößern musste. Heute werden diese Almen meist nur extensiv mit einer deutlich kleineren Viehzahl als früher beweidet, und nur noch auf zwölf von 55 Almen wird gekäst und gebuttert, meist von alten Leuten. Vor allem die arbeitsaufwendigen Almpflegearbeiten sind seit längerer Zeit ersatzlos eingestellt worden. Daher wachsen die Almen von unten her mit Gebüsch langsam zu, und überall breiten sich wieder die Zwergsträucher aus, sodass der Futterwert dieser Flächen – und auch die frühsommerliche Blumenfülle – zurückgeht. Nur ein Gebiet ist von dieser Entwicklung ausgenommen: die Skigebiete. Allerdings ist festzustellen, dass sich die Zahl der Skigebiete trotz der so hohen Übernachtungszahlen in Grenzen hält (Bedeutung des Kurtourismus) und dass man vor Ort auf die Pflege und Regeneration der Pistenvegetation relativ viel Arbeit und Geld aufwendet, sodass die Skigebiete hier weniger störend wirken als in anderen, gleich großen Touristenzentren.

Zusammenfassung. Daher kann man feststellen, dass trotz der hohen Besucherdichte nicht das gesamte Gemeindegebiet flächendeckend modern erschlossen wird, sondern nur der Bereich des ebenen Talbodens (dieser aber ganz besonders stark) und der der Skigebiete. Beide machen etwa ein Drittel des Gemeindegebietes aus, und der gesamte große »Rest« ist der Bereich, aus dem sich der Mensch zurückzieht, der menschenleer wird und »vergandet«. Das heißt: Ein kleiner Teil der Gemeinde wird auf eine moderne Weise übererschlossen und übernutzt, während der andere, größere Bereich sich zurückentwickelt und (vom Standpunkt der traditionellen Kulturlandschaft aus) unternutzt und menschenleer wird. Übererschließungen und Unternutzung, Menschenmassen und völlige Einsamkeit stehen sich auf kleinstem Raum gegenüber. Aber eine Gemeinsamkeit gibt es zwischen ihnen: Die kleinräumig-abwechslungsreich gegliederte Kulturlandschaft geht beide Male verloren: einmal zugunsten einer anonymen, randstädtischen und teilweise auch großstädtischen Baumasse, zum anderen zugunsten einer verwildernden Landschaft mit immer monotonerem und strengerem Charakter. Was das Gasteiner Tal landschaftlich so attraktiv macht, ist nicht einfach von Natur aus so da, sondern Ergebnis jahrhundertelanger sorgfältiger Naturbearbeitung. Mit der modernen Entwicklung wird auch die Schönheit der Landschaft erheblich beeinträchtigt.

Ökologisch problematische Entwicklungen

Probleme auf Brachflächen. Sieht man sich im Gasteiner Tal aufmerksam um, so entdeckt man im Bereich der Waldgrenze und darüber auf fast allen steileren Flächen Bodenerosions- und -denudationserscheinungen. Eine Ursache liegt darin, dass das heute nicht mehr gemähte beziehungsweise abgeweidete Gras relativ lang wird, im Winter im Schnee festfriert und dann mit Lawinen mitgerissen wird. Ein regelmäßiger Schnitt beziehungsweise eine Beweidung hatte früher diese Gefahr vermieden. Allerdings sind solche Prozesse auch früher regelmäßig vorgekommen, damals aber wurden solche Stellen von den Bauern stets ausgebessert und repariert, weil man auf den Ertrag dieser Flächen angewiesen war. Einstellung der Bewirtschaftung und der früher selbstverständlichen Pflege- und Reparaturarbeiten haben daher dazu geführt, dass sich solche Prozesse derzeit überall ausbreiten, mit stark wachsender Tendenz übrigens, wie Luftbildvergleichsauswertungen aus den Jahren 1953, 1966 und 1983 zeigen. Noch stellen diese Flächen eher eine potenzielle als eine aktuelle Gefährdung dar, aber das kann sich schnell ändern. Da der Talboden so dicht bebaut und so intensiv genutzt wird und alle Siedlungskerne auf den Schwemmkegeln der Seitenbäche liegen, wären die Folgen besonders katastrophal. (2)

Das Waldsterben. Das Waldsterben ist im Bereich des Gasteiner Tals stärker ausgeprägt als in den Nachbartälern, was offenbar auf die starke Luftbelastung in diesem so intensiv genutzten Tal zurückzuführen ist (vor allem wohl Straßenverkehr und Hausbrand). Bei Inversionswetterlagen ist die Dunstglocke verschmutzter Luft deutlich wahrzunehmen. (3) Entgegen spontanen Vermutungen mindert die spontane Wiederbewaldung durch den Rückzug der Landwirtschaft nicht die negativen Auswirkungen des Waldsterbens. Denn dort wo der Wald besonders gefährdet ist (an der oberen Waldgrenze nahe den Kammlagen der Seitengrate) und wo er aus ökologischen Gründen besonders wichtig ist, regeneriert er sich gerade nicht von allein, denn hier ist die Bodenerosion und -denudation schneller als die natürliche Wiederbewaldung. Überspitzt kann man daher sagen: In Gastein gibt es derzeit an den richtigen Stellen zu wenig und an den falschen Stellen zu viel Wald.

50

Kulturell-psychologische Entwicklung

Elfmonatige Touristensaison, eine »beinharte« Konkurrenz untereinander auf jeder Ebene (Hotel gegen Hotel, Bad Hofgastein gegen Badgastein, Salzburg gegen Tirol, Österreich gegen die Schweiz, Alpen gegen Mittelmeer) und dazu erhebliche wirtschaftliche Probleme durch die jüngste Stagnation bei den Übernachtungszahlen verbreiten leicht eine Atmosphäre der persönlichen Überforderung, des latenten Angespanntseins ohne Entspannungsmöglichkeit und ein persönliches Unterordnen unter den wirtschaftlichen Erfolg, was zu Lasten der jeweils sozial Schwächeren geht (Angestellte, Kinder und Jugendliche, Ehefrau und so weiter) und sich auf vielfältige Weise negativ äußert. Die Gefahr besteht, dass die Einheimischen vor lauter Sachzwängen beginnen, sich in ihrer eigenen Heimat fremd zu fühlen und die Kraft verlieren, ihre Heimat positiv zu prägen und zu gestalten.

Die zu erwartende Entwicklung im nächsten Jahrzehnt

Welche Entwicklung wird die Gemeinde Bad Hofgastein im nächsten Jahrzehnt nehmen, wenn die bisherige Entwicklung im Prinzip so weitergeht wie bisher? Als nicht von der Gemeinde zu beeinflussende Rahmenbedingungen setze ich folgende Faktoren voraus:

1. Die Landwirtschaft wird angesichts der Misere der EG-Agrarpolitik immer schlechtere Rahmenbedingungen erhalten.

2. Der Sommertourismus wird sich auf dem gewohnten Niveau halten und kann nicht ausgebaut werden.

3. Der Wintertourismus wird zwar nicht mehr die Steigerungsraten früherer Jahre erreichen, aber noch in einem gewissen Rahmen steigerbar sein.

Dies vorausgesetzt, sähe die weitere Entwicklung der Gemeinde so oder ähnlich aus: Die Bauern werden in den nächsten Jahren noch stärker an den Rand gedrängt, die Vollerwerbsbauern sterben im nächsten Jahrzehnt völlig aus, und die landwirtschaftlich genutzte und gepflegte Fläche reduziert sich weiterhin stark. Der damit einhergehende Verlust an landschaftlicher Attraktivität lässt dann die negative bauliche Entwicklung im Talboden ganz besonders deutlich hervortreten, was sich auf den landschaftsempfindlichen Sommertourismus immer stärker auswirkt, sodass deutliche Übernachtungseinbußen zu verzeichnen sind.

Jetzt gäbe es zwei Alternativen. Erstens: Die Gemeinde ergibt sich aus chronischer Finanzknappheit und mangelnder Innovations- und Risikobereitschaft ihrem Schicksal, zehrt dabei immer stärker von ihrer Substanz und hofft auf eine von außen kommende Wende. Oder, zweitens, die Gemeinde tut das, was man im Alpenraum heute unter ähnlichen Bedingungen immer macht, sie investiert erneut in den Wintertourismus. Dafür bieten sich derzeit zwei größere Projekte an: eine »Skischaukel« mit dem Rauriser Tal und die Erschließung des Schareck-Gletschers.

Dies zöge folgende Entwicklungen nach sich: Ein solches großes Erschließungsprojekt wird stets von einer erheblichen Ausweitung der Betten-, Hotel-, Restaurant-Kapazitäten begleitet. Dadurch würde der Talboden noch stärker überbaut, die Gemeinde müsste die kommunale Infrastruktur erheblich ausweiten, und die Bauern würden noch stärker aus diesem Raum verdrängt. Damit würde sich das Problem der Gemeindefinanzen äußerst kritisch zuspitzen, die Gasteiner Landwirtschaft wäre in ihrer Substanz bedroht und das Landschaftsbild noch stärker belastet. Damit würde der Sommertourismus erneut deutlich zurückgehen, was man durch den verstärkten Ausbau von sogenannten »landschaftsunempfindlichen« oder »verstädterungsunempfindlichen« Tourismusformen (Kongresse, Tagungen, Kurse, Festivals, Sportveranstaltungen) ausgleichen müsste. Diese Tourismusformen verlangen aber weitere zusätzliche Infrastrukturen – der Kreisel des Landschaftsverbrauchs und des Verstädterungsgrades dreht sich immer schneller.

Es soll hier nicht behauptet werden, dass ein solcher Weg für Bad Hofgastein ökonomisch unmöglich sei, obwohl das Risiko dafür relativ groß ist, weil die traditionellen Sommer- und Kurgäste dadurch abgeschreckt und durch neue Zielgruppen ersetzt werden müssten.

Aber aller Wahrscheinlichkeit nach wäre diese Entwicklung mit dem Einströmen von sehr viel Fremdkapital und einem starken Verdrängen der einheimischen Hotellerie verbunden. Und insgesamt müsste sich die Gemeinde fragen, ob sie diese Entwicklung will, das heißt:

- Akzeptiert sie den völligen Ruin der Gasteiner Landwirtschaft?
- Akzeptiert sie die ökonomische Gefährdung der lokalen Hotellerie?
- Akzeptiert sie immer höhere Preise für kommunale Steuern und Dienstleistungen?
- Akzeptiert sie den endgültigen Verlust des traditionellen Landschaftsbildes?
- Akzeptiert sie die Überfremdung der gewachsenen kulturellen Identität Gasteins?
- Akzeptiert sie die wachsende ökologische Gefährdung des Tals?

Bei diesen Fragestellungen zeigt sich, wie Ökonomie, Ökologie, Landschaftsästhetik und die soziale Dimension eng zusammenhängen und untrennbar miteinander verbunden sind. Der ökonomische Erfolg einer solchen Entwicklung wäre nicht prinzipiell ausgeschlossen, aber die Wahrscheinlichkeit wäre ausgesprochen groß, dass sie je länger desto deutlicher auf allen Ebenen zu Lasten der Einheimischen abliefe – und in der Vergangenheit ist dieser Prozess ja auch schon ein gutes Stück in diese Richtung hin abgelaufen.

Dass man am Ende dieses Prozesses dann ein Tal hinterließe, das ökologisch in höchstem Maße durch Naturkatastrophen gefährdet, dessen Landschaftsbild völlig gestört und dessen lokale Wirtschaft und Kultur völlig ruiniert wäre, das brauchte die Organisatoren dieser Entwicklung nicht zu stören, solange sich nur das investierte Kapital bis dahin genügend amortisiert hätte. Für die Einheimischen dagegen, denen das Tal nicht nur (beliebiger und austauschbarer) Wirtschaftsstandort ist, sondern die hier leben und dieses Tal als Heimat ansehen, ist diese Perspektive allerdings eine nicht sehr attraktive.

Gibt es eine Alternative?

Ich meine ja, und denke gleichzeitig, dass sie auf der Landwirtschaft basieren muss, weil die Landwirtschaft nicht nur Lebensmittel produziert, sondern gleichzeitig die Kulturlandschaft gestaltet, pflegt und sichert. Die Sicherung der Landschaft zur Verringerung von Naturkatastrophen ist in einer alpinen Gemeinde besonders notwendig, und die Gestaltung und Pflege der Landschaft ist für eine Fremdenverkehrsgemeinde unverzichtbar, weil Reiz und Anziehungskraft einer »schönen« Landschaft oft auf die bäuerliche Gestaltung zurückgehen. Allerdings meint man heute immer noch viel zu häufig, eine ökologisch sichere und ästhetisch schöne Alpenlandschaft wäre einfach von Natur aus vorhanden und könnte problemlos konsumiert werden. Aber ohne eine angemessene landwirtschaftliche Bewirtschaftung fehlt einer touristischen Nutzung die Basis, und sie wird langfristig kontraproduktiv, sie zerstört sich selbst. Daher lautet die Empfehlung für die Gemeinde Bad Hofgastein, die Landwirtschaft auf Gemeindeebene ökonomisch und kulturell deutlich aufzuwerten, den alten Widerspruch zwischen Landwirtschaft und Tourismus abzubauen und Tourismusformen zu schaffen, die in positivem Bezug zur Landwirtschaft stehen und die auf diese Weise auch die kulturelle Identität Gasteins neu entfalten. (4)

Was dies im Einzelnen bedeutet, kann hier nicht entwickelt werden, da die Analyse der Verhältnisse nicht ins Detail gehen konnte, die vorzuschlagenden Alternativen aber ganz konkret daran ansetzen müssen.

Wirft man einen Blick über die alpinen Grenzen, wird eine solche Situation wie die Gasteins jedoch aus einem ganz anderen Blickwinkel gesehen. Vor allem in Italien und Frankreich dürften angesichts einer durch Realteilung und Überalterung fast hoffnungslosen Lage in der alpinen Landwirtschaft und angesichts der ökonomischen und ökologischen Probleme der touristischen Retortenstationen die Gasteiner Verhältnisse schon fast idyllisch wirken. Auch dazu soll dieser Beitrag dienen, dass man sich nämlich beim Blick von außen nicht durch die Fassade tauschen lässt. Im Prinzip läuft ja im gesamten Alpenraum der gleiche Prozess ab, nämlich die Umstrukturierung dieses Raumes für die Bedürfnisse der Freizeitgesellschaft in den europäischen Ballungsgebieten. Dass man dies in der deutschsprachigen Wissenschaft eher zurückhaltend mit »Außensteuerung« bezeichnet, während man südlich der alpinen Wasserscheide viel drastischer von »Kolonisation« (»Colonizzazione«) spricht, hängt auch mit den unterschiedlichen Voraussetzungen und Formen zusammen, in denen dieser Prozess abläuft, denn das zentralistische Element ist traditionellerweise in den französischen oder italienischen Alpen stärker ausgeprägt als in Bayern, Österreich oder gar in der Schweiz. Die gemeinsame Entwicklungsrichtung gerade aus den so unterschiedlichen nationalen und regionalen Erscheinungsformen herauszuarbeiten, das ist meines Erachtens eine der zentralen Aufgaben einer solchen übernationalen Tagung, damit man sich in der Beurteilung der Situation nicht von den Fremdheiten der jeweils anderen Region täuschen lässt.

Anmerkungen

Basis dieses Textes ist ein Vortrag auf der »Tagung der Kontaktgruppe französischer und deutscher Geographen« im September 1986 in Innsbruck, der in den *Innsbrucker Geographischen Studien*, Band 16, 1988, S. 245–252 publiziert wurde (hier ohne das »Schrifttum« abgedruckt). Seit Januar 1984 beschäftigt sich W.B. mit dem Gasteiner Tal, um die Alpen auch im Bereich der »Übererschließung« selbst empirisch kennenzulernen. Zu diesem Zweck nimmt er an einem dreisemestrigen Projektseminar am Fachbereich Stadt- und Regionalplanung der TU Berlin teil, an dessen Ende seine Monografie über Bad Hofgastein (1985) steht. Seitdem besucht er dieses Tal regelmäßig und analysiert seine weitere Entwicklung, oft zusammen mit Studenten (siehe dazu in diesem Band »Nachhaltige Entwicklung des alpinen Tourismus«, S. 278).

(1) Die alte Hotelkategorie A/A1 entspricht heute den 4- und 5-Stern-Hotels, Kategorie C/D den 2- und 3-Stern-Betrieben.

(2) Diese Prognose traf im Juli 1987 ein, als zwei Muren aus einem seit langem nicht mehr genutzten steilen Berghang abgingen, die Bundesstraße verschütteten und das Gasteiner Tal einige Stunden lang von der Außenwelt abschnitten, und weitere Muren erst kurz vor dem Ortszentrum von Dorfgastein zum Stehen kamen. Kleinere Muren, die »nur« Flurschaden verursachen, sind seitdem immer wieder anzutreffen.

(3) Die Mitte der 1980er-Jahre sehr deutlich sichtbaren Waldschäden vor allem im Bereich der Inversionsschicht in etwa 1500 bis 1700 Metern Höhe sind seit Mitte der 1990er-Jahre wieder verschwunden. Dies liegt einerseits am Rückgang der Luftverschmutzung durch Hausbrand im Gasteiner Tal, andererseits dürfte das sogenannte Waldsterben damals auch durch eine Abfolge besonders trockener Sommer mit verursacht worden sein.

(4) Angeregt durch mehrere Vorträge von W.B. vor Ort bildete sich im Rahmen der Bad Hofgasteiner Landwirtschaft 1986 eine Arbeitsgruppe, die diese Empfehlungen aufgriff und umzusetzen suchte. Es dauerte allerdings einige Zeit, bis diese Arbeitsgruppe erste Ergebnisse (Einrichtung eines Bauernmarktes) erzielte, weil im Tal erst viele Widerstände überwunden werden mussten.

Die Umweltkatastrophen vom Sommer 1987 in den Alpen

Warum vorschnelle Interpretationen zu kurz greifen

Die Alpen haben in diesem Sommer immer wieder Schlagzeilen gemacht. Besonders auffällig war dabei die zeitliche Häufung der Katastrophen sowie die Tatsache, dass zum ersten Mal *alle* Alpenstaaten davon betroffen wurden. Aufgrund der vorläufigen Schadensbilanz (siehe Kasten) kann man schon jetzt vom größten Katastrophensommer der jüngeren Vergangenheit im Alpenraum sprechen. (1)

»Waldsterben und Massentourismus« als Verursacher?

Kaum waren die ersten Katastrophen passiert, da war die Ursache auch schon gefunden: Überall in Presse, Rundfunk und Fernsehen wurden das Waldsterben und der Tourismus, vor allem die Skipisten, als Auslöser genannt, und zahlreiche Artikel legten detailliert dar, wie der Bergwald – durch sauren Regen schwer geschädigt – seine Schutzfunktion verliert, der Boden weggespült wird und Muren, Bergstürze und Hochwasser die Siedlungen bedrohen.

Nur – diese Erklärungen passten mit der Realität nicht so recht zusammen, was allerdings kaum jemand bemerkte. Folgende Unstimmigkeiten traten auf:

Die Abrisskante des Veltliner Bergsturzes liegt in 2400 Meter Höhe, also deutlich über der Baumgrenze. Außerdem war im gesamten Veltlin seit Mussolinis Zeiten stark aufgeforstet worden (die

Waldfläche hat sich in den letzten 50 Jahren fast verdoppelt, allerdings auf einer niedrigen Ausgangsbasis). Entgegen den ersten Vermutungen waren auch nicht die großen Skigebiete von Bormio betroffen, wo man anlässlich der alpinen Skiweltmeisterschaften im Jahr 1985 noch Wald für Skipisten gerodet hatte, sondern »gottverlassene«, völlig unerschlossene Seitentäler.

Die Wassermassen im Reusstal (Kanton Uri, Nord-Rampe zum Gotthard) kamen nicht – wie 1978 bei der letzten Katastrophe – aus den Seitentälern, die vom Waldsterben sehr stark geschädigt sind (das Maderaner Tal zum Beispiel machte vor zwei Jahren international Schlagzeilen, als die ersten Höfe im Winter wegen des Waldsterbens evakuiert werden mussten), sondern aus dem Gotthardgebiet, einer seit vielen Jahrhunderten äußerst waldarmen Region, die zudem wenig touristisch erschlossen ist.

Bei den Katastrophen in den beiden Salzburger Tourismuszentren gingen die Muren aus Gebieten ab, die am Rande (Saalbach-Hinterglemm) oder gar nicht (Gastein) vom Tourismus erschlossen sind. Die nahe gelegenen Skigebiete wurden dagegen gar nicht oder nur wenig betroffen.

Diese Beispiele lassen sich noch beliebig erweitern: Typisch für die Katastrophen dieses Sommers ist, dass sie meist in wenig oder gar nicht erschlossenen (Seiten-)Tälern ihren Ausgang nahmen und dass die großen Zentren des Tourismus nur wenig davon betroffen waren. Das bedeutet: Die vorschnellen Erklärungen gehen ins Leere. So schwer die ökologischen Probleme durch Waldsterben und Skipisten auch allgemein sind – hier waren noch andere Kräfte am Werk, und der Schluss vom Allgemeinen auf das Besondere erwies sich als Fehlschluss, weil zu schematisch.

Die Mure von Dorfgastein

Journalisten, die die Alpen nicht kennen, sprechen häufig davon, dass inzwischen auch der »letzte Berggipfel« erschlossen sei. Das ist aber nicht richtig: Selbst in einem so großen Tourismuszentrum wie Gastein (2,5 Millionen Übernachtungen pro Jahr) ist nur etwa ein Drittel des gesamten Tales für den Tourismus erschlossen, und eine Reihe von Seitentälern ist noch völlig unberührt. Alle diese Flächen wurden früher landwirtschaftlich genutzt (als Wiesen oder Weiden), seit etwa 20 Jahren haben die Bauern sie aber brach fallen lassen, weil der Arbeitsaufwand in ein immer ungünstigeres Verhältnis zum Ertrag geriet.

Seitdem entwickelt sich auf diesen ehemaligen Kulturflächen die Vegetation in Richtung auf den standortgemäßen Wald (fast alle Wiesen und Weiden sind ja Rodungsflächen), was über verschiedene »Sukzessionsstufen« (Zwergsträucher, Buschwerk) ein bis mehrere Jahrhunderte dauern wird. Während sich dieser Prozess auf den flacheren Stellen gut und problemlos entwickelt, gibt es auf den steilen Stellen große Schwierigkeiten, wo dieser ökologisch labile Sukzessionsprozess mit zahlreichen Bodenverwundungen (»Blaiken« – Aufreißen der Vegetationsdecke) verbunden ist.

Anhand von Luftbildern aus den letzten drei Jahrzehnten habe ich die Entwicklung dieser Blaiken im Gasteiner Tal untersucht und herausgefunden, dass sie 1953 praktisch noch nicht vorhanden sind, 1966 noch relativ klein sind und 1983 bereits einen beachtlichen Umfang erreicht haben. Drei Tage vor Abgang der Mure bei Dorfgastein habe ich diese Region vom Gegenhang aus beobachtet und festgestellt, dass sich die vegetationsfreien Stellen in den letzten vier Jahren fast verdoppelt haben!

Diese Entwicklung hat folgenschwere Konsequenzen: Auf vegetationsfreien Stellen kann der Boden praktisch kein Wasser speichern, das heißt, der gesamte Niederschlag fließt sofort ab. Je

Schadensbilanz Sommer 1987

Im gesamten Alpenraum knapp einhundert Todesfälle und Sachschäden von insgesamt mehreren Milliarden Mark. Unzählige lokale und viele regionale Verkehrsunterbrechungen, erhebliche Behinderung des internationalen Transitverkehrs durch den vollständigen Ausfall aller Gotthard-Verbindungen bei Überlastung aller Ausweichrouten

Regionale Verkehrsunterbrechungen:
Betriebsunterbrechung bei der Furka-Oberalp-Bahn für fünf Wochen,
Betriebsunterbrechung bei der Schöllenen-Bahn für neun Wochen,
Betriebsunterbrechung auf Teilen der Pinzgau-Bahn für etwa ein Jahr.
Völlige Zerstörung der Staatsstraße 38 zwischen Bormio und Sondrio bei Sant'Antonio auf fünf Kilometer Länge; Eröffnung einer Behelfspiste erst am 20. Dezember 1987, die Wiederherstellung der endgültigen Straße wird noch einige Jahre dauern.

Internationale Verkehrsunterbrechungen:
Gotthard-Eisenbahn: Betriebsunterbrechung ab dem 24. August, erst am 12. September Aufnahme des einspurigen Verkehrs, des Doppelspurverkehrs erst am 25. September. Nutzungsausfälle der Schweizerischen Bundesbahnen am Gotthard in dieser Zeit etwa 35 Millionen Mark,
Gotthard-Autobahn: Sperrung ab dem 24. August, Wiedereröffnung für den Durchgangsverkehr am 20. September, aber nur für Fahrzeuge bis 16 Tonnen Gesamtgewicht. Im Bereich des besonders betroffenen Gebietes bei Wassen noch einspurige Verkehrsführung wegen Brückenschäden, die den kompletten Neubau der Talspur erforderlich machen (etwa zwei Jahre Bauzeit); bis dahin Tonnagebeschränkung und einspurige Verkehrsführung.

mehr diese Blaikenschäden zunehmen, desto mehr Wasser fließt bei einem Gewitter dort ab – die Bäche erhalten Wassermassen, die doppelt und dreimal so groß sind wie früher, die Bachbetten können das Wasser nicht mehr fassen, es tritt über die Ufer, reißt Lockermaterial mit und unterspült Böschungen. Eine Mure entsteht.

Die direkte Beziehung: ersatzloser Rückzug des Menschen aus dem Kulturland – hohe ökologische Instabilität – hohe Gefährdung durch Umweltkatastrophen scheint mir an diesem Beispiel direkt nachweisbar zu sein.

Die Überschwemmungen im Kanton Uri

Durch die hohen Niederschläge im Urseren-Tal (das Hochtal zwischen den Pässen Gotthard, Oberalp und Furka) wurde die Reuss zu einem wilden Fluss, zerstörte im engen Reusstal Eisenbahn, Autobahn, Kantons- und Lokalstraßen und überflutete das weite Talbecken von Altdorf.

Aufschlussreich ist die Differenz zwischen Niederschlag und Abfluss: Die Niederschläge im Raum Andermatt waren am 24./25.8. mit 152 mm zwar sehr hoch, aber keinesfalls außergewöhnlich extrem: Am 4.7.1891 und am 17.6.1918 hatte es ähnliche Werte gegeben, aber am 4.7.1916 wurde der bisherige Spitzenwert mit 185 mm gemessen. Dagegen stellte der Abfluss Rekordwerte auf (Reuss bei Seedorf: 650 cbm/sec, der höchste Wert seit 1904), was man sehr anschaulich daran feststellen kann, dass am 24./25.8. die historische Häderlisbrücke (gebaut 1649) oberhalb Göschenen weggerissen wurde – die Reuss führte also seit mehr als 300 Jahren nie so viel Wasser wie jetzt! Ähnlich scheint es sich nach den vorläufigen Angaben auch bei zahlreichen anderen Flüssen verhalten zu haben – der Abfluss erreichte Extremwerte, obwohl die Niederschläge nicht besonders extrem waren. Das bedeutet, das Regenwasser floss schneller als bisher üblich ab.

Das Verhältnis Niederschlag/Abfluss ist in den Alpen sehr kompliziert, weil warme Temperaturen und die damit verbundene Schneeschmelze den Abfluss sehr stark überlagern können. Dies war bei den Katastrophen im Juli 1987 der Fall, wo eine plötzliche Erwärmung (+9 Grad in 3000 Meter Höhe) eine starke Schneeschmelze verursachte, wodurch die Wassermassen sehr stark anschwollen. Allerdings dürfte am Gotthard die Schneeschmelze Ende August nicht mehr für den extremen Abfluss verantwortlich zu machen sein, weil in dieser Zeit der Schnee auch in großer Höhe fast ganz abgetaut ist.

Andererseits gibt es im Urseren-Tal – wie in großen Teilen der Schweiz – kein großflächiges Brachfallen des ehemaligen Kulturlandes wie in Gastein beziehungsweise in Österreich/Italien/Frankreich (Grund dafür ist die deutlich bessere Förderung der Bergbauern). Sieht man sich aber genauer vor Ort um, dann entdeckt man, dass die meisten Almen zwar noch genutzt werden (Urseren wird aufgrund der Höhe hauptsächlich als Almgebiet bewirtschaftet), dass aber die früher selbstverständlichen Pflegearbeiten wie Ausbessern der vegetationsfrei gewordenen Stellen, sorgfältige Drainage aller steileren Flächen, damit das Wasser gleichmäßig über die Fläche verteilt abfließt und nicht so schnell Gräben reißt, und ähnliches schon lange nicht mehr ausgeführt werden (weil unbezahlbare Handarbeit). Auch die alten Regeln der exakten Viehzahlen für jedes Almteilstück nimmt man heute nicht mehr so genau, indem man auf den guten und leicht erreichbaren Almflächen zu viele, auf den anderen Flächen zu wenige Tiere weiden lässt, was beide Male ökologische Probleme macht. Diese Veränderungen lassen vermuten, dass auf diesen Almen heute mehr Wasser sofort oberirdisch abfließt als früher.

Hinzu kommt die Veränderung des Talbodens, auf dem die Landwirtschaft in den letzten drei Jahrzehnten intensiviert wurde. Hier gab es Meliorationen von feuchten Gebieten (Entwässerungen zur Gewinnung ertragreicher Nutzflächen) mit der Folge, dass sich hier das Wasser nicht mehr wie früher stauen kann, sodass dadurch der Abfluss beschleunigt wird und jetzt die Wassermassen nach einem Starkregen überproportional anschwellen.

Die Überflutung des Campingplatzes in Savoyen

Die ebenen Talböden der großen und mittelgroßen Alpentäler waren bis weit ins 19. Jahrhundert hinein überschwemmungsgefährdet, und dort fanden sich traditionellerweise auch nie Wohngebäude oder intensiv genutzte Wirtschaftsflächen. Erst seit etwa dreißig Jahren begann man diesen Bereich alpenweit stark zu bebauen und intensiv zu nutzen, und an vielen Stellen legte man unter anderem Campingplätze an.

Solche Campingplätze wurden in diesem Sommer an zahlreichen Orten der Alpen überflutet, weil die großen Meliorationsarbeiten des 19./20. Jahrhunderts die Talböden zwar vor den üblichen Frühjahrshochwässern sicherten, aber nicht vor einem außerordentlichen Hochwasser. Während sich fast überall die Rettungsarbeiten zwar dramatisch gestalteten (Hubschrauber-Einsätze und so weiter), aber keine Menschenleben zu beklagen waren, kam es in Savoyen zur Katastrophe, weil eine Flutwelle die Urlauber nachts überraschte.

Ursache dieser Flutwelle waren starke Regenfälle, die zahlreiche Baumstämme, Steine und sonstiges Material mitrissen, das sich dann in einer Engstelle verkeilte, eine natürliche Sperre bildete und das Wasser aufstaute. Als diese Sperre dann brach, entstand eine hohe Flutwelle mit sehr großer Zerstörungskraft.

Solche Prozesse sind für den Naturraum Alpen typisch: Alle kleineren alpinen Fließgewässer besitzen ohne menschlichen Eingriff einen stark zyklischen Charakter (Aufstau – Flutwelle – Aufstau und so weiter). Will der Mensch in den Alpen leben, muss er in die Natur eingreifen und diese zyklischen Prozesse in gleichmäßig-kontinuierliche umwandeln, was mit permanenter Arbeit verbunden ist. Diese alpinen Naturprozesse sind dem Menschen in starkem Maße feindlich, ohne regelmäßige reproduktive Arbeit kann der Mensch hier nicht existieren. Diese Erfahrung wird heute immer stärker außer Acht gelassen.

Der Bergsturz im Veltlin

Während jedes der bisher dargestellten Beispiele eine Dimension bedeutet, die den menschlichen Handlungsspielraum nicht grundsätzlich überschreitet, sieht es hier ganz anders aus: Gegen einen Bergsturz ist der Mensch völlig machtlos, und die geologische Labilität durch eiszeitliche Gletscher übersteilter Talflanken oder im Rahmen der Gebirgsbildung sehr steil gestellter Gesteinsschichten kann auch durch noch so viel Arbeit nicht verringert werden.

Trotzdem ist der Mensch einem solchen Ereignis nicht völlig passiv ausgeliefert: Der Schweizer Geologe Martin König hatte in seiner Doktorarbeit über das obere Veltlin bereits 1964 die Abrisslinie des 1987er-Bergsturzes entdeckt und kartiert. Damals war eine Fläche von einem Viertelquadratkilometer abgesackt, und im Boden hatten sich die typischen Risse und Spalten gezeigt. Dass nach dieser Entdeckung die Bodenbewegungen nicht regelmäßig kontrolliert wurden, ist ein unverantwortliches Versagen des Servizio geologico. In beängstigender Übereinstimmung mit den folgenden Katastrophen hatte gerade erst im Mai 1987 der italienische Geologe Floriano Villa über die beiden großen Alpenzeitschriften *ALP* (Nr.

25) und *Rivista della Montagna* (Nr. 86) in ungewöhnlich scharfer Form die katastrophalen Missstände des Servizio geologico in Italien (lächerlicher Personalbestand, keine Geldmittel, Vetternwirtschaft und so weiter) angegriffen. Dieser Bergsturz war keine Überraschung und hätte die betroffene Bevölkerung nicht überraschen dürfen!

Aber man kann noch mehr tun als bloß beobachten und messen: Vor einem Bergsturz bilden sich meist größere Risse und Spalten im Boden. Wenn das Wasser da ungehindert hineinläuft, vergrößern sie sich sehr schnell. Früher haben die Bergbauern solche Risse sofort zugeschüttet und mit einer den lokalen Verhältnissen genau angepassten Almwirtschaft dafür gesorgt, dass relativ wenig Wasser oberflächlich und vor allem gleichmäßig abfließt. Auf diese Weise kann man den Zeitpunkt eines Bergsturzes etwas verzögern. Da es sich bei solchen Ereignissen um geologische Dimensionen handelt, spielt es für den Menschen eine entscheidende Rolle, ob ein Bergsturz jetzt oder »wenig später«, das heißt, in einigen tausend Jahren abgeht. Auch hier zeigt sich, welche Bedeutung eine ökologisch verantwortungsbewusste Landwirtschaft zur Reduzierung von Naturkatastrophen besitzt.

Woher die Fehlinterpretationen?

Mit diesen Argumenten sollen keineswegs die ökologisch so problematischen Auswirkungen des Waldsterbens und des Massentourismus in den Alpen negiert werden. Aber im konkreten Fall der Katastrophen dieses Sommers scheinen sie nur eine nebensächliche Rolle gespielt zu haben, was teilweise auf Zufällen beruhte – wären die Niederschläge am Gotthard dreißig Kilometer weiter nördlich niedergegangen, hätte man zu Recht von einer Umweltkatastrophe aufgrund des Waldsterbens sprechen können.

Warum tauchte aber in den Massenmedien kein einziges Mal der Hinweis auf die Probleme auf, die mit dem Rückzug der Landwirtschaft und dem Brachfallen des Kulturlandes verbunden sind? Dafür scheint es mir zwei Gründe zu geben:

1. Ökologische Probleme besitzen heute einen sehr hohen Medien-Stellenwert, aber immer wird dabei die Ursache in einem *falschen* Eingreifen des Menschen in die Natur gesucht. Dass Umweltkatastrophen entstehen, weil der Mensch seine traditionelle Naturbearbeitung ersatzlos einstellt, ist heute ein Un-Gedanke! Die Natur ist aber kein Ökosystem, dem sich der Mensch einfach einpassen kann (wie man heute fälschlicherweise oft meint), sondern sie muss erst grundlegend verändert werden, bevor der Mensch »mit der Natur« leben kann.

2. Auf die mit dem Rückgang der Landwirtschaft verbundenen ökologischen Probleme hinzuweisen gibt der Alpen-Diskussion eine ziemlich komplexe Basis und erschwert einfache, plakative Schuldzuweisungen. Es ist auch sehr bequem, zum wiederholten Male auf die (immer schon bekannten) Ursachen »Waldsterben + Massentourismus« hinzuweisen, und vor allem in linken Kreisen handelt man sich sonst leicht den Vorwurf ein, nicht radikal genug zu sein. Leider aber lassen sich die konkreten Verhältnisse nicht so einfach fassen – die ökologischen Probleme durch Übernutzung (Tourismus, Verkehr, Siedlungen, Luftverschmutzung und so weiter) und Unternutzung (Brachfallen des Kulturlandes, Aufgabe der traditionellen Pflegearbeiten) müssen *gleichermaßen* gesehen werden. Das aber erfordert ein Naturverständnis, das das gegenwärtige Naturbild und schematische Schuldzuweisungen sprengt.

Wie schreibt die *Frankfurter Allgemeine* bei der Vorstellung des – übrigens sehr empfehlenswerten – Buches von Hans Haid *Vom alten Leben. Vergehende Existenz- und Arbeitsformen im Alpenbe-*

reich (Rosenheim 1986): »Noch vor wenigen Wochen wäre ein Buch, das mit solchem Pathos von den vergehenden Lebensformen im Alpenraum handelt, wohl auf Überdruss gestoßen. Nach den Katastrophen im Veltlin jedoch hat sich unser Blick jäh verändert.« Und dies betrifft nicht nur unseren praktischen, sondern auch unseren theoretischen Naturbezug.

Anmerkungen

Dieser Text wurde in der ersten Septemberwoche 1987, also unmittelbar nach den dargestellten Ereignissen abgeschlossen und in der Zeitschrift *Kommune – Forum für Politik – Ökonomie – Kultur* (Frankfurt), 5/1987, Heft 10, S. 24–27 abgedruckt. Die »Schadensbilanz Sommer 1987« (Kasten) wurde durch die aktualisierte Fassung aus einem Artikel zum gleichen Thema in *Wechselwirkung – Zeitschrift für Technik, Naturwissenschaften, Gesellschaft* (Berlin), Heft 36, 1988, S. 32 ersetzt.

(1) Für W.B. spielt die regelmäßige Auswertung von Tageszeitungen in Hinblick auf die Analyse der Alpen und der Alpenentwicklung eine sehr wichtige Rolle. Er hatte bereits seit den 1970er-Jahren die *Frankfurter Allgemeine Zeitung* abonniert, seit 1984 abonniert er zusätzlich die *Neue Zürcher Zeitung* und seit 1988 als dritte Tageszeitung den *Bund* (Bern), der ab 1995 durch die *Süddeutsche Zeitung* ersetzt wird. Alle relevanten Artikel, die die Alpen betreffen, werden von ihm seit 1979 in einem Zeitungsarchiv gesammelt.

Umweltkrise und reproduktive Arbeit

Mensch-Natur-Beziehung am Beispiel des Alpenraumes

Die »klassische« Antwort auf die Frage nach den Ursachen der Störung des Mensch-Natur-Verhältnisses lautet etwas vereinfacht so: Der Mensch hat sich in der Neuzeit aus seinem traditionellen Naturrahmen gelöst, er hat sich außerhalb der Natur gestellt, sie als sein Gegenüber beliebig verändert und letztlich hemmungslos nach seinen Interessen ausgebeutet. Als Alternative zu diesem (selbst-)zerstörerischen Naturumgang müsse der Mensch seinen gesamten Welt- und Naturbezug verändern und sich wieder als Teil der Natur verstehen, indem er sich in die natürlichen ökologischen Kreisläufe einpasse und seine Eingriffe in die Natur so gering wie möglich halte.

Philosophisch gesprochen handelt es sich dabei um die Alternative: Der Maßstab für menschliches Handeln und Denken wird entweder vom Menschen her entwickelt (wobei der Mensch seit der cartesianischen Trennung von res cogitans und res extensa auf seine Geisttätigkeit festgelegt wird und sein eigener Naturanteil, der menschliche Körper, von ihm abgespalten wird). Der Mensch steht der Natur gegenüber – ist also das »Gegenteil der Natur«. Oder der Mensch versteht sich von der Natur aus – die Natur als Maßstab für den Menschen, der Mensch also als »Teil der Natur«.

Beide Konzeptionen sind in der Philosophie des 20. Jahrhunderts detailliert ausgearbeitet worden: Der Mensch als »Gegenteil der Natur« ist die Leitvorstellung von Neukantianismus und Positivismus, die in popularisierter Form in fast alle Wissenschaftsbereiche (auch in die Naturwissenschaften) eingedrungen ist. Dagegen stellt der Gedanke des Menschen als »Teil der Natur« die Minderheitsströmung dar, und ihr bedeutendster Vertreter ist Martin Heidegger, dessen Werk allerdings lange Zeit gar nicht unter dieser Fragestellung rezipiert wurde. Durch die Verleihung des Friedenspreises des Deutschen Buchhandels 1987 an seinen Schüler Hans Jonas ist diese Position vor allem in der öffentlichen Diskussion jüngst erheblich aufgewertet worden. (1)

Beide Positionen – der Mensch als Teil der Natur und als ihr Gegenteil – stehen sich radikal gegenüber, wobei man oft hört, dass dies auch sehr nötig sei, denn die heutige Lage erfordere ein radikales Umdenken. Aber nicht jede Radikalität ist schon an sich positiv: Die Alternative zur Naturzerstörung verändert zwar den Bezugspunkt auf radikale Weise weg vom Menschen hin zur Natur, aber es fragt sich, ob dabei nicht unter der Hand das Prinzip doch gleichbleibt, nämlich dass es einen *absoluten* Maßstab gibt für menschliches Denken und Handeln, der lediglich an unterschiedlichen Orten angesetzt wird.

Ich möchte hier auf Jürgen Dahl verweisen, der in seinen glänzenden Essays anhand zahlreicher ökologischer Beispiele aufzeigt, dass wir Menschen gar nicht wirklich von der Natur her denken können, sondern dass wir uns dabei immer hoffnungslos in Paradoxien verstricken. Allerdings leidet die Diskussion oft darunter, dass es schnell heißt: Wenn Dahl recht hat und der Mensch nicht als Teil der Natur verstanden werden kann, bleibt dann nur das »Gegenteil«, also die Naturzerstörung? Und dann kommt die große Stunde der Moral und der moralisierenden Minimalprogramme: Der Mensch solle doch wenigstens die Natur *so wenig wie möglich/nötig* zerstören, worauf man sich zwar leicht einigen kann, worunter sich aber jeder etwas völlig Anderes vorstellt.

Ich möchte aus diesen falschen Alternativen heraus und einen ganz anderen Entwurf vorstellen. Ich habe ihn – und das scheint mir sehr wichtig zu sein – nicht auf theoretische Weise entwickelt, sondern über die ganz konkrete Auseinandersetzung mit einem bestimmten Beispiel des Mensch-Natur-Verhältnisses: Ich beschäftige mich seit zehn Jahren mit den aktuellen ökologischen Problemen des Alpenraums und habe mich parallel zu meiner praktischen Arbeit immer wieder gefragt: Was bedeuten diese alpinen Erfahrungen grundsätzlich für das Mensch-Natur-Verhältnis? Und da die Alpen ein sehr extremes Ökosystem sind, sind sie für eine philosophische Fragestellung sehr gut geeignet.

Dabei gehe ich weder vom absoluten Maßstab des Menschen noch von dem der Natur aus, sondern vom *Verhältnis* Mensch-Natur, das ich konkret daraufhin untersuche, wie Natur für den Menschen erfahrbar wird und wie dabei der Mensch die Naturprozesse verändert. Vom Verhältnis Mensch-Natur auszugehen bedeutet philosophisch, vom »In-Beziehung-Sein« auszugehen, also an Stelle eines fixen, absoluten Grundes die Dynamik und wechselseitige Abhängigkeit einer Beziehung zugrunde zu legen. Philosophiegeschichtlich beziehe ich mich dabei auf Hegel, genauer gesagt auf eine nicht-metaphysische Hegel-Interpretation, so wie sie Karl Marx in zentralen Punkten skizziert hat. Inhaltlich bedeutet dies, dass ich den Menschen gleichzeitig als Teil *und* Gegenteil der Natur sehe und dass mein zentrales Interesse dem Verständnis dieser dialektischen Beziehung und seinen Konsequenzen gilt.

Mensch-Natur-Verhältnis am Beispiel des Alpenraums

Der Mensch entwickelt sich im Verlauf der Evolution offenbar im Grenzbereich zwischen tropischem Regenwald und offener Savanne in Zentralafrika zum Menschen, findet seinen ersten Lebensraum in der Savanne und breitet sich erst sehr viel später über die gesamte Welt aus, wobei er als Jäger und Sammler auch mit den Alpen in Berührung kommt. Allerdings spielt diese Region für ihn im Paläolithikum nur eine sehr geringe Rolle, weil die lange winterliche Schneedecke, das steile Relief und die dichte Walddecke sehr große Hindernisse bedeuten.

Zwischen 10 000 und 8000 v. u. Z. bildet sich im Vorderen Orient das sogenannte Neolithikum heraus, also die Entwicklung von Ackerbau und Viehzucht, wodurch das Verhältnis Mensch-Natur fundamental revolutioniert wird: An die Stelle der paläolithischen Nutzung der Natur durch bloße Entnahme von Tieren und Pflanzen tritt jetzt die Kultivierung der Natur, also die Veränderung der natürlichen Ökosysteme (beziehungsweise Biome) zum Zwecke der landwirtschaftlichen Produktion. Dabei entsteht im »indoeuropäischen« Kulturraum eine Landwirtschaft, die bis heute auf der Kombination von Ackerbau und Viehzucht basiert (das Verhältnis der beiden Betriebszweige weist in den einzelnen Kulturen einen breiten Spielraum auf), die für diesen Menschentyp offenbar eine kulturelle Ernährungsnotwendigkeit bedeutet. (In Südostasien entwickelt sich zur gleichen Zeit eine andere Form des Neolithikums, die fast absolut auf dem Reisbau gründet.)

Um 5000 v. u. Z. erreicht diese neue Kultur Europa und den Alpenrand (Provence, Côte d'Azur, Oberitalien). (2) Da der mediterrane Raum im Sommer eine ausgeprägte Trockenheit aufweist und in dieser Zeit schlechte Möglichkeiten als Viehweide bietet, während die benachbarten alpinen Matten oberhalb der Waldgrenze gerade erst schneefrei werden und eine ideale Weide darstellen, entwickelte man bald die Gewohnheit, einen Teil des Viehs (Schafe) im Sommer auf die Almen zu schicken, wobei man sich das Verhalten von Wildtieren zum Vorbild nahm. Diese Form der Weidewirtschaft bezeichnet man als »Transhumance«, sie dürfte etwa um

4000 v. u. Z. entstanden sein und hat sich in archaischen Formen bis weit ins 20. Jahrhundert hinein erhalten. Durch diese Wirtschaftsform wurden die Alpen nur ganz oben im von Natur aus waldfreien Raum der Almen – und nur im Sommer – von Menschen genutzt, ansonsten blieb dieser Raum nutzungsfeindlich.

Der nächste Entwicklungsschritt besteht darin, im Alpenraum selbst das ganze Jahr über zu leben und zu wirtschaften (sogenannte Autarkiewirtschaft). Das bedeutet, dass man jetzt neben der Viehwirtschaft auch Ackerbau betreiben muss, und das ist mit erheblichen Problemen verbunden, denn die Wildformen des Getreides stammen aus den trockenen, warmen Räumen Vorderasiens und sind sehr empfindlich gegen große Höhen (Kälte) und hohe Niederschläge, wie sie in den Alpen typisch sind. Während die Viehwirtschaft auf den Almen von Natur aus begünstigt ist, macht der Ackerbau erhebliche Anpassungsprobleme, und es können auch nur diejenigen Alpenregionen besiedelt werden, die tief liegen und die keine extrem hohen Niederschläge aufweisen, nämlich die inneralpinen Beckenlandschaften und die im Randbereich zum mediterranen Klimabereich gelegenen südlichen Alpentäler. Der gesamte sehr feuchte Alpennordrand (Luv-Lage) bleibt dagegen siedlungsfeindlich und menschenleer. Ab 2000 v. u. Z. lässt sich diese neue Wirtschaftsform in zahlreichen Alpentälern nachweisen, und im Römischen Reich erlebt sie ihre erste große Blütezeit.

Der vierte Entwicklungsschritt setzt im 6./7. Jahrhundert ein, als von Norden her germanische Stämme (Alemannen und Bajuwaren) in den Alpenraum eindringen. Weil bei ihnen die Viehwirtschaft im Mittelpunkt der Landwirtschaft steht und der Ackerbau eine eher untergeordnete Bedeutung besitzt (im Mittelmeerraum ist dieses Verhältnis gerade umgekehrt – Ursache dafür sind offenbar verschiedene kulturelle Ernährungsmuster), sind sie nicht auf einen intensiven Ackerbau angewiesen und können daher diesen feuchten Alpenraum zum ersten Mal in der Geschichte intensiv nutzen und besiedeln.

Der fünfte Entwicklungsschritt besteht darin, die letzten noch verbliebenen »ökologischen Nischen« in großer Höhe zu nutzen. Dies ist aber nur noch dadurch möglich, dass das traditionelle Ideal der Autarkiewirtschaft aufgegeben wird: Es wird nur noch ein Betriebszweig, nämlich die Viehwirtschaft, ausgeübt, die Ackerbauprodukte müssen dagegen eingeführt werden (regelmäßiger Warentausch/ Handel als Voraussetzung). In der Form der sogenannten Schwaighof- und der Walser-Wirtschaft erreichen diese jüngsten Siedlungen im Alpenraum zwischen dem 12. und 14. Jahrhundert Rekordhöhen, die seitdem nicht mehr überschritten werden. Damit ist die Siedlungs- und Wirtschaftsentwicklung der Alpen im 14. Jahrhundert praktisch abgeschlossen – bis zum Einbruch der Moderne im 19./20. Jahrhundert ändern sich keine wesentlichen Dinge mehr, und der gesamte Alpenraum mit Ausnahme der vegetationsfeindlichen Fels- und Eisregion stellt eine vom Menschen genutzte Kulturlandschaft dar.

Aufschlussreich bei diesen fünf Entwicklungsschritten ist die enge Abhängigkeit von Naturnutzung und Wirtschaftsform: Jede einzelne Wirtschaftsform nutzt bestimmte Teilräume/Zeiten, besitzt aber zugleich eine absolute Nutzungsgrenze, die ihr jeweils als »natürliche Grenze« erscheint. Betrachtet man aber den Gesamtprozess, stellt man fest, dass diese scheinbar naturgemäße Grenze immer weiter hinausgeschoben wird – übrigens nicht allmählich, Stückchen für Stückchen, sondern jeweils sprunghaft vermittels der Einführung einer neuen Wirtschaftsform. In diesem Prozess löst sich also der Begriff der natürlichen Grenze für die menschliche Naturnutzung auf: Es gibt auf einmal keine absolute, fixe Grenze mehr, sondern wir finden statt dessen nur noch relative, historische Grenzen, deren Veränderungen von der menschlichen Wirtschafts- und Kulturentwicklung geprägt sind.

Naturnutzung durch den Menschen bedeutet seit dem Neolithikum Natureingriff und Naturveränderung, und die verschiedenen Landwirtschaftsformen haben im Laufe der Jahrtausende das Ökosystem Alpen fundamental verändert:

1. Die Vegetation der Almen verändert sich bei Beweidung erheblich (das Verhältnis von Kräutern : Gräsern verschiebt sich von 30:70 zu 70:30), hinzu kommen der Einfluss des Dungs der Tiere (der systematisch zur Bodenverbesserung genutzt wurde) sowie gezielte Pflegearbeiten der Almhirten (Steine auslesen, Bewässerung von trockenen, Entwässerung von zu feuchten Stellen, Absicherung von Steilstellen und so weiter), welche sich positiv auf die Vegetation auswirken.

2. Die Waldobergrenze wird um 200 bis 300 Höhenmeter tiefer gelegt, teilweise als spontaner Prozess (Degradation des Waldes durch Waldweide und Holzentnahme), teilweise infolge bewusster planmäßiger Rodungen. Dadurch werden die Almflächen sehr stark in ihrer Fläche vergrößert – was wir heute als Almen kennen, ist meist eine vom Menschen geschaffene Kulturlandschaft.

3. Großflächige Rodungen im Talbereich und auf den Sonnenhängen sind notwendig, um Platz für Siedlungs- und Wirtschaftsflächen zu gewinnen.

4. Großflächige Entsumpfungen und Trockenlegungen der zahlreichen Talauen und vieler kleinerer Seen.

Das Ökosystem Alpen ist daher mit Ausnahme der Fels- und Eisregion als eine anthropogen gestaltete Kulturlandschaft zu bezeichnen, die von der früheren Naturlandschaft sehr weit entfernt ist.

Ökologische Stabilität der alpinen Kulturlandschaft

Angesichts der äußerst labilen ökologischen Verhältnisse im Alpenraum (instabile Gesteinsarten, extrem hohe Reliefenergie, sehr hohe

Niederschläge, kurze Vegetationszeiten), erscheint es unglaublich, dass diese fundamentalen Eingriffe nicht zu riesigen Katastrophen geführt haben. Aber die Alpenbewohner haben offenbar schon sehr früh die Gefahren erkannt und dagegen Strategien entwickelt:

1. Sorgfältige Auswahl der Rodungsflächen, wobei besonders steile und schattige Hänge nicht angerührt oder Baum- und Waldstreifen entlang von Wildbächen bewusst stehen gelassen wurden.

2. Herausbildung von ganz bestimmten Formen der produktiven Arbeit: Damit sich die Vegetation einer Almweide gut regeneriert, ist es sehr wichtig, dass weder zu viele noch zu wenige Tiere darauf weiden: Zu geringer Viehbesatz führt über selektives Abfressen zur Verdrängung der Futterkräuter und zur Degeneration der Flora auf wenige robuste Arten; zu großer Viehbesatz zerstört die Vegetationsdecke im Laufe der Zeit. Genauso wichtig ist der richtige Zeitpunkt der Nutzung (weder zu früh noch zu spät) sowie die richtige Nutzungsdauer. Analoges gilt für die Mähwiesen, wo die Häufigkeit und der Zeitpunkt des Heuschnitts eine entscheidende Rolle spielen. Von prinzipieller Bedeutung erweist sich: Die richtige Art und Weise der Naturnutzung, das richtige »Maß« entscheidet darüber, ob ein Ökosystem durch menschliche Bewirtschaftung zerstört beziehungsweise degradiert wird oder ob es sich problemlos regenerieren kann.

3. Diese beiden Punkte reichen aber noch nicht aus, um in den extrem labilen Alpen eine ökologisch stabile Kulturlandschaft zu schaffen: Die Bergbauern müssen zusätzlich eine große Menge Reparatur- und Pflegearbeiten leisten, zum Beispiel die von den Äckern abgeschwemmte Erde wieder nach oben tragen, vegetationsfrei gewordene Stellen auf den Wiesen und Weiden einsäen und befestigen, die Wildbäche säubern, damit sich nicht Baumstämme verklemmen, die das Wasser aufstauen und dann eine Flutwelle verursachen; sie müssen besonders steile und proble-

matische Stellen durch Terrassierungen absichern, Lawinen- und Unwetterschäden sofort reparieren, bevor sie noch größer werden und so weiter. Diesen umfangreichen Komplex von Arbeiten, die in anderen, weniger extremen Regionen leicht übersehen werden, nenne ich »reproduktive Arbeit«, und ihr kommt in meinem Konzept ein zentraler Stellenwert zu.

Wenn die Alpenbewohner diese drei Strategien nicht befolgen, dann wird ihre Kulturlandschaft ökologisch instabil, und das bedeutet: Die Regenerationsfähigkeit der Vegetationsdecke geht verloren, der humusreiche Boden wird abgespült oder rutscht ab, »Natur-Katastrophen« wie Lawinen, Muren, Hochwasser nehmen sprunghaft zu – die Natur wird dem Menschen wieder feindlich, und der Mensch verliert seine zuvor mühsam geschaffenen Lebens- und Wirtschaftsmöglichkeiten. Ein falscher Naturumgang ist in den Alpen gleichbedeutend einem kollektiven Selbstmord, daher spielte der gemeinsame Kampf gegen Raubbau und Übernutzung durch Feudalherren in den mittelalterlichen Statuten der alpinen Bauerndemokratien immer eine zentrale Rolle.

Produktive und reproduktive Arbeit

Was sich in den Alpen besonders extrem und damit besonders anschaulich zeigt, gilt aber grundsätzlich: Der Mensch muss seit dem Neolithikum seine Lebensgrundlage vermittels Veränderung der Natur erst selbst schaffen, er muss, in geografischen Begriffen ausgedrückt, die Naturlandschaft in eine Kulturlandschaft umwandeln und seine eigene, ihm gemäße Umwelt selbst produzieren, um leben zu können.

Da aber Ackerbau und Viehzucht als Menschenwerk künstliche Systeme sind, bleiben sie nicht aus sich heraus bestehen, sondern verfallen mehr oder weniger schnell, wenn der Mensch seine regelmäßige Arbeit einstellt: Die Äcker, Wiesen und Weiden wachsen wieder zu, die Be- und Entwässerungsgräben verfallen, und die Nutzpflanzenarten und Haustierrassen degenerieren. Aus diesem Grunde, eben weil die Kulturlandschaft, die anthropogen geprägte Natur Kultur- und nicht Naturprodukt ist, stellt sich das Problem der Reproduktion in aller Schärfe: Die menschliche Produktion ist ohne Reproduktion bodenlos, oder anders ausgedrückt: Der Mensch kann nur dann produzieren, wenn er gleichzeitig sich selbst und seine Lebensbedingungen reproduziert.

Diesen Gedanken der Reproduktion muss man über die eben skizzierte direkte praktische Reproduktion hinaus auf eine doppelte Weise fassen, nämlich als Reproduktion des in der Kulturlandschaft enthaltenen Natur- und Kulturanteils.

Was die Naturseite betrifft, so muss der Mensch dafür sorgen, dass durch seine Nutzungseingriffe die natürliche Fruchtbarkeit der Pflanzen und Tiere nicht beeinträchtigt wird, dass der natürliche Stoffwechselprozess in der Kulturlandschaft nicht so gestört wird, dass unerwünschte Nebenwirkungen kontraproduktive Effekte bewirken und so weiter – das heißt philosophisch ausgedrückt: Der in der Kulturlandschaft enthaltene Naturanteil, dessen Eigendynamik (Produktivität der Natur) durch die menschliche Nutzung verändert wird, muss durch menschliche Reproduktion so bearbeitet werden, dass sich die Natur der Kulturlandschaft nicht mittels kontraproduktiver Prozesse jeglicher menschlichen Nutzung entzieht. Darüber hinaus muss der Mensch dafür sorgen, dass durch seine partiellen Nutzungseingriffe nicht das gesamte globale Ökosystem aus dem Gleichgewicht gerät: Da der Mensch immer nur einen kleinen Teil des Kosmos verändern kann, bedeutet die Reproduktion des Naturanteils in der Kulturlandschaft auch die Aufgabe, diesen kleinen Teil anthropogen geprägter Natur so in die den Menschen übergreifenden Naturprozesse einzufügen, dass das Ganze dabei nicht gestört wird und eine dem Menschen bedrohliche oder feindliche Dynamik entwickelt.

Was die Kulturseite betrifft, so muss der Mensch sich selbst und seine eigene Kultur/Gesellschaft reproduzieren: Der homo oeconomicus, der allein aus sachrationalen Gründen rein produktiv arbeitet, ist eine menschenunwürdige Fiktion, ein reiner Automat oder Roboter. Die produktive Arbeit des Menschen ist engstens mit Gefühlen, Hoffnungen, Erwartungen verbunden, und es ist eine ganz banale Tatsache, dass sie ohne Entspannungs- und Regenerationsphasen schon nach kurzer Zeit zusammenbricht. Unter kultureller Reproduktion möchte ich zum Einen denjenigen Bereich verstehen, der in der feministischen Bewegung thematisiert wird und dort teilweise bereits mit dem Begriff »Reproduktionsarbeit« bezeichnet wird, nämlich »Hausarbeit« (im weiteren Sinne), Kindererziehung, Pflege von Alten/Kranken und so weiter (wobei sich individuelle und gesellschaftliche Reproduktion untrennbar mischen); zum Anderen möchte ich darunter – ausgehend von ethnopsychoanalytischen Überlegungen – den Bereich der Feste, Gebräuche, Riten, Zeremonien, Überlieferungen und so weiter fassen, in denen sich eine Gesellschaft ihrer eigenen Traditionen (hier unter dem Aspekt des den Traditionen angemessenen Umgangs mit Natur) vergewissert und neue Herausforderungen und Innovationen verarbeitet. Die Reproduktion des Kulturanteils in der anthropogen geprägten Natur hat also die Aufgabe, die Produktivität des einzelnen Menschen, die physische Reproduktion der Gattung Mensch sowie die Reproduktion der vergangenen Erfahrungen im Umgang mit Natur und Gesellschaft zu gewährleisten.

Produktive und reproduktive Arbeit sind auf diese Weise so eng miteinander verknüpft und so wenig voneinander zu trennen, dass der Gegensatz Produktion – Reproduktion besser folgendermaßen formuliert wird: hier verabsolutierte produktive Arbeit ohne Reproduktion – dort an der Reproduktion orientierte Produktion.

Arbeit und Ökologie

Kehren wir nach dieser Vertiefung und Erweiterung des Arbeitsbegriffes zu den konkreten Problemen der heutigen Umweltzerstörung zurück und fragen: Wo liegt der Maßstab für den »richtigen« Naturumgang, der die Natur nicht zerstört? Liegt er, wie man heute immer wieder beteuert, in der Natur?

Nehmen wir dazu das Beispiel der vieldiskutierten »naturgemäßen Wirtschaftsform« und fragen uns: Welche der fünf im Alpenraum traditionell heimischen Wirtschaftsformen ist die naturgemäße Wirtschaftsform? Die Antwort muss lauten: alle fünf oder gar keine, je nachdem, ob das Problem der Reproduktion gelöst ist oder nicht. Diese Antwort ist unbefriedigend – offenbar ist die Frage falsch gestellt.

Zweites Beispiel: Nehmen wir einen südexponierten Hang in 1000 Metern Höhe im Alpenraum, der im Naturzustand mit einem dichten Laubwald bedeckt ist. Folgt aus der Natur dieses Hanges ein bestimmtes Kriterium für eine menschliche Nutzung, gibt die Natur dem Menschen dafür irgendeinen Maßstab an die Hand? Nein – der Mensch hat die freie Auswahl, aus dem Naturwald einen Wirtschaftswald zu machen oder ihn zu roden und als Weinberg, Ackerfläche, Wiese oder Weide zu nutzen – alle fünf Alternativen stehen ihm gleichberechtigt offen. Die Natur schreibt ihm allerdings eine Sache vor, nicht das Was, aber das Wie: Bei Ackerland muss der Mensch Ackerterrassen anlegen und regelmäßig die abgeschwemmte Erde nach oben tragen, soll der Boden nicht in kurzer Zeit abgespült werden; bei Wiesen und Weiden muss die Oberfläche sorgfältig drainiert werden, damit das Wasser gleichmäßig abläuft, und müssen bestimmte Schnittzeitpunkte und -häufigkeiten beziehungsweise Viehzahlen und Weidetage eingehalten werden und so weiter.

Das bedeutet: Aus der Natur heraus lassen sich keinerlei Kriterien für oder gegen eine bestimmte Wirtschaftsform gewinnen, sondern nur Kriterien, auf welche Weise eine frei gewählte Naturnutzung betrieben werden muss. Es gibt also grundsätzlich niemals *die* naturgemäße Wirtschaftsform, sondern stets eine breite Palette von Möglichkeiten. Damit möchte ich meinen Anfangsgedanken wieder aufnehmen: Die Natur bietet dem Menschen keinen *absoluten* Maßstab, auf den er sein Handeln gründen könnte, stattdessen aber – wenn man von der Beziehung Mensch-Natur anstelle eines absoluten Grundes ausgeht – einen *relativen* Maßstab, bei dem in jeder Frage Natur- und Kultur-Aspekte ineinander vermittelt sind. Solch relativer Maßstab hat die Eigenschaft, die heute oft als Mangel angesehen wird, dass er keinen außerhalb des Menschen liegenden Dreh- und Angelpunkt gegen die heutige Umweltzerstörung bietet, auf den man sich quasi »objektiv« beziehen könnte. Ich halte die Idee eines solchen Fixpunktes allerdings für eine Illusion: Die Umweltzerstörung ist ein gesellschaftliches Krisenphänomen und muss daher auch gesellschaftlich gelöst werden – »die Natur« kann uns diese Auseinandersetzung nicht abnehmen.

In der ökologischen Krise der Gegenwart mischen sich Natur- und Kulturfaktoren so stark ineinander, dass ein rein biologisch-ökologischer Ansatz zu kurz greifen und das zentrale Problem verfehlen muss. Arbeit und Ökologie gehören untrennbar zusammen.

Natur an sich – Natur für uns

Gehen wir noch einen Schritt weiter in diesen Überlegungen: Nur wenn wir die Natur als absoluten Maßstab verwerfen und sie lediglich als relativen Maßstab anerkennen, vermeiden wir die Gefahr, die Natur insgeheim doch wieder »hintenherum« vom Menschen her zu denken. Der Berliner Ökologe Ludwig Trepl hat immer wieder auf die Gefahr hingewiesen, die in den neuesten wissenschaftstheoretischen Ansätzen steckt: Die Vorstellungen einer biokybernetischen Weltmaschine (Kybernetik), eines weltweiten vernetzten Ökosystems (Ökosystem-Theorie) oder einer kosmischen Selbstorganisationsdynamik (Theorie der Selbstorganisation der Materie) sind einerseits ein Fortschritt, weil sie die Starrheiten des mechanistischen Weltbildes durch die Berücksichtigung von gegenseitigen Abhängigkeiten, Rückkopplungs- und Vernetzungseffekten überwinden, andererseits besteht immer wieder die Tendenz, mit diesen neuen Modellen eine ökologische Mega- oder Supertheorie zu entwickeln, die »die Natur« in ihrer Gesamtheit zu verstehen glaubt.

Und genau an diesem Punkt schlägt eine ökologische Theorie in ein technokratisches Herrschaftswissen um: Wenn ich die Natur total verstanden habe und alle Wechselwirkungen kenne, dann habe ich die Natur fest im Griff und kann sie beliebig manipulieren.

Ich hatte schon davon gesprochen, dass der Mensch Teil und Gegenteil der Natur zugleich sei. Als Gegenteil der Natur kann der Mensch aus ihr heraustreten, zu ihr in Distanz gehen und über sie reflektieren – das ist die Voraussetzung einerseits für menschliche Arbeit, andererseits für Wissenschaft (die ich in ihrer Struktur entsprechend dem Arbeitsprozess verstehe und die im weiteren Sinne einen Teilbereich der Arbeit darstellt). Als Teil der Natur steht der Mensch dagegen im Gesamtprozess der Natur oder des Kosmos als ein winziger Ausschnitt, der absolut unbedeutend erscheint – selbst die Zeitdauer der Existenz des Menschen auf der Erde ist ein Nichts im Vergleich zur kosmischen Zeitdimension.

Der Mensch ist gleichzeitig Teil und Gegenteil der Natur, ohne dabei eine Seite zu verabsolutieren: Der Mensch kann zwar als Gegenteil der Natur über die Natur reflektieren, er ist aber als Teil der Natur in die ihn umgreifende Natur so eingebettet, dass er nur mit einem kleinen Ausschnitt ihrer Gesamtheit direkt konfrontiert ist, und sich ihm das Verständnis der Natur als Gesamtheit zwangsläufig entzieht –»die Natur« ist für den Menschen nicht übergreifbar, nicht erkennbar. Daraus folgt aber kein Agnostizismus oder Skeptizismus in Bezug auf die Naturprozesse: Durch seine konkrete Arbeit, durch die ja der Mensch stets in die Natur eingreift und sie verändert, setzt er sich ganz handfest mit den Naturprozessen auseinander und lernt sie so kennen und verstehen.

Auf diese Weise wird es notwendig, einen doppelten Naturbegriff zu entwickeln:»Natur an sich« und»Natur für uns«. Die »Natur für uns« ist derjenige Bereich der Natur, den der Mensch durch seine Arbeit umgestaltet und geprägt hat, den er versteht und berechnen kann, wo er sich»zu Hause« fühlt.»Natur an sich« ist dagegen der Gesamtprozess, dessen Verständnis dem Menschen prinzipiell unmöglich ist, und derjenige Aspekt der Natur, der den Menschen bedroht.»Natur an sich« und»Natur für uns« sind nun so ineinander verwoben, dass die»Natur für uns« einen kleinen Ausschnitt aus der unendlichen»Natur an sich« bildet. Deswegen ist der Bereich der verstehbaren»Natur für uns« nie absolut, sondern immer nur relativ verstehbar und berechenbar – die absolute Berechenbarkeit der Natur entzieht sich dem Menschen.

Kommen wir nun zum Ausgangsgedanken zurück, dem Umschlagen einer ökologischen Theorie in ein technokratisches Herrschaftswissen: Eine ökologische Theorie muss darauf reflektieren, dass sie sich nur auf den Bereich der»Natur für uns« gründet beziehungsweise empirisch abstützt; dieser Bereich kann zwar immer weiter ausgedehnt und vergrößert werden, aber er bleibt letztlich immer nur ein Ausschnitt aus der»Natur an sich«. Eine ökologische Theorie kann daher ein Gesamtmodell der Natur entwerfen, hat dabei aber immer klar vor Augen, dass die Realität der Natur dadurch nie vollständig beschrieben und verstanden wird. Erst die techno-kratische Fehlinterpretation, die diese Theorie verabsolutiert, indem sie die »Natur für uns« mit der »Natur an sich« identifiziert, glaubt daran, dass sich die Natur wirklich gemäß der Theorie vollständig berechnen und verstehen lasse – und die Katastrophen sind damit vorprogrammiert.

Reproduktive Arbeit und Industrieproduktion

Weil ich meine Grundgedanken in der Auseinandersetzung mit dem Alpenraum entwickelt habe, also einem ländlichen Raum, hat man häufig nicht gewusst, ob und wie die Umweltzerstörungen durch die Industrie damit zu verbinden seien.

Heute wird häufig zwischen der vorindustriellen Landwirtschaft und der Industrie ein tiefer Graben angesetzt: Die eine produziere auf »naturgemäße«, die andere auf naturzerstörerische Weise. Aus dem bisher Gesagten ist vielleicht schon deutlich geworden, dass ich diesen Widerspruch so nicht sehe, denn jede menschliche Produktion stellt einen Eingriff in die Natur dar, der nur dann nicht zerstörerisch ist, wenn die Frage der Reproduktion positiv gelöst wird.

Diese Sichtweise kann auch auf die industrielle Produktion angewendet werden: Analog der Landwirtschaft entnimmt die Industrie der Natur bestimmte Grundstoffe, bearbeitet und verändert sie, danach werden sie konsumiert und verbraucht, und anschließend gelangen sie wieder zurück in die großen natürlichen Kreisläufe. Praktisch macht es natürlich einen großen Unterschied, ob der Grundstoff ein Wildgras ist, das zum Roggen kultiviert wird, oder ein Erz, aus dem dann Stahl gewonnen wird, aber im Prinzip ist der Prozess derselbe: Naturstoff – Bearbeitung – Konsumtion – Rückkehr in die Natur.

Das Problem der Reproduktion tritt auf allen Stufen dieses Prozesses auf: Bei der Entnahme der Rohstoffe aus der Natur müssen die entstehenden »Löcher« über und unter Tage abgesichert und rekultiviert werden; bei der Bearbeitung dürfen verschmutzte Luft, Abwasser, Abwärme und ähnliches nicht einfach in die Umgebung entlassen werden, sondern müssen so aufbereitet werden, dass ihre Rückkehr in die Umwelt ohne Probleme möglich ist; bei der Konsumtion dürfen die Produkte keine gesundheitsschädlichen Auswirkungen für den Menschen haben, und die verbrauchten Produkte müssen am Schluss auf sinnvolle Weise verrotten/zerfallen, ohne die Umwelt zu belasten. Auch die industrielle Produktion kann so organisiert und gestaltet werden, dass vermittels reproduktiver Arbeit ihre Umweltverträglichkeit erreichbar ist.

Marktwirtschaft und Ökologie

Um die heutige Situation besser zu verstehen ist es notwendig, kurz die historischen, vorindustriellen Umweltzerstörungen zu skizzieren. Gleichzeitig erhält man damit die argumentative Grundlage, das stereotype Argument zu widerlegen, Naturzerstörung wäre ein »humanes Dauerproblem« und man müsse deshalb heute »pragmatisch« damit umgehen, wie es zum Beispiel Hermann Lübbe fordert.

Natur- und Umweltzerstörung gab es erstens immer dann, wenn der Mensch zum ersten Mal neue Naturräume erschloss oder neue Wirtschaftsformen entwickelte, weil er die Konsequenzen seiner Natureingriffe noch nicht kannte (nicht kennen konnte) und auch noch nicht wusste, auf welche Weise die Reproduktion zu geschehen habe. Zweitens gab es Probleme in Zeiten, in denen der Mensch sehr viel Raum zur Verfügung hatte und sehr extensiv wirtschaften konnte, sodass sich der einzelne Bauer nicht um die Fruchtbarkeit seiner Felder zu kümmern brauchte, weil er einfach neue Flächen roden konnte. War die Zahl der Menschen klein genug und blieb sie konstant, hatte die Natur ausreichend Zeit, sich selbst zu regenerieren; vermehrte sich aber bei solch extensiven Wirtschaftsformen die Bevölkerung kontinuierlich (wie zum Beispiel im frühen Mittelalter in Europa), dann entstanden großflächige Degradationen. Drittens gab es Umweltzerstörung, wenn die Kulturlandschaft aus externen Zwängen heraus übernutzt werden musste, sei es, dass der Feudalherr für sein Privatinteresse Raubbau trieb, sei es, dass durch politischen/wirtschaftlichen Druck traditionelle Emigrationsformen blockiert wurden oder neue Siedler zusätzlich sesshaft wurden.

Damit man mich nicht falsch versteht, möchte ich explizit betonen, dass die traditionellen Bauerngesellschaften keineswegs immer vorbildlich ökologisch wirtschafteten, auch nicht in den Alpen. Es kommt mir stattdessen vor allem darauf an herauszuarbeiten, dass frühere Gesellschaften das Problem Natureingriff – Naturerhaltung lösen konnten, und das Wie zu untersuchen, um daraus Hinweise für die heutige Problematik zu entwickeln.

Unser heutiges Wirtschafts- und Gesellschaftssystem treibt die Umweltzerstörung allerdings systematisch auf die Spitze, und zwar aus zwei Gründen: Erstens sind die politisch-gesellschaftlichen Rahmenbedingungen der Produktion so angelegt, dass jeder Produzent die intakte Umwelt, also die in generationslanger Arbeit geschaffene Kulturlandschaft, kostenlos vernutzen darf und dass die anfallenden Kosten aus der privaten Umweltnutzung vergesellschaftet werden; zweitens wird die Produktion über den Konkurrenzmechanismus auf dem Warenmarkt gesteuert, auf dem ökologische Gesichtspunkte keine Rolle spielen, weil sich allein die produktive Arbeit im Preis niederschlägt – da reproduktive Arbeit sehr aufwendig und teuer ist, hat eine umweltverträgliche Produktion im Rahmen dieses Systems keine Chance, sie ist im Konkurrenzkampf hoffnungslos unterlegen.

Die Umweltzerstörung unseres Industriesystems besteht also darin, dass die produktive Arbeit verabsolutiert, die reproduktive Arbeit völlig verdrängt und auf ein Minimum reduziert wird, und dass vermittels der Konkurrenz alle anderen Produktionsformen weltweit ökonomisch ruiniert werden.

Als Alternative wird heute viel davon gesprochen, die Umweltkosten zu »internalisieren«, also die Kosten der Umweltbelastung nicht durch die Allgemeinheit tragen zu lassen, sondern sie in die Produktionskosten hineinzunehmen, sodass sich der Marktpreis einer Ware künftig aus der produktiven und reproduktiven Arbeit zusammensetzen solle. Aber dann entstehen schnell andere Widersprüche: Wenn man die reproduktive Arbeit ökonomisch internalisiert, werden die regionalen Preisunterschiede noch größer, denn die Milch aus Norddeutschland wird dann noch billiger als die aus dem Schwarzwald, weil im Schwarzwald die reproduktiven Kosten besonders hoch sind. Solange das Konkurrenzprinzip bestehen bleibt, bedeutet die Internalisierung der Umweltkosten keine wirkliche Alternative, weil dadurch der Konkurrenzkampf nur noch verschärft wird und sich die Produktion noch schneller an den günstigsten Standorten konzentriert und die benachteiligten Regionen dann vollständig veröden, womit beide Male gravierende Umweltprobleme verbunden sind.

Eine wirkliche Alternative muss also an den beiden zentralen Punkten unseres Wirtschafts- und Gesellschaftssystems zugleich ansetzen: a) Internalisierung der Umweltkosten, Einbezug der reproduktiven Arbeit in den Preis der Ware; b) Aufhebung des Konkurrenzprinzips, was zum Beispiel über ein System von Staffelpreisen denkbar wäre, so wie es in Norwegen und Finnland in der Landwirtschaft bereits praktiziert wird und wie es bei uns von der Bauern-Opposition gefordert wird.

Die Konsequenzen für die Praxis

Verlassen wir jetzt zum Schluss die gesellschaftspolitische Ebene und kehren wir zum Ausgangspunkt zurück, nämlich zur aktuellen Umweltkrise und zu konkreten Ansätzen und Strategien ihrer Überwindung. Umweltzerstörung besteht also nicht darin, dass der Mensch die Natur seinen Interessen gemäß umformt und verändert, sondern darin, dass er dies auf eine falsche Weise tut, indem er die Produktion absolut setzt und die Reproduktion völlig negiert.

Wenn man dies so sieht, dann geht es nicht darum, sich nach rückwärts zu orientieren, irgendwo in der Vergangenheit die umweltverträgliche Produktionsweise zu suchen und eine absolute Schranke gegen jede weitere Entwicklung zum Zwecke des Schutzes der Natur zu errichten, es geht auch nicht darum, die Natur vor dem Menschen schützen zu wollen (nach dem Grundsatz: Je mehr Natur wir unter absoluten Naturschutz stellen, desto besser), sondern die zentrale Aufgabe besteht heute darin, den Aspekt der Reproduktion in Theorie und Praxis in den Mittelpunkt zu stellen und die Reproduktion der Kulturlandschaft beziehungsweise der anthropogen geprägten Natur als bewusste gesellschaftliche Aufgabe anzugehen. Dabei ist die Entwicklung im dialektischen Verhältnis zwischen Mensch und Natur grundsätzlich nach vorn hin offen, und es gibt keine absolute Schranke oder Grenze, an der mit der Umgestaltung der Natur plötzlich aufzuhören wäre, aber es gilt überall die relative Grenze, dass eine verantwortungsvolle Umgestaltung der Natur nur dann geschehen darf, wenn das Problem der Reproduktion gelöst ist.

Als äußerst praxisrelevant empfinde ich auf dieser Grundlage die Forderung, dass beide Aspekte der Arbeit nicht auseinandergerissen werden dürfen. Heute geht man nämlich spontan meist entgegengesetzt vor: Auf der einen Seite steht der Bereich der Produktion, der in die Naturprozesse eingreift und daher per se als umweltzerstörerisch angesehen wird, auf der anderen Seite steht der Bereich des Umwelt- und Naturschutzes, bei dem man die Natur überhaupt nicht verändern solle. Damit stehen Produktion und Umweltschutz in einem absoluten Gegensatz zueinander, in einem äußerst radikalen Entweder-oder. Und die politische Aufgabe des Umweltschutzes besteht dann darin, die Bedeutung des Umweltschutzes gegen den Bereich der Produktion so stark zu machen, dass er als gleichwertiger Bereich gesellschaftlich anerkannt wird.

Diese Strategie muss scheitern: Mit diesem Ansatz verzichtet der Umweltschutz von vornherein darauf, die heutige Produktionsform anzugreifen und begnügt sich mit der Kompensationsforderung nach Ausweitung der Naturschutzgebiete. Das Problem besteht aber darin, dass selbst bei einer sehr starken Ausweitung der Naturschutzgebiete in der Bundesrepublik Deutschland die positiven Auswirkungen für den Umweltschutz sehr gering wären, wenn gleichzeitig die Produktion auf den Nicht-Naturschutzgebieten immer weiter noch stärker umweltbelastend würde. Es wäre sogar vorstellbar, dass die Industrie diese Politik nach Ausweitung der Naturschutzgebiete unterstützt, weil sie sich davon ein Nachlassen des politischen Drucks auf Änderungen in den Produktionsbedingungen versprechen könnte.

Grundproblem dieses umweltschützerischen Ansatzes ist die Vorstellung, dass jede Produktion schon per se umweltzerstörend wäre. Ich hoffe mit meiner Argumentation deutlich gemacht zu haben, dass diese Voraussetzung falsch ist, dass also das Zentralproblem darin besteht, die Produktion so zu organisieren, dass sie die Natur zwar verändert, aber nicht zerstört. Das bedeutet, von der Einheit von Produktion und Reproduktion auszugehen und auf dieser Basis eine Umweltpolitik zu entwickeln, die nicht aus ihren eigenen inneren Widersprüchen heraus zum Scheitern verurteilt ist.

Anmerkungen

Dieser Text erschien zuerst in der Zeitschrift *Kommune – Forum für Politik – Ökonomie – Kultur* (Frankfurt), 6/1988, Heft 5, S. 69–79 (hier reproduziert ohne Anmerkungen und Literaturverzeichnis). Nachdrucke in *Reisebriefe intern* (Gruppe Neues Reisen, München/Berlin), Nr. 4, 1988, S. 25–32 und im Buch: Fachschaft Biologie (Hrsg.), *Ökologie und Politik – vom biologischen Wissen zum politischen Handeln?*, Tübingen 1988, S. 121–144.

(1) Bei dieser Argumentation greift W.B. auf seine lange Auseinandersetzung mit der Naturphilosophie im Rahmen seines Theologie- und Philosophiestudiums sowie auf zahlreiche Gespräche mit seiner Frau, der Philosophin Evelyn Hanzig-Bätzing, zurück.

(2) Dieser Zeitpunkt wird heute auf 6000 v. u. Z. datiert. In diesem Argumentationsgang klingt bereits an, dass W.B. die Alpen von Anfang an in einen größeren geschichtlichen Kontext der Mensch-Umwelt-Beziehung stellt. In seiner Berner Zeit nutzt er seine regelmäßige Vorlesung »Einführung in die Kulturgeografie« dazu, diesen Kontext weiter auszubauen. In Erlangen erweitert er dies zur Vorlesung »Die Mensch-Umwelt-Beziehung aus räumlich-geografischer Perspektive«, die von der Entstehung des Menschen im Rahmen der Evolution bis hin zur Postmoderne reicht.

Ein Alpental ohne Massentourismus – Paradies oder strukturschwache Region?

Soll man »Geheimtipps« verraten? Soll man schreiben und erzählen von Alpentälern ohne Massentourismus, auf die man gestoßen ist und die niemand kennt?

Die Antwort darauf lautet meist: keinesfalls! Wenn man dies tut, dann werden doch nur die letzten Paradiese zerstört, die es noch in Europa gibt. Dann kommen Scharen von Menschen angereist, zuerst »Alternativ«-Touristen mit Rucksack und Zelt, die das Terrain vorbereiten, dann »normale« Touristen mit einfachen Ansprüchen. Allmählich werden dann die Wünsche nach Luxus und Komfort immer größer, die Zahl der Besucher steigt laufend an und am Schluss sieht das »ursprüngliche« Tal aus wie so viele andere Täler in den Alpen, mit Bettenburgen und Liftanlagen wie in Zermatt, Grindelwald oder Gastein.

Wenn ich jetzt hier meinen »Geheimtipp« öffentlich vorstelle, dann riskiere ich, dafür kritisiert zu werden. Aber ich mache dies ganz bewusst, weil die Basis dieser Kritik nur teilweise stimmt und teilweise sogar falsch ist. Und falsch ist auch die gängige Vorstellung, solche touristisch unerschlossenen Gebiete seien »Paradiese«, die man von außen ja nicht stören dürfe. Dies ist für Länder der Dritten Welt vielleicht richtig, in Europa ist eine solche Haltung problematisch und weltfremd.

Hier also mein konkreter Hinweis: Das Tal der Stura di Demonte (Südpiemont, Italien) ist ein 600 Quadratkilometer großes Tal in den südlichen Cottischen Alpen/Seealpen, in dem der übliche Alpentourismus nicht zu finden ist. An touristischen »Attraktivitäten« finden wir hier das Kloster Sant'Anna auf 2000 Meter Höhe, das höchste Kloster Europas und Ziel zahlreicher Pilger im Sommer, aber kein eigentliches Touristenziel, weil sich die Besucher auf Gottesdienste und Picknick auf den nahen Almwiesen konzentrierten. Dann gibt es noch eine schöne Thermalquelle in Bagni di Vinadio, schon seit dem Mittelalter genutzt, die ihren Höhepunkt zu Beginn des 20. Jahrhunderts erlebte. Seitdem geht es mit dem Baden wieder abwärts. Die große Gründerzeitanlage verkommt langsam und verlottert, und heute kann man die Thermalquellen nur mit Krankenschein besuchen – Touristen sind nicht erwünscht. (1) Und dann gibt es noch ein Skizentrum in diesem Tal, aber was für eins: Skizentren werden in Italien nicht von Gesellschaften erbaut, die am Betrieb einer solchen Anlage Geld verdienen wollen, sondern von Immobilienfirmen, die Eigentumswohnungen verkaufen möchten. Und so läuft der Prozess ab: Am Anfang steht das wunderschöne große Projekt eines Skizentrums mit zahlreichen Seilbahnen und Skiliften, attraktiven Abfahrten, zentralen Empfangsgebäuden mit Ladenzeile und Gemeinschaftseinrichtungen, ein großes Hotel sowie mehrere Hochhausblocks mit Eigentumswohnungen. Aber anschließend beginnt man zuerst mit dem Bau der Eigentumswohnungen und parallel dazu erstellt man auch schon mal zwei oder drei kleinere Skilifte, um den Verkauf der Wohnungen anzukurbeln. Aber damit hat man es nicht besonders eilig, denn Skilifte sind eigentlich nur »Werbekosten«, die minimiert werden müssen. Wenn die meisten Eigentumswohnungen verkauft sind, zieht sich die Baugesellschaft zurück, legt die Skilifte still und denkt gar nicht daran, die Pläne des ursprünglichen Projekts noch zu realisieren.

So lief das auch im Stura-Tal ab, in der Gemeinde Argentera, wo jetzt ein kleines Torso-Skigebiet mit drei bis vier Liften und zahlreichen Wohnblocks mit Eigentumswohnungen steht. Dadurch wird der Talboden auf einer Länge von drei Kilometern furchtbar verschandelt, aber die touristische Anziehungskraft ist gering, weil die Infrastruktur sehr bescheiden ist (es gibt nicht einmal ein Hotel) und die Skilifte häufig stillstehen. (2)

Und was gibt es sonst? Zahlreiche Berge mit Höhen um 3000 Meter, auf die sich selten Bergsteiger verirren, weil die »großen« Gipfelnamen fehlen. Pech für das Stura-Tal, dass ein markanter Berg wie das Matterhorn oder der Watzmann fehlt. Die wenigen Alpenvereinshütten, die es hier gibt, sind meist unbewirtschaftet, sodass man sich erst im Tal den Schlüssel besorgen muss. In den Seitentälern gibt es überhaupt keine Übernachtungsmöglichkeiten, als Wanderer benötigt man Zelt oder Biwakausrüstung. (3)

Dabei hat das Tal eigentlich alle Voraussetzungen, in das Tourismusgeschäft groß einzusteigen: In den Seealpen gab es – genau wie am Gran Paradiso weiter im Norden – ein großes königliches Jagdrevier, in dem sich ein reicher Tierbestand erhalten hatte, weil hier die Jagd das alleinige Privileg des Königs war, der nur selten hierher kam. Dafür war eine umfassende Infrastruktur entstanden mit königlichen Jagdhäusern an den schönsten Stellen sowie zahlreichen Jagdsteigen. Während im Gran-Paradiso-Gebiet daraus seit den 1920er-Jahren touristisches Kapital geschlagen wurde, rührte sich in den Seealpen nichts. Und später kam die ENEL, der staatliche Energiekonzern, und blockierte für dreißig Jahre eine Ausweisung der zentralen Seealpen als Nationalpark. Erst als 1980 die großen Speicheranlagen fertig gestellt waren (die Energie aus diesen Wasserkraftanlagen wird als teurer »Spitzenstrom« gegen den billigeren »Grundstrom« aus dem französischen Atomkraftwerk Super-Phénix ausgetauscht; das ist ein Grund dafür, weshalb die

Italiener keine eigenen Atomkraftwerke besitzen), stellte der italienische Staat dieses – inzwischen ökologisch entwertete – Gebiet unter Naturschutz. Damit war die Chance verpasst, aus den Seealpen einen großen, international bekannten Nationalpark zu machen, der auch eine entsprechende touristische Belebung gebracht hätte. Dass der moderne Tourismus hier nie richtig Fuß gefasst hat, liegt an folgenden drei Gründen: Erstens ließ der italienische Staat die negative Entwicklung im Alpenraum (mangelnde Konkurrenzfähigkeit der alpinen Landwirtschaft und des Gewerbes) einfach so laufen; es gab keine Bergbauernförderung und kein Programm zur Förderung strukturschwacher Regionen. Darüber hinaus ließ er allen Spekulationsinvestitionen (wie zum Beispiel bei den Skistationen) völlig freie Hand. Italien steht bei der Förderung des Alpenraumes am Schluss aller Staaten, die Anteil an den Alpen haben. Zweitens: Während die Seealpen früher ein wichtiger Verbindungsraum zwischen der oberitalienischen Tiefebene und der Provence/ Riviera (Frankreich) war, entwickelte sich die Staatsgrenze zwischen Italien und Frankreich, die genau über die Seealpen verläuft, im 20. Jahrhundert immer mehr zu einer trennenden Linie, die gesamte Region des südlichen Piemonts gelangte so in eine Randlage, in ein räumliches Abseits. (4) Drittens hat die Bevölkerung des Stura-Tals die bestehenden touristischen Möglichkeiten nicht aktiv aufgegriffen, sondern sie abgeblockt, einerseits aus mangelnder Finanzkraft und fehlendem Know-how, andererseits aber auch aus einer innovationsfeindlichen Haltung heraus, die starr am Alten festhält und gegenüber allem Neuen sehr misstrauisch ist.

Ist es nun positiv oder negativ, dass die touristischen Möglichkeiten des Stura-Tals nicht realisiert wurden? Als positiv ist anzusehen, dass dieses Tal seinen ursprünglichen Charakter noch relativ bewahrt hat und nicht so aussieht wie alle erschlossenen Alpentäler, nämlich stereotyp. Als negativ ist anzusehen, dass die Bevölkerung seit 1900 immer stärker abgenommen hat und dass diesbezüglich noch kein Ende abzusehen ist. Überall in den Alpen bricht im 20. Jahrhundert die traditionelle Landwirtschaft zusammen, was immer mit einem großen Bevölkerungsrückgang verbunden ist, sofern nicht neue Arbeitsplätze im Tourismus entstehen. Im Stura-Tal hat der Bevölkerungsrückgang inzwischen ein dramatisches Ausmaß angenommen: In den letzten hundert Jahren ist die Bevölkerung um 70 Prozent zurückgegangen. Das bedeutet, dass zahlreiche Weiler und Dörfer heute unbewohnt sind, dass ganze Seitentäler veröden und dass sich die restliche Bevölkerung immer mehr auf den Talboden der Stura zurückzieht – das eigentliche Gebirge wird menschenleer. Dieser Prozess ist immer noch nicht zum Stillstand gekommen.

Bei dieser Situation handelt es sich also nicht um paradiesische Zustände. Eine solche Passivregion, keine hundert Kilometer von Turin entfernt, stellt im intensiv genutzten Europa ein Vakuum dar, das von allen Seiten Kräfte anzieht. Und fragwürdige Großprojekte gibt es genug:

- In den Zeiten der Energiekrise kam die Idee auf, uranhaltiges Gestein in den Seealpen abzubauen und dann in diesem Tal aufzuarbeiten, weil hier ja kaum jemand betroffen wäre. Hätte Italien eine florierende Atomindustrie, dann wäre das Stura-Tal bestimmt Standort einer Wiederaufbereitungsanlage geworden. (5)
- Die Intensivlandwirtschaft der Poebene benötigt immer mehr Wasser. Daher entstand die Idee, das große Talbecken von Demonte im Stura-Tal durch einen riesigen Stausee unter Wasser zu setzen. Damit wäre fast allen Vollerwerbsbauen, die es in diesem Tal noch gibt, die Lebensgrundlage entzogen worden und das Tal wäre völlig von außen abhängig geworden. (6)
- Die Straßenverbindung Turin-Mittelmeer ist eher schlecht, daher plant man eine neue Autobahnverbindung mit einem Basis-

tunnel durch die Seealpen. Eine Variante will dabei die Trasse durch das Stura-Tal führen, dies würde zwei Drittel des gesamten Tales völlig verändern. (7)

- Genau an der Grenze des Stura-Tals liegt auf französischem Gebiet die große Ski-Retortenstation Isola 2000 (mit englischem Kapital erbaut, heute in libanesischem Besitz). Seit drei Jahren möchte Isola 2000 auch die direkt benachbarten Hänge im Stura-Tal für seinen Skizirkus erschließen. Wenn das Skigebiet auch von Italien her erreichbar wäre, hätte das Stura-Tal auf einmal ein Skizentrum von internationaler Bedeutung! (8)

Jedes dieser Großprojekte würde das Tal von auswärtigem Kapital und Entscheidungsstrukturen abhängig machen und es in kurzer Zeit bis zur Unkenntlichkeit verändern. Eine solche Passivregion stellt also kein Paradies dar, das zu bewahren wäre, sondern ein gefährdetes Vakuum, das Spekulations- und Großprojekte aller Art anzieht, die in dichter besiedelten Regionen nicht mehr durchsetzbar sind. Für das Stura-Tal bedeutet dies, dass es von existenzieller Bedeutung sein muss, den Bevölkerungsrückgang zu stoppen und die Bevölkerung wenigstens auf dem heutigen Stand zu halten: Je geringer die Bevölkerung, desto größer der Spielraum für Spekulationsobjekte.

Und jetzt komme ich zum Anfang zurück: Dieses Ziel ist nur mit Hilfe einer touristischen Nutzung zu erreichen, und zwar eines solchen Tourismus, der von einheimischen Kräften aufgebaut und getragen wird, der die Landwirtschaft unterstützt und der dem Charakter des Tales angepasst ist, ohne ihn zu zerstören. Bisher gibt es dafür zwei konkrete Ansätze. Da ist einmal ein kleines Skilanglaufzentrum in Festiona/Demonte, das von Einheimischen aufgebaut wurde und von ihnen betreut wird und das sich bisher in bescheidenem Rahmen gut entwickelt hat. Die zweite Initiative ist der Weitwanderweg »Grande Traversata delle Alpi/GTA«, der das Tal in sieben Tagesetappen durchquert. Die Übernachtungsmöglichkeiten am Ende jeder Tagesetappe werden von Einheimischen eingerichtet und betreut, sodass der Ertrag dieses Weges vor Ort verbleibt. Da durch den Rückgang der Landwirtschaft inzwischen fast alle Wege langsam verfallen (was besonders in der hochalpinen Region große Probleme schafft), stellt die GTA derzeit fast die einzige Wandermöglichkeit für »normale« Bergwanderer in diesem Tal dar.

Diese zwei Initiativen sind ein hoffnungsvoller Anfang, der aber weiterverfolgt werden muss, wenn das Ziel der Bevölkerungsstabilisierung erreicht werden soll. Im Grunde stellt dieses Tal gerade wegen seiner fehlenden Erschließung heute eine Besonderheit dar, die von einem angepassten Tourismus sehr gut genutzt werden könnte. Und da die Talschaftsorganisation Comunità montana, die politische Organisation des gesamten Tales, eine sehr vernünftige Politik betreibt und allen Spekulationsprojekten gegenüber bisher sehr skeptisch eingestellt war, besteht die Hoffnung, dass der Aufschwung eines angepassten Tourismus nicht zu der alpentypischen Vollerschließung führt.

Das größte Problem besteht derzeit darin, dass sich die einheimische Bevölkerung noch zurückhaltend und abwartend verhält und nicht weiß, ob solche Tourismusformen für sie wirklich eine Perspektive darstellen. Dies liegt auch daran, dass bisher die Nachfrage nicht sehr stark war. In der italienischen Mentalität haben solche Tourismusformen noch einen sehr geringen Stellenwert, und das GTA-Projekt wäre ohne ausländische »Unterstützung« (vor allem durch zahlreiche französische und deutsche Wanderer) wahrscheinlich gescheitert. Daher muss sich ein solcher angepasster Tourismus im Stura-Tal zuerst einmal an Ausländer wenden, bevor dann in einigen Jahren hoffentlich auch das Interesse der Italiener steigen wird. (9)

Aus diesem Grunde halte ich mit meinem »Geheimtipp« eines
kaum erschlossenen Alpentals nicht hinter dem Berg, sondern pro-
pagiere es öffentlich, damit dieses Tal eine Zukunftsperspektive gewinnt und nicht durch Spekulationsprojekte zerstört wird.

Anmerkungen

Dieser Text erschien in der *tageszeitung/taz* (Berlin) vom 4. Februar 1990,
S. 11 (Rubrik »Reisefieber«) und verfolgte das Ziel, auf die GTA-Führer
und auf die Buchausgabe der Examensarbeit, die dem Stura-Tal gewidmet
war, hinzuweisen.

(1) In der zweiten Hälfte der 1990er-Jahre wurde diese Anlage aufwendig und
stilvoll renoviert und bildet jetzt wieder einen touristischen Anziehungs-
punkt, ohne jedoch große Besuchermassen anzuziehen.

(2) Obwohl die Comunità montana Valle Stura in den 1980er- und 1990er-
Jahren viel Geld investierte, um den totalen Zusammenbruch der Skilifte
zu verhindern, ist das Skigebiet nach wie vor wenig attraktiv und ökonomisch gefährdet, und zahlreiche Ferienhausruinen entlang der Staatsstraße (Ergebnis einer Spekulationspleite) verschandeln bis heute die
Landschaft.

(3) Diese Situation hat sich seit knapp zehn Jahren deutlich verbessert, und
es gibt jetzt einige sehr attraktive Übernachtungsmöglichkeiten in landschaftlich reizvoller Lage in den Nebentälern.

(4) Mit dem Prozess der europäischen Einigung (Europäischer Binnenmarkt,
Währungsunion, Schengener Abkommen) schwächen sich diese negativen
Effekte der Grenze seit den 1990er-Jahren zwar ab, führen aber bislang
noch zu keiner Aufwertung dieser Region.

(5) Diese Pläne sind seit langem vom Tisch und werden nicht mehr verfolgt.

(6) Um dieses Projekt war es lange Zeit still, aber seit dem Hitzesommer 2003
wird es plötzlich wieder heftig diskutiert, weil die sommerliche Trockenheit mit dem extremen Niedrigwasser der Alpenflüsse Oberitalien vor sehr
große Probleme stellt (Ertragsausfälle in der Landwirtschaft der Poebene,
die stark auf künstliche Bewässerung ausgerichtet ist, Energiekrise wegen
des Abschaltens der Laufkraftwerke entlang der Flüsse in der Poebene).

(7) Anfang der 1990er-Jahre wird die Linienführung durch das Stura-Tal mit
einem Basistunnel zwischen Vinadio und Isola (Tinée-Tal) zur prioritä-

ren Trasse der italienischen Regierung aufgewertet. Allein der französischen Regierung ist es zu verdanken, dass diese Autobahn bislang nicht gebaut wurde. Stattdessen soll derzeit der alte und sehr enge Autotunnel unter dem Tenda-Pass ausgebaut werden.

(8) Die ablehnende Position der Comunità montana Valle Stura, die Klimaerwärmung und Finanzprobleme von Isola 2000 haben dazu geführt, dass dieses Projekt seit langem kein Thema mehr ist.

(9) Schon 1988 schlägt W.B. der Comunità montana und verschiedenen Akteuren im Tal vor, im Stura-Tal einen Talrundwanderweg einzurichten, aber diese Ideen treffen auf kein Interesse. Erst im Jahr 2003 gelingt es ihm, eine Gruppe junger Einheimischer um die neu gegründete Zeitschrift *Draios* von dieser Idee zu überzeugen, und nach sehr langer und mühsamer Vorbereitung wird dieser Weg – genannt »Lou Viage« – im Jahr 2008 eröffnet. Gleichzeitig erscheint dazu von W.B. und Michael Kleider der Wanderführer *Valle Stura* im Rotpunktverlag.

Perspektiven für eine integrale Umweltschutzpolitik
im Alpenraum

Vom verhindernden zum gestaltenden Umweltschutz

Wenn es um die Zukunft des alpinen Umweltschutzes geht, muss man zurückblicken und sich fragen: Wo stehen wir heute? Denn nur, wenn wir uns über die Vergangenheit Rechenschaft ablegen, können wir die Zukunft aktiv gestalten. Daher zu Beginn einige Schlaglichter auf die vergangenen Jahrzehnte:

– Der gesamte Alpenraum durchlief im 19. und in der ersten Hälfte des 20. Jahrhunderts eine problematische Entwicklung, als die Berglandwirtschaft und das lokale Handwerk und Gewerbe allmählich zusammenbrachen und die alpine Bevölkerung immer mehr zurückging.

– Mitte der 1950er-Jahre setzte plötzlich – und für viele unerwartet – der moderne Massentourismus ein, der sich Mitte der 1960er-Jahre mit dem Boom des Winterfremdenverkehrs noch einmal beschleunigte. Die Zeit von 1955 bis 1981 könnte man als die »alpine Goldgräberzeit« bezeichnen, die eine Explosion der touristischen Anlagen und der Infrastruktur mit sich brachte.

– Dann kam das Jahr 1981 und mit ihm die Stagnation der Übernachtungszahlen: Das quantitative Wachstum schien an eine gewisse Grenze zu stoßen (Gibt es eine »Sättigung« der touristischen Nachfrage?), und gleichzeitig wandelte sich der touristische Markt vom Verkäufer- zum Käufermarkt, weil der gewaltige Ausbau zu einem großen Überangebot im Alpenraum geführt hatte. Das Stichwort für die 1980er-Jahre lautet: Eine gewisse Stagnation auf hohem Niveau bei wachsender Konkurrenz untereinander.

Und die 1990er-Jahre, die jetzt vor uns stehen? Ich sehe im Prinzip zwei Tendenzen: Einmal gibt es viele Anzeichen, die dahin deuten, dass der touristische Ausbau weitergeht, jedoch mit gewissen Einschränkungen und Auflagen (Stichwort: Keine Neuerschließungen, sondern nur noch sogenannte qualitative Verbesserungen im Rahmen bestehender Skigebiete und Infrastrukturen, was man je nach Interessenlage unterschiedlich definieren kann). Im Berner Oberland – um nur ein konkretes Beispiel zu nennen – sind derzeit Investitionen von 130 Millionen Franken im Bereich touristische Bahnen und Infrastruktur konkret geplant, die als rein »qualitative Verbesserungen« mit Strukturanpassungen aufgrund der harten Konkurrenz begründet werden. Angesichts des nicht nachlassenden Freizeitbedürfnisses der Menschen in Europa – und die Alpen stehen jetzt auch noch den Menschen Osteuropas offen – wäre für die 1990er-Jahre eine erneute Boomphase im Ausbau des touristischen Angebotes durchaus möglich. (1)

Auf der anderen Seite gibt es eine Reihe von Anzeichen, die dafür sprechen, dass man sich im Alpenraum der selbstzerstörerischen Konsequenzen der modernen Entwicklung bewusst wird: Verschiedene alpine Gemeinden haben sich auf freiwilliger Basis ein »Gemeindeleitbild« gegeben, in dem sie Ausbaugrenzen für die touristische Infrastruktur beschließen und Maßnahmen gegen die Verdrängung der Landwirtschaft und des lokalen Gewerbes, gegen ein unkontrolliertes Verkehrswachstum und anderes festlegen. Und verschiedene Tourismusverbände im deutschsprachigen Alpenraum sprechen sich heute dafür aus, dass die zukünftige Entwicklung nicht wie bisher weitergehen könne. Ich möchte an dieser Stelle explizit auf das Tourismus-Marketing-Konzept der »Salzburger Land Tourismus Gesellschaft« sowie auf die dreijährige »Denkpause« der Tiroler Landesregierung hinweisen. Und nicht zuletzt muss in diesem Zusammenhang die Umweltministerkonferenz von Berchtesgaden vom Oktober 1989 erwähnt werden, die mit einer internationalen »Alpen-Konvention« neue Rahmenbedingungen für die Entwicklung des Alpenraums festlegen möchte. (2)

Noch ist offen, welche der beiden Tendenzen sich in den 1990er-Jahren durchsetzen wird – der weitere massive Ausbau unter dem Deckmantel des »qualitativen Wachstums« oder die bewusste Umgestaltung der touristischen Entwicklung mit Festlegung von Ausbaugrenzen.

1.

Man kann heute über Umweltschutz nicht reden, wenn man diese wirtschaftlichen Voraussetzungen nicht berücksichtigt, denn sie zeigen den Rahmen auf, in dem der alpine Umweltschutz steht. Fragen wir daher auf diesem Hintergrund: Wo steht der Umweltschutz heute?

–   Der Umweltschutz entsteht als eine breitere Bewegung erst relativ spät, wir können als Beginn etwa das Jahr 1972 ansetzen, also das Jahr, in dem der »Bericht über die Grenzen des Wachstums« erscheint, das heißt mitten in der »alpinen Goldgräberzeit«.

–   Die 1970er-Jahre sind im Umweltschutz durch das unversöhnliche Gegenüber von Ökonomie und Ökologie geprägt, die Alternative heißt »Wirtschaftliche Entwicklung *oder* Umweltschutz«, und Naturschutz versteht sich als Schutz der Natur vor dem Menschen: Jede Nutzung und Veränderung der Natur durch den Menschen ist Naturzerstörung und damit abzulehnen. Ich bezeichne dies als den »verhindernden Naturschutz«, weil sein

Ziel darin besteht, menschliche Aktivitäten gegenüber der Natur wenigstens in ausgewählten Naturschutzgebieten zu verhindern und die Natur sich selbst zu überlassen. Es liegt auf der Hand, dass damit heftigste Konflikte im Alpenraum vorprogrammiert sind.

–   Die 1980er-Jahre führen zu einer gewissen Auflösung dieser starren Fronten, und zwar von zwei Seiten aus: Ein Teil der Wirtschaft erkennt, dass Umweltprobleme Kosten verursachen und sie sich daher langfristig ökonomisch nachteilig auswirken; die alpine Umweltbewegung erkennt, dass gerade die besonders wertvollen Biotope oft durch bäuerliche Nutzung geschaffen wurden, sodass nicht nur die »reine Natur«, sondern vor allem die Kulturlandschaft geschützt werden muss, wobei man die Natur gerade nicht sich selbst überlassen kann. Anstelle des Widerspruchs zwischen Ökonomie und Ökologie bildet sich allmählich ein neuer Widerspruch heraus, nämlich derjenige zwischen einem ökologisch angemessenen, langfristigen und »nachhaltigen« Wirtschaften und einem auf kurzfristigen Profit ausgerichteten Raubbau-Wirtschaften. Damit wird der Umweltschutz zwar realitätsnäher und praktikabler, aber auch zugleich schwieriger und komplizierter, denn man muss jetzt sowohl Biologe als auch gleichzeitig Ökonom sein, um allen Umweltanforderungen gerecht zu werden.

Die äußerst komplizierten Wechselbeziehungen zwischen Umwelt, Wirtschaft und Gesellschaft wurden sehr intensiv im Rahmen des großen Unesco-Forschungsprogramms »Man and Biosphere/MAB« im Alpenraum untersucht, und zwar in Frankreich, der Schweiz, Österreich und Deutschland. Paul Messerli, der Leiter des schweizerischen MAB-Programms, das 1988 abgeschlossen wurde, hat kürzlich eine Zusammenfassung der wichtigsten Ergebnisse für eine breitere Öffentlichkeit unter dem Titel »Mensch und Natur im alpinen Lebensraum – Risiken, Chancen, Perspektiven« (Haupt Verlag,

Bern 1989) publiziert. Das MAB-Programm stellt das umfangreichste Ökologie-Forschungsprogramm dar, das jemals im Alpenraum durchgeführt wurde (mehr als 20 000 Seiten Ergebnisse wurden publiziert), hat bereits die Ökologie-Diskussion in den 1980er-Jahren stark beeinflusst und stellt das wissenschaftliche Fundament für den alpinen Umweltschutz in den 1990er-Jahren dar. Eines der für den Umweltschutz wichtigsten Ergebnisse ist dabei die konkrete und detaillierte Einsicht in den Zusammenhang zwischen traditioneller Landnutzung auf der einen und Artenvielfalt und ökologischer Stabilität auf der anderen Seite: Eine sorgfältige traditionelle Bewirtschaftung hat im Laufe der Jahrhunderte sehr artenreiche und ökologisch stabile Vegetationsgesellschaften hervorgebracht; da sich diese Nutzung meist an den vorhandenen naturräumlichen Potentialen orientierte, stellt das Produkt – die bäuerlich geprägte Kulturlandschaft – ein kleinräumiges ökologisches Gefüge dar, das die naturräumlichen Unterschiede sogar noch herausarbeitet und verstärkt und für eine ökologische Vielfalt sorgt, die in der Naturlandschaft so nicht vorhanden ist. Zahlreiche wertvolle Biotope, die heute unter Schutz gestellt sind, verlieren ihre ökologischen Qualitäten, wenn die traditionelle bäuerliche Nutzung eingestellt wird.

Auf der umweltpolitischen Ebene hat es in den 1980er-Jahren ebenfalls wichtige Veränderungen gegeben, indem »klassische« Frontstellungen abgebaut und neue aufgebaut wurden. Der Beschluss und die Deklaration der Internationalen Alpenschutzkommission CIPRA von Brixen im Jahre 1987 »Für eine große Koalition zwischen Berglandwirtschaft und Natur- und Heimatschutz im Alpenraum« besitzt dabei eine prinzipielle Bedeutung, weil der klassische Gegensatz zwischen Umweltschutz und Landwirtschaft aus den 1970er-Jahren zugunsten einer gezielten inhaltlichen Zusammenarbeit aufgegeben wurde.

Zugleich sind die 1980er-Jahre aber auch das Jahrzehnt, in dem der Umweltschutzgedanke so populär wird, dass keiner mehr dagegen und jeder dafür ist. Damit kompliziert sich die Situation noch einmal, weil man jetzt jeweils genau unterscheiden muss, wer Umweltschutz wirklich ernst meint und wer ihn lediglich als Alibi gebraucht, was ein hohes Maß an fachlicher Kompetenz erfordert.

Wo stehen wir beim Umweltschutz heute? In den 1980er-Jahren ist klar geworden, dass der Umweltschutz die wirtschaftliche und die kulturelle Sphäre mit einbeziehen muss – eine reine Verhinderungsstrategie greift zu kurz, und es geht darum, menschliches Verhalten und Wirtschaften »umweltgerecht« zu gestalten. (3) Aber was das konkret heißt und wie der richtige Maßstab dafür aussieht, das ist heute umstritten und unklar. Die 1980er-Jahre sind im Bereich des Umweltschutzes also das Jahrzehnt des Durchbruchs – das Umweltschutzanliegen wird jetzt mindestens verbal von allen gesellschaftlichen Kräften akzeptiert –, aber auch zugleich das Jahrzehnt der großen Verunsicherung: Wo liegt der Maßstab für ein »umweltgerechtes Handeln«?

In dieser schwierigen Situation kann man sich nicht mehr auf die Grundsätze des Umweltschutzes der 1970er-Jahre – also auf »die Natur« beziehungsweise auf rein biologische Kriterien – beziehen, sondern man muss sich ein neues theoretisches Fundament erarbeiten, das von der Interaktion zwischen Mensch und Umwelt ausgeht und Umweltschutz nicht mehr als Schutz der Natur vor dem Menschen versteht, sondern als Schutz einer gelungenen Form der Interaktion Mensch – Umwelt gegenüber einer zerstörerischen Form der Interaktion Mensch – Umwelt. Wie ein solches Konzept aussehen könnte, möchte ich jetzt im Folgenden skizzieren.

2.

Ausgangspunkt der folgenden Gedanken ist die Tatsache, dass der alpine Naturraum – also die Alpen im Urzustand – dem Menschen feindlich ist und ihm lediglich im Sommer als Jäger oder Schafhirte eine sehr kleine Ökonische bietet. Will der Mensch dauerhaft in den Alpen leben und wohnen, muss er in die alpinen Ökosysteme fundamental eingreifen und sie für seine Zwecke verändern. Er muss die Naturlandschaft, in der er kaum leben kann, in eine Kulturlandschaft umwandeln, die ihm erst eine Lebensgrundlage ermöglicht. Das ökologische Zentralproblem besteht aber darin, dass diese vom Menschen geschaffene Kulturlandschaft ein künstliches Ökosystem darstellt, das nicht aus sich heraus ökologisch stabil ist. Dagegen muss der Mensch bewusst ankämpfen und seiner Kulturlandschaft diejenige ökologische Stabilität geben, die ihr von Natur aus fehlt, die aber für ein langfristiges Leben und Wirtschaften im Alpenraum dringend erforderlich ist. Dazu muss er teilweise von sich selbst absehen. Er kann nicht einfach nur nach seinen eigenen Prinzipien und Bedürfnissen wirtschaften (also ein möglichst hoher Ertrag bei möglichst geringer Arbeitszeit), sondern er muss die Reaktionen seiner natürlichen Umwelt, in die er eingreift, von vornherein mit berücksichtigen und entsprechende Wirtschafts- und Verhaltensweisen entwickeln.

Dies erfordert a) eine permanente, aktive Verantwortung des Menschen für seine Umwelt und b) einen sehr hohen Arbeitseinsatz, sowohl für die angepasste Form der Bewirtschaftung als auch für die zahlreichen Pflegearbeiten.

Man darf jetzt nicht meinen, dies wären die Probleme der Vergangenheit; hier zeigt sich etwas sehr Grundsätzliches, was ebenso für unsere Industrie- und Dienstleistungsgesellschaft gilt: Die natürliche Basis des menschlichen Lebens und Wirtschaftens ist nicht einfach von Natur aus vorhanden, sondern sie ist ein Kulturprodukt und muss erst mühsam erarbeitet und dann genauso mühsam erhalten werden. Diese bewusste Erhaltung der ökologischen Stabilität der Kulturlandschaft, die ich mit dem Begriff »Reproduktion« bezeichne, wird in den europäischen Gunstregionen übersehen, wo man den Eindruck hat, die Natur stünde dem Menschen *unmittelbar* zur Verfügung; aber der Alpenraum macht eindringlich deutlich, dass der Mensch die Natur nicht direkt nutzen kann, sondern dass erst die anthropogen bearbeitete und gestaltete Natur (die Kulturlandschaft) die sozusagen »natürliche« Basis seines Lebens und Wirtschaftens darstellt.

Und heute, wo das jahrtausendealte bäuerliche Erfahrungswissen und die damit verbundene bäuerlich geprägte Reproduktion zerstört werden und verlorengehen, zeigen sich die ökologischen Probleme besonders deutlich: Der Tourismus nutzt und belastet die alpinen Ökosysteme, ohne sich um ihre Reproduktion zu kümmern, der Transitverkehr durchquert die Alpen, ohne gewahr zu werden, dass er damit die Ökosysteme beeinflusst und verändert, die Energiewirtschaft errichtet riesige Speicherseen und leitet zahlreiche Bäche um – immer und überall nutzt man heute den Alpenraum, ohne zu merken, dass *jede* menschliche Nutzung die alpinen Ökosysteme verändert und damit automatisch ihre ökologische Stabilität reduziert. Daraus folgen zunehmende Umweltgefahren, von der Bodenerosion über steigende Lawinen- und Hochwassergefahren bis hin zum Waldsterben. Die alte bäuerliche Erfahrung gilt aber auch noch heute: Jede menschliche Nutzung im Alpenraum bedeutet Veränderungen in den alpinen Ökosystemen und verlangt daher ein an der Reproduktion der ökologischen Stabilität orientiertes Handeln. Die Berücksichtigung der Reproduktion bedeutet eine Absage an den technischen Machbarkeitswahn, indem der Mensch bewusst wahrnimmt, in welch großen Naturkontext er eingebettet ist. Wenn die Natur vom Menschen total beherrschbar wäre, dann bedürfte es keiner Reproduktion; dass Reproduktion erforderlich wird, ist ein Zeichen dafür, dass die Natur den Menschen übergreift.

Damit besitzen wir eine Grundlage, um Umweltschutz positiv bestimmen und darstellen zu können: Wenn der Mensch im Alpenraum lebt, muss er seine Produktion so gestalten, dass einerseits seine gesellschaftlichen Bedürfnisse befriedigt werden und andererseits die Reproduktion seiner natürlichen Grundlagen (ökologische Stabilität der Kulturlandschaft) gewährleistet ist. Umweltschutz wäre dann als positive Aufgabe die bewusste Verbindung zwischen Produktion und Reproduktion, die dem Menschen überhaupt erst ein Leben in und damit mit der Natur ermöglicht. Und ein »gestaltender Umweltschutz« bedeutet dann die bewusste Gestaltung der Produktion nach den Erfordernissen der Reproduktion, also diejenige Art und Weise der Produktion und der Naturnutzung, die die ökologische Stabilität der Kulturlandschaft langfristig sichert und erhält. Mit diesem Verständnis von Umweltschutz besitzen wir für die Aufgaben der 1990er-Jahre drei wesentliche Vorteile:

1. Umweltschutz wird nicht mehr bloß negativ, als bloße Verhinderung menschlicher Aktivitäten verstanden, sondern als eine positive, aktive Aufgabe (Gestaltung menschlicher Aktivität).

2. Umweltschutz steht nicht mehr im totalen Gegensatz zur wirtschaftlichen Dimension, sondern fordert eine ganz bestimmte Form des Wirtschaftens.

3. Umweltschutz ist nicht mehr am Erhalt des Status quo oder gar an der Vergangenheit orientiert (Gefahr der »Musealisierung«), sondern wird als Zukunftsaufgabe verstanden, weil die an der Reproduktion orientierte Produktion viele und auch neue Lösungen beinhaltet beziehungsweise erforderlich macht. Damit wird der Gegenstand des Umweltschutzes wesentlich erweitert: Umweltschutz bezieht sich jetzt nicht bloß auf die unter

Naturschutz gestellten Flächen, sondern betrifft das *gesamte* Mensch-Umwelt-Verhältnis. Raumplanerisch gesprochen bedeutet dies: *Jede* Wirtschaftsaktivität und *jede* Naturnutzung muss einer Umweltverträglichkeitsprüfung unterworfen werden. Ohne ein solches weites Verständnis von Umweltschutz besteht die Gefahr, dass sich der Umweltschutz auf die kleinen Naturschutzgebiete zurückdrängen lässt und dass dabei unsere Umweltprobleme durch die immer weiter voranschreitende Zerstörung der Kulturlandschaften immer größer werden.

3.

Wie sehen nun auf diesem Hintergrund die aktuellen Umweltprobleme im Alpenraum aus? Als »ökologisches Schlüsselproblem« für die 1990er-Jahre sehe ich weder das Waldsterben noch Transitverkehr, Bodenvergiftung, Luftverschmutzung oder ähnliche Probleme an, sondern das Phänomen der rapide zunehmenden Spezialisierung und Aufsplitterung unserer gesamten Welt: Unsere Wirtschaft zerfällt immer stärker in einzelne Branchen und Sektoren, die sich immer weiter voneinander entfernen. Ein Unternehmer, der zum Beispiel Mikrochips herstellt, kennt »seinen« Markt europa- oder gar weltweit, hat aber gar keine Ahnung mehr von den Problemen und der Realität der Handwerker, Kaufleute oder Bauern in seiner eigenen Gemeinde. Unsere Gesellschaft unterteilt sich immer stärker in einzelne Berufs-, Sozial-, Alters- und Interessengruppen, wobei die gemeinsamen Werte verlorengehen und jede Gesellschaftsgruppe sich im Prinzip »gruppenegoistisch« verhält. Und auch die Politik unterteilt sich immer mehr in einzelne Bereiche, hier Wirtschaftspolitik, da Sozialpolitik, dort Kulturpolitik, Verkehrspolitik … und irgendwo dann auch noch Umweltpolitik. Auf diese Weise atomisiert sich unsere Gesellschaft in viele Teilbereiche, die sich immer mehr verselbständigen, wobei der große Zusammenhang mehr oder weniger verlorengeht. Der Philosoph Jürgen Habermas nennt dies die »neue Unübersichtlichkeit«, und der Soziologe Niklas Luhmann spricht davon, dass die einzelnen gesellschaftlichen Teilsysteme gar keine Umweltverantwortung mehr ausbilden können, weil sie nur an engen sektoralen oder gruppenspezifischen Zielen orientiert sind.

Dieses Phänomen der Atomisierung unserer Gesellschaft sehe ich als das ökologische Schlüsselproblem unserer Zeit an, was bei einem Blick auf den Alpenraum ganz besonders deutlich wird: Wenn man oben auf den Almen die Reproduktion außer acht lässt und kurzfristig ökonomisch wirtschaftet, dann haben sich die darunter lebenden Menschen – und nicht die Verursacher – mit der daraus erwachsenden ökologischen Gefährdung auseinanderzusetzen. Wenn die Landwirtschaft auf den Gunstflächen zu stark düngt, um die Produktion quantitativ zu erhöhen, dann hat sich die Gemeinde mit dem Problem der Trinkwasserqualität herumzuschlagen. Wenn eine Seilbahngesellschaft ein Seitental großflächig für den Skilauf erschließt, ohne die Reproduktion zu beachten, dann haben die Unterlieger den Schaden und so weiter. Typisch für unsere vielfach vernetzte Welt ist es, dass die Verursacher von Schäden die Auswirkungen selten direkt zu spüren bekommen und dass davon vor allem unbeteiligte Dritte betroffen werden; auf diese Weise können die Folgen von Umweltzerstörung kaum noch direkt vom Verursacher wahrgenommen werden. Der Alpenraum macht dagegen relativ eindrücklich deutlich, dass zahlreiche Probleme in den Bereichen Landwirtschaft, Tourismus, Verkehr und so weiter direkt miteinander verbunden sind und dass eine rein sektorale Lösung zu kurz greift. Die Tendenz unserer modernen Welt besteht aber darin, jedes Problem säuberlich vom anderen Problem zu trennen und rein sektorale Lösungsstrategien zu entwickeln. Man spricht heute viel von der »Vernetzung« aller Einzelfaktoren untereinander, aber dies bleibt meist ein bloß allgemeiner und abstrakter Gedanke (oftmals reduzierbar auf die bloße Formel: »Alles hängt mit allem zusammen«, was aber eine Trivialität ist). Es ist das große Verdienst der MAB-Forschungen, die zahlreichen Vernetzungen und gegenseitigen Beziehungen und Abhängigkeiten alpiner Ökosysteme genauer untersucht zu haben, auch wenn dies nur ein erster Schritt war und noch viel zu erforschen ist. Aber daraus ergeben sich folgende Einsichten und Konsequenzen:

1. Problemlösungen müssen »integrativ« angelegt sein, also alle Einzelfaktoren umfassen, das heißt Berglandwirtschaft, Forstwirtschaft, Gewerbe, Tourismus, Verkehr und so weiter müssen gemeinsam in ihren Wechselwirkungen betrachtet werden.

2. Die Bereiche Wirtschaft, Umwelt und Gesellschaft stellen eine »Dreiheit« dar, die stark gegenseitig vernetzt ist: Eine effektive Umweltpolitik ist ohne aktiven Einbezug der wirtschaftlichen und der soziokulturellen Situation nicht möglich – ohne Wirtschaft fehlt die (materielle) Lebensgrundlage, und ohne kulturelle Identität kann keine Verantwortung für die Umwelt entstehen (immaterielle Lebensgrundlage).

3. Der Berglandwirtschaft kommt beim integrativen Umweltschutz aufgrund ihrer Multifunktionalität ein zentraler Stellenwert zu: Sie produziert nicht nur Lebensmittel, sondern sichert flächenhaft die ökologische Stabilität der Kulturlandschaft, sorgt für ein kleinräumig-abwechslungsreiches und ästhetisch schönes Landschaftsbild und stellt darüber hinaus einen zentralen Faktor für die kulturelle Identität einer Alpengemeinde dar.

4. Alle weiteren Wirtschaftsaktivitäten – Tourismus, Nutzung der Wasserkraft, Verkehr und so weiter – bauen auf diesen Leistungen der Berglandwirtschaft auf und müssen so gestaltet werden, dass sie die Berglandwirtschaft nicht konkurrenzieren oder gar

verdrängen oder ruinieren, sondern gemeinsam mit ihr für die Reproduktion der ökologischen Stabilität Verantwortung tragen.

5. Der »Mehrfachfunktion« der menschlichen Handlungen und Wirtschaftsaktivitäten (siehe Beispiel Berglandwirtschaft, aber für den Tourismus gilt prinzipiell ähnliches) kommt ein zentraler Stellenwert zu, und Wirtschaft und Gesellschaft sind so zu strukturieren, dass diesen Mehrfachfunktionen Rechnung getragen wird (Stichwort: räumliche Durchmischungen, Mehrfachnutzungen, Mehrfacheinkommen).

Damit geht es um eine »Wiedervernetzung« von Wirtschaft, Kultur und Umwelt im Alpenraum, oder besser gesagt: um eine neue Vernetzung aller menschlichen Aktivitäten untereinander und mit der Umwelt auf einer völlig neuen Grundlage, nämlich der der modernen Freizeitgesellschaft. Früher war die Aufgabe der Vernetzung relativ einfach, als im Alpenraum fast nur bäuerliche Gesellschaften lebten. Heute dagegen müssen dabei so unterschiedliche Bereiche wie Tourismus, Bauwirtschaft, Energiewirtschaft, Landwirtschaft verbunden werden, was eine völlig neue Herausforderung darstellt. Ich bin allerdings der Meinung, dass das Problem der Umweltzerstörung nur mit einer solchen »Vernetzung« gelöst werden kann, andernfalls werden die Alpen dem Menschen langfristig wieder so feindlich, dass dadurch jede Form der Nutzung bedroht wird.

Es wäre aber zu einfach, den Gedanken der Vernetzung mit der Forderung nach kleinen, autarken Wirtschaftskreisläufen gleichzusetzen, wie er heute in Umweltschutzkreisen populär ist. Auf der Arbeitsteilung gründet letztlich die gesamte europäische Entwicklung seit dem Mittelalter, und dahinter können wir sinnvollerweise nicht mehr zurück. Und damit geht es um die Quadratur des Kreises: Anzustreben wäre für den Alpenraum eine gewisse Regionalisierung von Wirtschaft und Gesellschaft auf der Grundlage einer europaweiten Arbeitsteilung, also weder eine unendliche Arbeitsteilung sich atomisierender Strukturen (wie es der derzeitige Trend ist, der durch den Europäischen Binnenmarkt 1992 noch vorangetrieben wird) noch eine totale regionale Autarkie, die sich nach außen abschottet (wie es heute oft als Gegenmodell skizziert wird). Dabei hätte der Alpenraum auf der einen Seite verschiedene Funktionen für Europa zu erfüllen (als Erholungs-, Trinkwasser-, Wasserkraft-, Transitregion und so weiter), die von Europa entsprechend zu honorieren wären und die natürlich – als Voraussetzung – umweltverträglich gestaltet werden müssten, während auf der anderen Seite bewusst lokale, regionale und alpenweite Vernetzungen zwischen Landwirtschaft, Tourismus, Baubranche und Handwerk gefordert werden müssten, und zwar so, dass ein produktives, an der Reproduktion orientiertes Wirtschaften ohne Umweltzerstörung und ohne Verlust der kulturellen Identität langfristig möglich wird. (4)

Und dies wäre ein Konzept für eine integrale Umweltschutzpolitik der 1990er-Jahre, das den anstehenden komplexen Problemen gerecht werden könnte: Auch der Umweltschutz müsste sich für eine Regionalisierung und Vernetzung im Alpenraum zwischen den Bereichen Wirtschaft, Gesellschaft und Umwelt im Rahmen europäischer Arbeitsteilungen einsetzen, die an einer der Reproduktion verpflichteten Produktion orientiert wäre; denn nur in diesem großen Kontext sind die gegenwärtigen Umweltprobleme zu lösen, alle sektoralen Lösungen greifen dagegen schon im Ansatz zu kurz und führen nur dazu, dass der Umweltschutz an den Rand und ins gesellschaftliche Abseits gedrängt wird.

4.

Für die Aufgaben des alpinen Umweltschutzes in den 1990er-Jahren heißt dies, dass das Zentrum der Anstrengungen darin liegen müsste, das Umweltschutzanliegen in *alle* Bereiche alpinen Lebens und

Wirtschaftens hineinzutragen und eigentliche (das heißt sektorale) Umweltprojekte – wie zum Beispiel neue Nationalparks oder ein alpenweit vernetztes System von Schutzflächen – demgegenüber an die zweite Stelle zu setzen. Das bedeutet für den Umweltschutz die konkrete Mitarbeit im Rahmen der vier großen Planungsebenen im Alpenraum, also Mitarbeit an den Gemeindeleitbildern, den regionalen Entwicklungsprogrammen, den grenzüberschreitenden Entwicklungsplanungen im Rahmen der Arge Alp/Arge Alpen-Adria/ Cotrao sowie an der geplanten »Alpenschutz-Konvention« oder besser »Alpenkonvention«, um im Rahmen der beginnenden Vernetzungen zwischen Wirtschaft – Gesellschaft – Umwelt die Anliegen des Umweltschutzes stark zu machen. Andererseits bedeutet dies für die übrigen Institutionen, den Umweltschutz offiziell bei diesen Planungen zu beteiligen und ihn nicht – wie bisher meist üblich – dabei auszugrenzen. Dabei käme einer Einflussnahme des Umweltschutzes auf die wirtschaftspolitischen Rahmenbedingungen der Berglandwirtschaft (Abwehr von ökologisch unerwünschten Intensivierungen und Extensivierungen) sowie einem Engagement für umweltverträgliche Rahmenbedingungen im Fremdenverkehr (ökologische Sanierung der bestehenden Infrastruktur, Stopp des weiteren Flächenverbrauches) und beim (Transit-)Verkehr eine vordringliche Bedeutung zu, weil dadurch tagtäglich mehr schützenswerte Biotope und Landschaften zerstört werden, als durch großflächigste Schutzgebietsausweisung je gesichert werden könnten.

Bei der teilweise sehr emotional geführten Diskussion um die Ausweisung von neuen Schutzgebieten und Nationalparks ist daran zu erinnern, dass im Alpenraum wirkliche Naturlandschaften äußerst selten sind (Ausnahme bilden nur die Gletscher- und Felsregionen) und dass die heute schützenswerten Vegetationsgesellschaften und Biotope in der Regel alte Kulturlandschaften darstellen. Aus diesem Grund sollte dem Projekt eines internationalen

Montblanc-Nationalparks keine hohe Priorität zukommen – die Gefahr eines politischen »Alibi-Projektes« hauptsächlich für groß-städtische Wählerkreise erscheint dabei relativ hoch zu sein. Statt-dessen sollte sich der Umweltschutz eher auf die Erhaltung von »le-bensfähigen Kulturlandschaften« konzentrieren, wofür eine enge Zusammenarbeit mit allen Betroffenen erforderlich ist. Allerdings ist ein solches Engagement nur dann wirklich sinnvoll, wenn es im Kontext des oben genannten Schwerpunktes steht.

Eine der Besonderheiten des Alpenraumes besteht darin, dass in allen europäischen Staaten Alpenvereine mit Millionen von Mit-gliedern bestehen. Die meisten von ihnen haben seit etwa einem Jahrzehnt den Umweltschutz explizit in ihr Programm aufgenom-men, aber ihre Doppelfunktion als Umweltbelaster (touristische Nutzung der Alpen) und Umweltschützer führt oft zu internen Konflikten und Widersprüchen. Wenn es gelänge, diese produktiv zu lösen – was nicht leicht sein wird und unter anderem eine Ab-kehr vom »klassischen« Naturschutzgedanken bedeutet –, dann be-stünde die große Chance, mit der Millionenzahl der Mitglieder den notwendigen »ökologischen Umbau« (Paul Messerli) im Alpenraum aktiv zu fördern – und zwar nicht wie bisher als meist negativ be-urteilte Einmischung Fremder, sondern als positive Unterstützung der Einheimischen von außen im Kontext der zu erarbeitenden Ge-meindeleitbilder, regionaler Entwicklungspläne und nicht zuletzt im Rahmen der geplanten »Alpenkonvention«.

Anmerkungen

Bei diesem Text handelt es sich um den »Festvortrag« vom 20. April 1990 im Kongresshaus Salzburg anlässlich des Symposiums »Alpen in Not – Ziele und Strategien für einen handlungsorientierten Natur- und Umwelt-schutz des Alpenraumes für die neunziger Jahre«, das gemeinsam vom Österreichischen Alpenverein, vom Deutschen Alpenverein und vom

Alpenverein Südtirol veranstaltet wurde. Publikation in der Reihe »Fachbeiträge des OeAV«, Serie Alpine Raumordnung, Heft 4, Innsbruck 1990, S. 17–24. Eine leicht geänderte Fassung, die die direkten Bezugnahmen auf die Politik der Alpenvereine durch allgemeinere Aussagen ersetzte, erschien in: *Geographica Helvetica – Schweizerische Zeitschrift für Geographie und Völkerkunde* (Zürich), 46/1991, Heft 2, S. 105–112 (Themaheft: »Geographie und Umwelt«). Wiederabdruck als Buchbeitrag in: E. Gnaiger und J. Kautzky (Hrsg.): *Umwelt und Tourismus.* Thaur (Tirol) 1992, S. 52–62 (Umweltforum Innsbruck 1). Der Abdruck in diesem Band erfolgt nach dem Text in der *Geographica Helvetica*, jedoch ohne Anmerkungen und Literatur.

(1) Dieses erwartete Ansteigen der touristischen Nachfrage im Alpenraum ist trotz der Öffnung der Märkte Osteuropas nicht eingetreten – die Nächtigungszahlen der Alpen stagnieren weiterhin auf einem hohen Niveau.

(2) Mit der Neuerschließung des Gebiets »Wilde Krimml« 1999, der erstmaligen touristischen Neuerschließung eines Gletschers 2003 (Hockenhorn im Lötschental/Wallis) und den Änderungen beim Tiroler Gletscherschutz (Baumaßnahmen im Pitztal) werden die im Text genannten Maßnahmen zur Begrenzung der touristischen Infrastruktur erstmals durchlöchert, und derzeit werden alpenweit so viele neue Großprojekte (Bahnen, Lifte, Hotels) vorbereitet, dass manche schon von einer neuen »Gründerzeit« in den Alpen sprechen.

(3) Von dieser »integralen« Umweltschutzkonzeption aus ist es dann nur noch ein sehr kleiner Schritt zur »Nachhaltigkeit«, die ja ebenfalls das Zusammenwirken der Bereiche Wirtschaft – Gesellschaft – Umwelt ins Zentrum stellt (siehe dazu in diesem Band »Nachhaltigkeit aufgrund sozialer Verantwortung«, S. 164).

(4) Dieser Gedanke, der hier erstmals formuliert wird, erhält anschließend bei W.B. ein immer größeres Gewicht. Er wird kurz darauf als »endogene Gestaltung der exogen geprägten Tertiarisierung« benannt (siehe in diesem Band »Für eine regionale Gestaltung der europäischen Entwicklung«, S. 116) und erhält später als »ausgewogene Doppelnutzung« (siehe in diesem Band »Balance zwischen Autarkie und Globalisierung«, S. 237) einen zentralen Stellenwert in der dritten Fassung des *Alpen*-Buches.

Für eine regionale Gestaltung der europäischen Entwicklung

Da die derzeitige Situation des Alpenraumes stark durch die europäischen Agglomerationen und Zentren geprägt wird (einerseits Nachfrage nach touristischen Dienstleistungen, Energie, Trinkwasser, andererseits staatliche Agrar-, Regional-, Verkehrs- und Umweltpolitik), kann die Entwicklung der Alpen in den 1990er-Jahren nur dann abgeschätzt werden, wenn man diesen Raum bewusst in den Kontext der gesamteuropäischen Entwicklung stellt. Ein kurzer Blick in die Geschichte hilft dabei, die Selbstverständlichkeiten unserer Gegenwart und ihre Sachzwänge deutlicher wahrzunehmen.

Die großen Transformationen im 19. und 20. Jahrhundert

Die europäische Industrialisierung löste die vorindustriellen regionalen Wirtschaftskreisläufe durch die Herausbildung nationaler und europäischer Marktstrukturen auf, wodurch der Alpenraum reagrarisiert wurde (Zusammenbruch des Säumerverkehrs, des lokalen Handwerks/Gewerbes/Handels, der Heimindustrie) und die Berglandwirtschaft der europäischen Konkurrenz ausgesetzt wurde. Dadurch entwickelten sich die Alpen flächenhaft zu einer strukturschwachen Region mit mehr oder weniger prekären Wirtschaftsverhältnissen, wobei nur einige wenige ausgewählte Standorte – vor allem frühe Fremdenverkehrsgemeinden, daneben Industrie- und Transitstandorte – einen wirtschaftlichen Aufschwung erfuhren.

Die nach dem Zweiten Weltkrieg einsetzende Tertiarisierung (Dominantwerden des Dienstleistungssektors in der europäischen Wirtschaft) ist mit einer Aufwertung dieses Raumes in völlig neuen Strukturen verbunden: Die im Rahmen wirtschaftlicher und gesellschaftlicher Transformationen sehr stark steigende Bedeutung der Freizeit führte ab 1955 zur Entstehung des Massentourismus, der etwa die Hälfte der Fläche des Alpenraumes erfasste, und ab etwa 1980 zur dezentralen Erschließung auch der nichttouristischen, strukturschwachen Alpenräume durch private Ferienhäuser. Diese flächenhafte Aufwertung der Alpen als Freizeit- und Erholungsraum wird in jüngster Zeit überlagert durch die Entwicklung eines nicht-touristischen Dienstleistungssektors in den alpinen Zentren und durch das Ausgreifen der alpennahen europäischen Wirtschaftsräume entlang der großen alpinen Transitstrecken, wodurch punktuell und linienförmig sehr hohe Nutzungsdichten entstehen. (1)

Ökonomische, ökologische und kulturelle Probleme

In zwei Bereichen entwickeln sich mit diesem Strukturwandel fundamentale Probleme, nämlich im ökologischen und im kulturellen Bereich. Die heutige Umweltzerstörung dürfte vor allem darauf zurückzuführen sein, dass die extrem arbeitsteilige und hochspezialisierte Wirtschaft und Gesellschaft des tertiären Zeitalters gar keine Gesamtverantwortung für die Umwelt mehr ausbilden kann. Jeder Wirtschaftreibende handelt eng sektoral im europäischen oder gar weltweiten Rahmen, kann aber die Interaktionen zwischen primärem, sekundärem und tertiärem Sektor und diejenigen zwischen ökonomischer, ökologischer und soziokultureller Situation in seiner eigenen Gemeinde/Region gar nicht mehr wahrnehmen.

Der zweite Bereich, der im Rahmen der Tertiarisierung heute fundamentale Probleme zu machen beginnt, ist der der kulturellen Identität, weil die Geschwindigkeit und Dynamik dieses Prozesses die Menschen überfordert: Einmal verlangt man heute vom Einzelnen eine sehr hohe Mobilität, die den Aufbau einer regional verankerten kulturellen Identität weitgehend verhindert, zum Anderen wird die persönliche Lebenswelt durch Funktionsteilungen, räumliche Segregationen und hohe Spezialisierungen auch im sozialen und persönlichen Bereich immer unübersichtlicher. Als Ergebnis entsteht dann tendenziell eine hochmobile, räumlich, sozial und kulturell wenig gebundene Persönlichkeit, die dem Prozess der Tertiarisierung zwar gut angepasst ist, die sich aber »gruppenegoistisch« oder »hedonistisch« verhält: Mit solchen Menschen kann man weder eine Gesellschaft gestalten noch in gemeinsamer Verantwortung die Probleme der Gegenwart zu lösen versuchen.

Und dies sind heute auch die zentralen Probleme des Alpenraums:

1. Die ökonomische Dimension: Die tertiär geprägte Entwicklung läuft in den alpinen Aktivregionen gut und verspricht auch in Zukunft Wachstumsraten, weil die Bedeutung von Freizeit und Ferien weiter steigen wird. Allerdings gibt es Probleme aufgrund der touristischen Monostruktur in vielen Gemeinden und einer hohen Spezialisierung auf Abfahrtsskilauf (schneearme Winter und Trendverlagerungen im Ferienverhalten können sich daher schnell katastrophal auswirken). In den strukturschwachen Alpenregionen ist die ökonomische Situation noch unbefriedigend, allerdings zeichnet sich hier langsam eine gewisse Aufwertung ab. (2)

2. Die ökologische Dimension: Der Alpenraum wird durch die Luftschadstoffe aus den europäischen Ballungsräumen stark und aus dem Transitverkehr sehr stark belastet (Waldsterben). In den touristisch stark erschlossenen Regionen gibt es die typischen

Umweltprobleme der städtischen Agglomerationen; in den strukturschwachen Alpenregionen finden flächenhafte Sukzessionsprozesse statt, die die traditionelle Artenvielfalt reduzieren und die Gefährdung durch Naturkatastrophen erhöhen (ein Prozess, der regional und lokal sehr differenziert abläuft). Die großen Transitachsen, in denen sich die verschiedenen Nutzungen besonders dicht konzentrieren, sind dabei am stärksten gefährdet.

3. Die kulturelle Dimension: In den touristisch erschlossenen Alpenregionen ist der postmoderne Wertewandel weit fortgeschritten, allerdings unterscheidet er sich von dem der Großstädte dadurch, dass in den Alpen die traditionelle Identität heute noch durchwegs präsent ist, wenn auch oft nur unter der Oberfläche. Die davon betroffenen Menschen leben heute meist in einem starken Widerspruch zwischen traditioneller und moderner Welt, was sich oft in Verdrängungsprozessen und teilweise in einer hemmungslosen Adaption neuer Werte ausdrückt – verbunden mit Alkoholismus, Tabletten- und Drogenkonsum. In den strukturschwachen Alpenregionen reagieren die Menschen oft mit einer totalen Abwehr aller modernen Werte und Neuerungen (»kulturelle Erstarrung«). Beide Male geht die Kraft zur konstruktiven Gestaltung der eigenen Gemeinde allmählich verloren. Gegen die den Alpenraum von außen überprägende Tertiarisierung gibt es aber an vielen Stellen einen kulturellen Widerstand.

4. Das eigentlich fundamentalste Problem besteht darin, dass die ökonomische, die ökologische und die soziokulturelle Dimension im Rahmen der zunehmenden räumlichen Segregationen, Funktionsteilungen und Spezialisierungen immer weiter auseinanderfällt. Anderswo lassen sich die damit verbundenen Probleme jahrzehntelang verdecken, aber in den Alpen verursacht eine nicht der Umwelt angepasste Nutzung schnell große ökolo-

gische Probleme, die ohne eine ausgeprägte kulturelle Identität
vor Ort nicht konstruktiv gelöst werden können.

Alternativen für die 1990er-Jahre

Die beiden aktuellen »Push-Faktoren« – die immer noch wachsende Bedeutung der Freizeit und die wirtschaftliche Dynamik der
alpennahen Wirtschaftszentren – dürften auch in den 1990er-Jah-
ren ihre Bedeutung beibehalten, sodass von daher eine Trendwende
nicht zu erwarten ist. Damit wird die ökonomische Situation durch
steigende Nutzungskonkurrenzen in den gut erschlossenen Tallagen und im touristischen Sektor durch Überkapazitäten geprägt
werden, und die derzeitigen ökologischen und kulturellen Probleme dürften sich spürbar verschärfen, sodass die negativen Auswirkungen der Tertiarisierung immer stärker die künftige Entwicklung
dominieren werden. Die Alpen als Lebens- und Wirtschaftsraum
der Einheimischen sowie als europäische Erholungslandschaft wären fundamental bedroht.

Wie könnte eine Alternative aussehen? Dazu soll auf eine Grund-
einsicht zurückgegriffen werden, die im Rahmen des schweizerischen
»Man and Biosphere«-Programms und in eigenen Untersuchungen
erarbeitet wurde: Das alpine Ökosystem ist ein hochkomplexes Ge-
samtsystem der Bereiche Gesellschaft und Umwelt, das nur dann
einigermaßen störungsfrei funktioniert, wenn alle gesellschaftlichen Teilsysteme – die wirtschaftliche, die politische, die soziokulturelle Dimension – einer gemeinsamen Konzeption der Naturnutzung verpflichtet sind.

Bei einer Alternative zur gegenwärtigen Entwicklung muss es
also zentral um eine Vernetzung der drei Wirtschaftssektoren untereinander gehen. Kernpunkt ist dabei eine enge Zusammenarbeit
zwischen den beiden Leitbranchen Berglandwirtschaft und Touris-

mus mit Rückbindung der sektoralen Eigendynamik der Baubranche. Ebenso wichtig ist die bewusste Vernetzung zwischen den
Bereichen Wirtschaft, Gesellschaft, Politik und Kultur, um die Produktion so zu gestalten, dass die Reproduktion langfristig gesichert
ist. Ziel ist sowohl die Reproduktion der ökologischen Stabilität der
Umwelt als der materiellen Basis allen Lebens und Wirtschaftens in
den Alpen, wie auch die Reproduktion der kulturellen Identität als
Voraussetzung einer sinnhaften Gestaltung der Produktion, des
Lebensraumes und des Lebens überhaupt.

Es würde aber zu kurz greifen, allein den Gedanken der Vernetzung von Wirtschaft, Gesellschaft und Umwelt gegen die derzeitige
Form der Tertiarisierung zu stellen, denn auf der Entfaltung der
Arbeitsteilung beruht die europäische Entwicklung der Neuzeit,
und dahinter können wir sinnvollerweise nicht mehr zurück. Und
damit geht es um die Quadratur des Kreises: Anzustreben wäre für
den Alpenraum eine gewisse Regionalisierung von Wirtschaft und
Gesellschaft vor dem Hintergrund einer europaweiten Arbeitsteilung, also weder eine unendliche Arbeitsteilung sich atomisierender Strukturen (wie es der derzeitige Trend ist, vor allem im
Rahmen der EG 92) noch eine totale regionale Autarkie (wie es heute oft als Gegenmodell gedacht wird). Stichworte dafür wären: Die
Alpen als Erholungs-, Transit-, Wasserkraft-, Trinkwasserregion für
Europa (Arbeitsteilung), aber zugleich Aufbau von Vernetzungen
zwischen Landwirtschaft, Tourismus, Baubranche und Handwerk
auf lokaler und regionaler Ebene im gesamten Alpenraum. Das erfordert zwangsläufig eine gewisse Abkoppelung dieses Raumes vom
europäischen Markt, da sonst aufgrund des starken Konkurrenz-
druckes diese Vernetzungen nicht gelingen können. Für die Berglandwirtschaft ist eine solche Abkoppelung vom europäischen Ag-
rarmarkt inzwischen in allen sieben Alpenstaaten selbstverständlich
geworden.

Für dieses alternative Konzept benötigen wir aber noch einen weiteren Gedanken: Die Tertiarisierung ist ein Prozess, dessen Dynamik von den großen europäischen Zentren ausgeht und der die Alpen von außen her überprägt. Von seiner inneren Logik her setzt sich diese Entwicklung sowohl über die empfindliche ökologische Stabilität des Alpenraumes als auch über seine vielfältige kulturelle Identität hinweg. Da die Tertiarisierung selbst nicht in Frage gestellt werden kann, muss es jetzt darum gehen, die exogen geprägte Tertiarisierung im Alpenraum von innen her, also endogen, so zu gestalten, dass ein produktives, an der ökologischen und kulturellen Reproduktion orientiertes Wirtschaften ohne kontraproduktive Tendenzen möglich wird. Und damit sind wir auf der politischen Ebene: Ohne einen gewissen politischen Spielraum auf der regionalen Ebene kann die Tertiarisierung nicht endogen gestaltet werden. Für die Schweiz und Österreich ist dies selbstverständlich, aber dort, wo zentralistische Staatsstrukturen mit strukturschwachen Alpenregionen zusammenfallen (wie in weiten Teilen der französischen und italienischen Alpen), entsteht ein fast unlösbares Problem, weil alle politischen und strukturellen Voraussetzungen für eine endogene Gestaltung der Tertiarisierung fehlen und erst mühsam aufgebaut werden müssen.

Vernetzung von wirtschaftlicher und gesellschaftlicher Entwicklung

Kerngedanke dieses Konzeptes ist also, dass die gegenwärtige Form der europäischen Tertiarisierung im Alpenraum auf ganz besonders große Schwierigkeiten stößt, weil sie die alpine Umwelt und die traditionelle kulturelle Identität – und damit zentrale Voraussetzungen für einen erfolgreichen Wirtschaftsprozess – zerstört. Nur eine bewusste endogene Gestaltung der Tertiarisierung kann die neuen ökonomischen Möglichkeiten (Tourismus, EDV-Arbeitsplätze, nichttouristische Dienstleistungen) so mit den traditionellen ökonomischen Strukturen (vor allem Berglandwirtschaft, Handwerk, mittelständisches Gewerbe, die alle einer gezielten Aufwertung bedürfen), mit der traditionellen kulturellen Identität und mit der sensiblen alpinen Umwelt verbinden, dass eine neue, lebbare, das heißt lebensfähige und lebenswerte Gesamtheit entsteht.

Die konkreten Alternativen zur gegenwärtigen Entwicklung, die derzeit überall im Alpenraum entstehen, kreisen fast alle um das zentrale Problem der »Vernetzung« von wirtschaftlicher und gesellschaftlicher Entwicklung.

Und genau hier könnte eine endogene Gestaltung der Tertiarisierung ansetzen: Alle Gemeinden im Alpenraum sollten sich mittels des Instruments des »Gemeindeleitbildes« – sozusagen als eine Art institutionalisierter »Bürgerinitiative« – mit ihrer eigenen Zukunft aktiv auseinandersetzen und könnten damit den Grundstein für eine »vernetzte« Gemeindepolitik legen. Auf der Ebene der »Region« wären dann die Gemeindeleitbilder in einem analogen demokratischen Prozess bewusst in die regionale Entwicklungspolitik einzubeziehen, um »Kirchturmdenken« beziehungsweise die nur bürokratische Gestaltung der Regionalpolitik zu verhindern. (3) Und dies wäre vor allem sinnvoll, wenn es alpenweit abliefe. Dafür wurden bereits wichtige Voraussetzungen mit der Umweltministerkonferenz der Alpenstaaten im vergangenen Herbst in Berchtesgaden geschaffen, indem für das Jahr 1991 die Erarbeitung einer Alpenkonvention vereinbart wurde, die die systematische Zusammenarbeit im Alpenraum über die Staatsgrenzen hinweg vorsieht. Es bleibt abzuwarten, ob diese Alpenkonvention nur ein mehr oder weniger bürokratischer Akt bleibt oder ob damit die Chance ergriffen wird, die zukünftige Entwicklung des Alpenraumes im Sinne der endogenen Gestaltung der europäischen Tertiarisierung zu prägen. (4)

Anmerkungen

Dieser Text geht zurück auf den Abschlussvortrag von W.B. im Rahmen
der Vortragsreihe »Die Alpen im Europa der neunziger Jahre«, die Paul
Messerli und W.B. im Wintersemester 1989/90 am Geographischen Institut der Universität Bern durchführten und in deren Rahmen Wissenschaftler aus allen Alpenstaaten referierten. Dieser Abschlussvortrag
hatte den Anspruch, eine aktuelle Synthese der Situation der Alpen auf
der Grundlage aller Vorträge der Reihe zu entwerfen, und die hier entwickelte Leitidee bildete dann das Grundkonzept für die zweite Fassung des
Alpen-Buches (1991). Die Langfassung dieses Vortrages wurde im Tagungsband publiziert (W. Bätzing und P. Messerli [Hrsg.], *Die Alpen im
Europa der neunziger Jahre*, Bern 1991, S. 247–291); die hier reproduzierte
Kurzfassung erschien in der *Neuen Zürcher Zeitung*, Nr. 126, 2./3. Juni
1990, Seite 23.

(1) Der große Strukturwandel Europas im 19. und 20. Jahrhundert – ohne
     den der Wandel in den Alpen nicht angemessen zu verstehen ist – wird
     hier von W.B. erstmals angedeutet, und er spielt in der zweiten Fassung
     seines *Alpen*-Buches von 1991 eine wichtige Rolle. W.B. thematisiert die-
     sen Strukturwandel seit 1988 in verschiedenen Lehrveranstaltungen und
     verfolgt ihn bis heute mit großer Aufmerksamkeit. In dem Buch *Ent-
     grenzte Welten. Die Verdrängung des Menschen durch Globalisierung von
     Fortschritt und Freiheit*, das er 2005 zusammen mit Evelyn Hanzig-Bät-
     zing im Rotpunktverlag veröffentlicht hat, ist das erste Kapitel (S. 19–98)
     dem europäischen Strukturwandel der Industrialisierung und Tertiarisie-
     rung und seinen Auswirkungen auf Wirtschaft, Gesellschaft, Umwelt und
     Raum gewidmet.

(2) Diese Bewertung, die sich auch im *Alpen*-Buch von 1991 findet, ist stark
     durch den Beitrag von Philippe Huet im Rahmen der oben genannten Vor-
     tragsreihe geprägt, der die demografische Wiederaufwertung der französi-
     schen Alpen seit 1975 – also den deutlichen Trendbruch nach einem hun-
     dertjährigen Bevölkerungsrückgang – deutlich herausarbeitet. W.B. ist
     damals der Ansicht, dass dieser Trendbruch auch für die benachbarten
     piemontesischen Alpen zu erwarten sei, und er interpretiert eine Reihe von
     lokalen Initiativen und Aufwertungen auf diesem Hintergrund. Diese Sicht-
     weise wird von ihm erst durch seine Bevölkerungsanalysen auf Gemeinde-
     ebene (siehe in diesem Buch »Das neue Bild der Alpen«, S. 175, und »Der
     Alpenraum zwischen Verstädterung und Verödung«, S. 224) korrigiert.

(3) Das gleiche Ziel wird später als »Lokale-Agenda-21«-Prozess bezeichnet (auf der Ebene der Gemeinden und der Kreise), und es besitzt im Rahmen einer »nachhaltigen Regionalentwicklung« nach wie vor einen wichtigen Stellenwert, auch wenn es jüngst wieder aus der öffentlichen Diskussion verschwindet.

(4) In den folgenden Jahren engagiert sich W.B. stark für die Realisierung und Umsetzung der Alpenkonvention, die er als wichtiges politisches Instrument für den Alpenraum ansieht.

Naturräumlich, agrargeschichtlich, demografisch, soziokulturell:

Was unterscheidet die Nordalpen von den Südalpen?

Ziel dieser Darstellung ist es, die großen und deutlichen Unterschiede und heutigen Probleme der Berglandwirtschaft auf der Nord- und Südabdachung der Alpen darzustellen, die meist übersehen werden oder zu wenig bekannt sind. Genauer gesagt: Auf der Nordseite der Alpen kennt man die Verhältnisse auf der Südseite meist nicht und geht davon aus, dass die eigene Situation mit den »typisch alpinen« Verhältnissen identisch sei, und auf der Südseite der Alpen verhält es sich entsprechend.

Aus diesem Grund wird in dieser Darstellung das Schwergewicht darauf gelegt, die Unterschiede sehr deutlich herauszuarbeiten und idealtypisch gegenüberzustellen. Diese Form der Darstellung hat zwangsläufig zur Folge, dass die Unterschiede teilweise deutlicher dargestellt werden, als sie in Wirklichkeit sind, weil es im Alpenraum immer zahlreiche Mischformen gibt und »reine« Typen eher selten sind. Aber letztlich möchte dieser Beitrag nicht die gegenwärtigen Verhältnisse in der Berglandwirtschaft inventarisieren, sondern ein Verständnis für die großen naturräumlichen, agrargeschichtlichen, demografischen und soziokulturellen Unterschiede in der Berglandwirtschaft wecken. Und wenn man diese Unterschiede kennt, dann ist es selbstverständlich, dass die politischen Lösungsvorschläge (von der Regionalpolitik bis hin zum Protokoll »Berglandwirtschaft« der Alpenkonvention) darauf explizit Bezug nehmen, denn andernfalls würden sie der Realität nicht gerecht werden. Meine persönliche Grundlage für die Herausarbeitung dieser Unterschiede besteht darin, dass ich zwei sehr weit voneinander entfernte Untersuchungsgebiete im Alpenraum besitze, die ich seit vielen Jahren in ihrer Entwicklung genau verfolge: Das Gasteiner Tal im Land Salzburg (Österreich), zur Alpennordseite gehörig mit einer traditionell mitteleuropäischen Prägung sowie das Stura-Tal in Piemont (Italien), zur Alpensüdseite gehörig mit einer traditionell mediterranen Prägung. Durch den persönlichen Vergleich dieser beiden Täler sind mir die jeweiligen Unterschiede besonders deutlich geworden, wobei ich mich immer darum bemüht habe, diese beiden Täler in ihrem regionalen Kontext zu sehen und sie nicht als Einzelfälle zu erleben.

Die naturräumliche Gliederung der Alpen und die unterschiedlichen Voraussetzungen für die Berglandwirtschaft

Da die Landwirtschaft stark von den naturräumlichen Voraussetzungen abhängig ist, sind die Unterschiede zwischen den Nord- und Südalpen nicht zu verstehen, wenn man den Naturraum außer Acht lässt. Ganz grob lässt sich der Alpenraum in vier verschiedene Teilräume gliedern:

1. Die inneralpinen Trockenzonen: Diese liegen im Zentrum der Alpen im Bereich der großen inneralpinen Längstalfurchen und sind in den Westalpen stärker ausgeprägt als in den Ostalpen, weil im Osten die randalpinen Gebiete eine geringere Höhe aufweisen und daher das Alpeninnere schlechter gegenüber den vom Atlantik oder Mittelmeer herannahenden feuchten Winden schützen können. Diese inneralpinen Trockenzonen weisen dank starker Sonneneinstrahlung und hohen Temperaturen eine sehr große Naturgunst aus, was sich in sehr hoch liegenden

Vegetationsobergrenzen ausdrückt: Der Wald erreicht hier oft eine Obergrenze, die weit über 2000 Meter liegt. Mit dieser Gunst sind allerdings spezifische Gefährdungen verbunden, in erster Linie eine ausgeprägte Trockenheit (die aber durch künstliche Bewässerung ausgeglichen werden kann, weil die Gletscherbäche gerade im Sommer viel Wasser liefern) sowie sommerliche Nachtfröste aufgrund der starken nächtlichen Auskühlung bei klarem Himmel. Diese Alpenregionen wurden meist sehr früh landwirtschaftlich genutzt.

2. Der mediterran geprägte Südsaum der Alpen: Diese Region umfasst eine große Fläche und erstreckt sich vom Südrand bis zur Hauptwasserscheide der Alpen beziehungsweise bis hin zu den inneralpinen Trockenzonen, und im Südwesten zählt der gesamte Alpenbogen südlich der Linie Grenoble–Turin zu dieser Region. (Die Grenzlinie Grenoble–Turin – zugleich die Grenze zwischen den französischen Nord- und Südalpen – stellt in Frankreich eine wichtige landwirtschaftliche Grenze dar: Im feuchten Norden liegen die sogenannten »Alpes des Vaches«, im trockenen Süden die sogenannten »Alpes des Moutons«). Diese Region wird immer wieder durch sehr tief eingeschnittene Täler unterbrochen, die weit ins Gebirge hineinreichen und teilweise submediterrane Bedingungen aufweisen.

Diese Alpenregion weist eine große Naturgunst auf, weil die Sonneneinstrahlung und die Temperaturen hoch sind und trotzdem ausreichend Niederschläge fallen. Die Gefährdungen bestehen hier in einer gewissen sommerlichen Trockenheit und ausgeprägten Starkniederschlägen im Frühjahr und Herbst. Auch diese Alpenregion wurde bereits sehr früh genutzt.

3. Der mitteleuropäisch geprägte Nordsaum der Alpen: Auch diese Region umfasst ein großes Gebiet und reicht vom Alpennordrand bis zur Hauptwasserscheide beziehungsweise bis an die in-

neralpinen Trockenzonen, und zwar etwa von Grenoble bis Linz.
Hier herrscht eine geringe Naturgunst, weil die feuchten West-
winde hier auf die Alpen treffen und sich abregnen, sodass der
Himmel häufig wolkenbedeckt ist und niedrige Temperaturen
aufgrund geringer Sonnenscheindauer anzutreffen sind. Dies
drückt sich in tief liegenden Vegetationsobergrenzen aus: Die
Waldobergrenze liegt hier oft nur bei 1600 Meter. Aus diesen
Gründen wurde diese Region auch erst relativ spät landwirtschaftlich genutzt.

4. Der kontinental geprägte Ostteil der Ostalpen: Diese Region erstreckt sich etwa östlich der Linie Linz–Ljubljana und weist eine
geringe Naturgunst für die Landwirtschaft auf: Das Klima ist bereits deutlich kontinental geprägt mit häufigen Frösten und sehr
kalten Wintern. Weil hier aber die Berge nicht mehr sehr hoch
sind und teilweise bloß noch Mittelgebirgscharakter aufweisen,
sind diese negativen Faktoren nicht so stark ausgeprägt. Insgesamt
betrachtet sind die naturräumlichen Bedingungen für die Landwirtschaft hier etwas schlechter als im Nordsaum der Alpen. Auch
diese Region wurde erst relativ spät landwirtschaftlich genutzt.

Die traditionellen Landwirtschaftsformen im Alpenraum

In diesen unterschiedlichen Naturräumen haben sich zwei große
Landwirtschaftsformen und zahlreiche weitere mit geringerer flä-
chenhafter Bedeutung entwickelt.

1. Der Acker-Alp-Betrieb oder die »romanische« Berglandwirtschaft: Charakteristisch ist, dass der Ackerbau an erster Stelle
steht (die besten Flächen sind für die Äcker reserviert, die größte Arbeit wird in den Ackerbau gesteckt, charakteristisch sind
zahlreiche Ackerterrassen und verschiedenste Fruchtwechsel-
systeme, um die Fruchtbarkeit der Äcker langfristig zu erhalten),

während die Viehwirtschaft den zweiten Rang einnimmt (Hüte-tätigkeiten oft durch Kinder). Wegen der Bedeutung des Ackerbaus ist diese Form der Landwirtschaft auf hohe Temperaturen und lange Sonnenscheindauer angewiesen. Deshalb kann sie nur in den inneralpinen Trockenzonen und im mediterran geprägten Südsaum der Alpen betrieben werden. Hier finden wir diese Form der Landwirtschaft ab 4000 v. u. Z.

2. Der Wiesen-Alp-Betrieb oder die »germanische« Berglandwirtschaft: Hier steht die Viehwirtschaft an erster Stelle und der Ackerbau nimmt nur eine untergeordnete Stellung ein, was man bereits im Landschaftsbild daran erkennen kann, dass die besten Flächen für die Fettwiesen (mit dem Dung der Tiere gedüngte Mähwiesen) reserviert sind. Der Ackerbau wird hier nur in reduzierter Form als Egart- (österreichisch) oder Aegerten-Wirtschaft (schweizerisch) praktiziert: Eine Parzelle dient zwei bis drei Jahre als Acker, wird dann eingesät und fünf, acht oder zehn Jahre als Fettwiese genutzt, dann beginnt dieser Zyklus wieder von Neuem. Da Ackerterrassen dabei die Mähnutzung stören würden, finden wir in diesen Regionen meist keine oder nur wenige Ackerterrassen. Während der Ackerbau hier also aus klimatischen Gründen sehr eingeschränkt ist (die Obergrenze liegt oft bei 1000 Meter), entwickelt sich die Viehwirtschaft dagegen besonders gut, weil die Wiesen und Weiden bei guter Durchfeuchtung hohen Ertrag bringen. Diese Form der Landwirtschaft hat sich erst spät, ab 500, entwickelt, und die von Norden, in den Alpenraum einwandernden germanischen Stämme der Bajuwaren und Alemannen haben dabei eine sehr wichtige Rolle gespielt.

3. Weitere Formen der Berglandwirtschaft und Sonderformen: In den sehr tief gelegenen Talböden des Alpensüdsaums reichen mediterrane Landwirtschaftsformen (»Coltura mista«) bis weit in die Alpen hinein, aber streng genommen gehören sie nicht

zur Berglandwirtschaft. An vielen Stellen in den inneralpinen Trockenzonen und im Alpensüdsaum erfuhr der Acker-Alp-Betrieb durch Weinbau eine wichtige Erweiterung (meist als zusätzliches, unterstes Nutzungsstockwerk ausgebildet); da die Weinberge teilweise eine große Höhe erreichten (1200 Meter) und der Weinbau eng mit der Berglandwirtschaft verbunden war, handelt es sich hierbei um eine typisch alpine Sonderform. Charakteristisch für weite Teile des Alpensüdsaums bis in Höhen um 1000 Meter sind ausgedehnte Kastanienkulturen, die eine besonders intensive Nutzung dieser Regionen ermöglichten und die zu den höchsten agrarisch bedingten Bevölkerungsdichten der gesamten Alpen führten. Im kontinental geprägten Ostteil der Ostalpen hat sich die sogenannte »Waldbauernwirtschaft« herausgebildet (Hauptprodukte: Waldnutzung und Viehwirtschaft, ergänzt durch etwas Ackerbau), die auf die klimatischen Bedingungen dieser Region zugeschnitten war. Und im Bereich der Südostalpen hat sich ab dem Jahr 500 eine »slawische« Berglandwirtschaft entwickelt, die viele Gemeinsamkeiten mit der germanischen Berglandwirtschaft aufweist, allerdings kulturell deutlich anders geprägt ist.

Alle diese Landwirtschaftsformen sind dadurch gekennzeichnet, dass sie bestimmte Regionen der Alpen nutzen. Die folgenden Sonderformen dagegen sind allein auf die Höhenregion beschränkt: Ab dem 12. Jahrhundert entwickelt sich die »Schwaighof-« und die »Walserwirtschaft«: Beide Landwirtschaftsformen sind dadurch geprägt, dass der Ackerbau mehr oder weniger eingestellt wird und dass man sich ganz auf die Viehwirtschaft konzentriert, sodass man diese Höfe in Höhen anlegen kann, wo kein Getreide mehr wächst. Dadurch wurde es jetzt möglich, die bisher nur temporär und relativ extensiv genutzte Höhenstufe (Ackerobergrenzen zwischen 1000 Meter am Alpennordrand, 1600 Meter am Alpensüdrand und 2200 in den inneralpinen Trockenzonen) ganzjährig und intensiv zu nutzen. Dies setzte aber voraus, dass diese Höfe mit Ackerbauprodukten versorgt wurden, was bei den Schwaighöfen und den Walsern auf unterschiedliche Weise organisiert war.

Als letzte Besonderheit ist dann das schweizerische »Hirtenland« (die Region am Alpennordrand zwischen Rhone und Zürichsee) zu nennen: Hier wurde ab dem 16. Jahrhundert der Ackerbau ganz eingestellt und man konzentrierte sich vollständig auf die Viehwirtschaft, deren Produkte (Käse, Vieh) exportiert wurden. Dies führte zu einem großen Reichtum, aber auch zur Zunahme von sozialen Widersprüchen. Dies ist das einzige Beispiel im Alpenraum, wo in vorindustrieller Zeit eine Modernisierung in der Landwirtschaft stattfand und die traditionelle Selbstversorgerwirtschaft durch eine exportorientierte Landwirtschaft abgelöst wurde. In allen anderen Alpenregionen blieben die traditionellen Formen der Landwirtschaft, wie sie sich in vorrömischer und römischer Zeit (Acker-Alp-Betrieb) oder in mittelalterlicher Zeit (Wiesen-Alp-Betrieb) herausgebildet hatten, bis zum Beginn des Industriezeitalters (1848: Erschließung der Alpen durch die Eisenbahn, 1870: erste große Agrarkrise mit stark fallenden Preisen) nahezu unverändert erhalten. Die Innovationen der europäischen Landwirtschaft im 19. Jahrhundert (Einführung von Kartoffel und Mais, Kleegraswirtschaft, nächtliche Einstallung des Viehs, starker Einsatz von Kunstdünger, Aufhebung der Dreifelderwirtschaft inklusive Flurzwang und Grundherrschaft) fanden im Alpenraum keinen oder nur marginalen Eingang, und sie führten hier vor allem nicht zur Modernisierung der Betriebsstrukturen und der Bewirtschaftungsformen. Dies ist der Grund, weshalb die Berglandwirtschaft den Konkurrenzkampf mit der Landwirtschaft in den europäischen Gunstregionen nicht gewinnen kann und nicht nur durch klimatische und naturräumliche Faktoren benachteiligt ist.

Ökonomische Probleme der Berglandwirtschaft im Nord-Süd-Vergleich

Auch wenn die Berglandwirtschaft im Alpenraum dem Konkurrenzdruck aus den europäischen Gunstregionen nicht gewachsen war, so reagierten doch die »romanische« und die »germanische« Berglandwirtschaft während einer längeren Übergangszeit recht verschieden, weil die Wiesen-Alp-Betriebe im Rahmen der neuen Bedingungen bessere Voraussetzungen aufwiesen.

1. Betriebsgröße und -struktur: Die Wiesen-Alp-Betriebe besitzen aufgrund ihrer viehwirtschaftlichen Ausrichtung (extensive Landnutzung) meist für alpine Verhältnisse relativ große Flächen, und die einzelnen Parzellen sind meist auch relativ groß und häufig um den Hof herum arrondiert oder weisen sonst eine eher geringe flächenhafte Zerstückelung auf. Daher können hier moderne Wirtschaftsformen relativ leicht eingeführt werden, ohne dass es zuvor einer Flurbereinigung bedarf.

   Die Acker-Alp-Betriebe besitzen aufgrund ihrer ackerbaulichen Ausrichtung (intensive Landnutzung) im Dauersiedlungsbereich meist nur kleine Flächen, und diese sind in der Regel auf zahlreiche kleine und kleinste Parzellen verteilt. Das bedeutet, dass jede Nutzung mit den Nachbarn abgesprochen werden musste und dass Innovationen nur mit großer Mühe einzuführen waren. Die bestehenden Betriebsgrößen waren so klein, dass ein ertragreiches Wirtschaften unter den modernen Rahmenbedingungen nicht möglich war, abgesehen davon, dass dies zuvor eine äußerst aufwendige Flurbereinigung vorausgesetzt hätte, die im Alpenraum nur selten durchgeführt wurde.

2. Produktionsausrichtung: Die Erträge des Ackerbaus gehen mit steigender Höhe über dem Meeresspiegel immer mehr zurück (ab 1500/1600 Meter braucht das Getreide länger als zwölf Monate zur Reife, sogenannte »Höhenbrache«, sodass ein Acker nur

jedes zweite Jahr Frucht trägt), erfordern sehr viel Handarbeit (zum Beispiel das Hinauftragen der abgeschwemmten Erde, das jeden Frühling nötig ist) und sind bis zum letzten Moment durch sommerlichen Schneefall und Hagelschlag bedroht. Daher ist der Ackerbau im Alpenraum ökonomisch überhaupt nicht konkurrenzfähig. Die Viehwirtschaft dagegen ist im Alpenraum zwar auch gegenüber dem Flachland quantitativ benachteiligt, aber dies ist viel weniger ausgeprägt als beim Ackerbau. Während der alpine Ackerbau im Verlauf des 20. Jahrhunderts mehr oder weniger eingestellt wird –wo er noch bis heute weiterbetrieben wird, sind es kulturelle, nicht ökonomische Gründe –, kann sich die alpine Viehwirtschaft mit Mühe halten, das heißt mit Hilfe von staatlichen Subventionen, mittels Substanzverlust (Verkauf von Grundstücken, Holzverkauf, Verschuldung) und mittels nichtlandwirtschaftlicher Erwerbsarbeit verhindern diese Bauern den vollständigen Zusammenbruch.

3. Umstrukturierung: Ab etwa Mitte der 1960er-Jahre sind die Bergbauernbetriebe aus ökonomischen Gründen gezwungen, ihre traditionelle Produktionsvielfalt (Selbstversorgung mit Verkauf eines Teiles der Produkte auf dem Markt) aufzugeben und sich monostrukturell auf die Produktion eines einzigen Produktes zu konzentrieren. Den Wiesen-Alp-Betrieben fällt diese Umstellung relativ leicht (Konzentration auf Milchwirtschaft, Jungviehaufzucht, Kälbermast und so weiter), den Acker-Alp-Betrieben ist diese Umstellung nicht möglich mit Ausnahme einiger weniger Weinbauern in günstiger Lage. Ein stärkerer Ausbau der Viehwirtschaft im »romanischen« Alpenraum setzte eine stark vergrößerte Heuproduktion voraus, und diese ist hier nur schwer möglich, weil das Klima für den Wiesenbau zu trocken ist und eine künstliche Bewässerung sehr teuer wäre. Daher vollziehen die Acker-Alp-Betriebe diese Umstrukturierung

im Allgemeinen nicht mehr mit und werden fast nur noch von Pensionären bewirtschaftet oder ganz eingestellt.

4. Konsequenzen: Im Bereich der Acker-Alp-Betriebe bricht die Berglandwirtschaft im 20. Jahrhundert und vor allem nach dem Zweiten Weltkrieg flächenhaft zusammen, und die noch verbliebenen Betriebe stellen meist eine »Relikt«-Landwirtschaft dar, die keine Zukunftsperspektive mehr besitzt. Im Bereich der Wiesen-Alp-Betriebe gibt es tiefgreifende Konzentrationen und Umstrukturierungen, aber derzeit noch keinen wirklichen flächenhaften Zusammenbruch. Allerdings können sich diese Betriebe ohne Subventionen, Substanzverlust und nichtlandwirtschaftliches Einkommen nicht halten. Wenn sich die gegenwärtigen Rahmenbedingungen nicht ändern, dann besteht die große Gefahr, dass in etwa zehn bis fünfzehn Jahren auch diese Betriebe aufgeben müssen.

Ökologische Probleme der Berglandwirtschaft im Nord-Süd-Vergleich

Ähnlich wie im ökonomischen gibt es auch im ökologischen Bereich grundlegende Unterschiede zwischen der Alpennord- und der Alpensüdseite.

1. Artenvielfalt: Die letzten meist kleinen Flächen, die im Bereich der Acker-Alp-Betriebe heute noch bewirtschaftet werden, weisen meist eine hohe Artenvielfalt auf, weil hier kaum modernisiert wurde und weil man meist noch wie früher wirtschaftet. Dort, wo die traditionelle Berglandwirtschaft noch nicht ganz zusammengebrochen ist, finden sich daher besonders wertvolle Vegetationseinheiten und Kulturlandschaften. Im Bereich der Wiesen-Alp-Betriebe herrscht dagegen heute ein sehr starker Nutzungsdruck vor (ökonomische Sachzwänge), der zu zahl-

reichen Modernisierungen, Meliorationen, Bodenplanierungen und zu einem hohem Dünger- und Maschineneinsatz geführt hat. Damit ist eine deutliche Verringerung der Artenvielfalt auf den landwirtschaftlich genutzten Flächen verbunden, die in der Regel durch eine ökologisch bedenkliche Intensivierung und Übernutzung charakterisiert sind. (1)

2. Ökologische Sukzession: Auf allen Flächen, die heute nicht mehr landwirtschaftlich genutzt werden, entwickelt sich die Vegetation wieder allmählich hin zur standortgemäßen Vegetation (meist Wald), und zwar über die Kraut-, Strauch- und Baumphase (biologische Sukzession). Im Wiesen-Alp-Bereich sind diese Brachflächen nicht sehr groß (in erster Linie die Bergmähder, in zweiter Linie steile und schattige Hänge), und hier entsteht aufgrund der Feuchtigkeit meist schnell eine artenarme Busch- oder Zwergstrauchvegetation. Häufig sind hier in der Strauchphase die Grünerlen anzutreffen, die nach 80 bis 100 Jahren einem standortgemäßen Wald Platz machen. Im Acker-Alp-Bereich finden sich großflächige Brachen, und hier entwickelt sich aufgrund der Trockenheit oft nur sehr langsam eine Strauchvegetation. Auf gut besonnten Hängen entsteht nach dem Brachfallen sehr allmählich eine Macchia-ähnliche Trockenvegetation mit lückenhaftem Wuchs, und es ist nicht sicher, ob sich hier nach einigen Hunderten von Jahren überhaupt noch ein Wald herausbildet oder nicht.

3. Ökologische Gefährdung: Für den feuchten Alpennordrand mit seinen häufigen Niederschlägen sind »Blaiken« (Aufreißen der Vegetationsdecke im Größenbereich von 10 bis 100 Quadratmeter) charakteristisch, die im Rhythmus von mehreren Jahren (oft nach schneereichen Spätwintern) entstehen. Für den mediterran geprägten Alpensüdrand mit seinen regelmäßigen Starkniederschlägen scheint charakteristisch zu sein, dass sich

über Jahrzehnte überhaupt nichts ändert (alle Ökosysteme haben sich offenbar auf diese Starkniederschläge eingestellt), dass dann aber plötzlich in größeren Zeitabständen (alle 50 oder 100 Jahre) besonders große Katastrophen losbrechen.

Soziokulturelle und demografische Probleme im Nord-Süd-Vergleich

1. Hof – Dorf: Zum Acker-Alp-Betrieb gehört das Erbsystem der »Realteilung« (jedes Kind erbt den gleichen Teil) und das (Haufen-)Dorf mit einer starken Stellung der Dorfgemeinschaft und der »Kommune«, die den Spielraum des einzelnen Bauern einengt. Die früher wichtige ökologische Kontrolle der Dorfgemeinschaft wirkt sich im 20. Jahrhundert innovationshemmend und damit kontraproduktiv aus. Zum Wiesen-Alp-Betrieb gehört das Erbsystem des »Anerbenrechts« (nur ein Sohn erbt den gesamten Besitz) und die Streusiedlung mit dem arrondierten Hof, der weitgehend autonom ist. Dieses System erweist sich im 20. Jahrhundert als innovationsfähig, was das wirtschaftliche Überleben erleichtert.

2. Demografie: Weil der Ackerbau auf der gleichen Fläche mehr Menschen ernähren kann als die Viehwirtschaft, sind die Gebiete des Acker-Alp-Betriebs traditionellerweise wesentlich dichter besiedelt als diejenigen des Wiesen-Alp-Betriebs. Im Zusammenhang mit dem Zusammenbruch der Berglandwirtschaft verloren die Dörfer im Acker-Alp-Bereich in den letzten hundert Jahren oft zwei Drittel ihrer Bevölkerung, und selbst dort, wo ein Tourismus entstand, ist der Rückgang der Bevölkerung groß, weil die Einheimischen davon nicht profitieren. Die Siedlungen der Wiesen-Alp-Betriebe haben meist wenig Einwohner verloren (Verlust des Dienstpersonals, das früher eine wichtige

Rolle spielte), und sie profitieren häufig von der hier üblichen dezentralen Tourismusentwicklung und -förderung.

3. Kultur: Die Bewohner der Wiesen-Alp-Betriebe sind im touristisch stark erschlossenen Alpennordsaum mit dem modernen Wertewandel und der völligen Abwertung der Tradition durch die moderne Freizeitgesellschaft konfrontiert. Häufig bemühen sie sich um eine konstruktive Verbindung zwischen Tradition und Moderne, gelegentlich setzt sich aber auch eine ökologisch sehr problematische Mentalität der »Total-Modernisierung« durch. Im Acker-Alp-Bereich haben die jungen, engagierten und innovativen Menschen längst ihre Heimat verlassen, die Überalterung ist stark ausgeprägt, und generell herrscht hier oft ein Klima der »kulturellen Erstarrung«, das alle Veränderungen ablehnt und blockiert, sodass der endgültige Untergang dieser Bergbauernkultur zwangsläufig ist, weil sich wirtschaftliche und kulturelle Faktoren gegenseitig im negativen Sinne verstärken.

Konsequenzen für den Alpenraum in Thesenform

1. Eine kleinräumig den natürlichen Unterschieden im Alpenraum angepasste Berglandwirtschaft, die »nachhaltig« wirtschaftet, ist aus ökologischen (Artenvielfalt, Sicherheit), ökonomischen (Arbeitsplätze), kulturellen (»Heimat«) und strukturellen (Erhaltung der dezentralen Besiedlung) Gründen unverzichtbar, und sie stellt die Grundlage dar, auf der alle anderen Nutzungen (Tourismus, Handwerk, Industrie, Dienstleistungen) sinnvoll aufbauen können.

2. Die Agrarpolitik im Alpenraum muss regional stark differenziert werden, um den sehr unterschiedlichen Problemen in den Alpen gerecht zu werden.

3. Im Acker-Alp-Bereich ist der Totalzusammenbruch unvermeidlich; hier geht es um die Wiederbelebung der Landwirtschaft in *neuen* Formen und Strukturen (Flurbereinigung, Betriebsarrondierung und anderes). Im Wiesen-Alp-Bereich ist die Situation durch einen kontinuierlichen Substanzverlust geprägt, der in fünf bis zehn Jahren zum schnellen Zusammenbruch (wenn die Generation der »Väter« aufhört) führen kann; hier muss die Substanzerhaltung und -verbesserung im Zentrum stehen.

4. Im Bereich der Acker-Alp-Betriebe bestehen aufgrund nicht vollzogener Modernisierungen noch besondere Potenziale und Qualitäten (alte Viehrassen, Getreidesorten, Kulturlandschaften), deren Erhaltung aber sehr schwierig ist und besondere Anstrengungen erfordert.

5. Im Bereich der Acker-Alp-Betriebe muss die Produktpalette systematisch ausgeweitet werden (Kräuter, Beeren, Kastanien und so weiter), was auch für den Bereich der Verarbeitung und des Marketings besondere Anstrengungen bedeutet. Im Rahmen der Viehwirtschaft ist die heutige Monostruktur wieder zu diversifizieren, hin auf regionaltypische Qualitätsprodukte, was ebenfalls neue Initiativen in Verarbeitung und Marketing erfordert.

6. Landwirtschaftpolitik kann im Alpenraum nicht mehr wie bisher sektoral betrieben werden, sondern muss Verarbeitung und Vermarktung, regionalwirtschaftliche Verflechtungen, Zusammenarbeit mit Tourismus und Handwerk, ökologische Veränderungen und Gefährdungen sowie die kulturelle Dimension mit einbeziehen.

Anmerkungen

Dieser Text basiert auf einem Vortrag im Rahmen der internationalen Jahresfachtagung der CIPRA im Oktober 1991 in Château-d'Oex (Schweiz) zum Thema »Erhaltung der traditionellen alpinen Kulturlandschaften«. Die Publikation erfolgte im gleichnamigen Tagungsband (CIPRA-Schriften Bd. 9, Basel 1992, S. 115-129).

(1) Erst ab Mitte der 1990er-Jahre setzt in Gastein und in vielen ähnlichen Alpenregionen ein weiterer Intensivierungsschritt ein, nämlich die Einführung des Silageschnittes (Mahd im Abstand von zwei bis drei Wochen und Gärung des geschnittenen Grases in Silageballen), durch den die Artenvielfalt noch einmal drastisch zurückgeht.

Zwischen »Erstarrung« und »Verdrängung«

Die aktuellen Diskussionen über die Probleme des Berggebiets beziehungsweise die Probleme der Alpen finden derzeit vor allem auf drei Ebenen statt:

1. Berggebietspolitik und Regional- beziehungsweise Raumplanung: Nach Hans Elsasser (Zürich) ist die schweizerische Berggebietspolitik seit 1975 durch drei Phasen geprägt: In der Anfangsphase dominierte eine ökonomische Zielsetzung, zu Beginn der 1980er-Jahre wurde die ökologische Dimension einbezogen, in der zweiten Hälfte der 1980er-Jahre wurde erkannt, dass die sogenannte »sozio-kulturelle Situation« im Berggebiet systematisch einbezogen werden muss, wenn Planung und Politik nicht ins Leere laufen sollen. Allerdings herrscht gegenwärtig eine große Unsicherheit, auf welche Weise dies geschehen solle. Auch die zweite Generation der gegenwärtig zu erarbeitenden »Entwicklungskonzepte« der IHG-Regionen weist mit der Betonung der »regionalen Identität« und dem Schwergewicht auf der Schaffung von »endogenen Entwicklungspotenzialen« in die gleiche Richtung. (1)

2. Wissenschaft und Forschung: Charakteristisch für die wissenschaftliche Analyse des Schweizer Alpenraums in den 1980er-Jahren sind die beiden großen Nationalen Forschungsprogramme »Man-and-Biosphere/MAB« und »Regionalprobleme«, die

sich bewusst um eine fächerübergreifende und interdisziplinäre Problemanalyse bemühen. Trotzdem wurde die Volkskunde dabei gar nicht einbezogen (MAB) oder sie besaß nur einen marginalen Stellenwert (Regio). Stattdessen wurde versucht, die soziokulturelle Dimension vor allem in Zusammenarbeit mit Soziologie und Psychologie zu analysieren. Beide Fächer haben aber bislang im Alpenraum nur sehr vereinzelt empirisch geforscht und sind meist deutlich von einer »städtischen« Problemwahrnehmung geprägt. (2)

3. Journalistische und öffentliche Diskussion: In Tageszeitungen, Zeitschriften, Radio und Fernsehen werden im Laufe der 1980er-Jahre neben den Umweltproblemen vermehrt auch die kulturellen Probleme im Alpenraum wahrgenommen und teilweise pointiert angesprochen (»Aufstand der Bereisten«). Typisch ist dabei aber häufig, dass nur minimale Kenntnisse über die traditionelle Kultur im Alpenraum vorhanden sind, sodass diese Diskussion meist sehr oberflächlich geführt wird.

In dieser Situation, in der die Notwendigkeit einer systematischen Auseinandersetzung mit der sogenannten »sozio-kulturellen Dimension« im Alpenraum immer dringender wird, erstaunt es sehr, dass diejenige Wissenschaft, die genau diese Thematik untersucht, völlig abseits steht und kaum einbezogen wird – die Volkskunde. Während Soziologie und Psychologie mehr oder weniger selbstverständlich von der »modernen« Gesellschaft ausgehen und daher – mit wenigen Ausnahmen – am Berggebiet kein Interesse zeigen, untersucht die Volkskunde gerade die traditionelle ländliche Gesellschaft und thematisiert von hier aus den gesellschaftlichen Wandel. Dass dabei der Alpenraum ein besonders aufschlussreiches Forschungsobjekt darstellt, liegt auf der Hand, und gerade die Schweizer Volkskunde hat sehr wichtige Beiträge zum Verständnis der traditionellen Kultur im Alpenraum hervorgebracht. Dass diese

Erfahrungen und Ergebnisse heute in der aktuellen Alpen-Diskussion nicht berücksichtigt werden und allmählich in Vergessenheit geraten, hat meines Erachtens zwei Gründe:

Einmal stellt die Volkskunde im Rahmen des heutigen, stark positivistisch geprägten Wissenschaftsverständnisses keine quantitative oder »harte« Wissenschaft dar und wird deshalb schnell mit dem Verdikt »unwissenschaftlich« belegt. Zum anderen bleibt die Volkskunde als Universitätsfach heute oft im bloßen Inventarisieren und Beschreiben von Einzelaspekten traditioneller Kultur stecken (»Brauchtumsforschung«), anstatt problemorientiert den Wertewandel zu thematisieren, was das Misstrauen gegen dieses Fach noch verstärkt. (3)

Als Ergebnis lässt sich festhalten, dass in der gesamten aktuellen Analyse der gegenwärtigen Probleme im Alpenraum die zahlreichen wichtigen volkskundlichen Arbeiten heute mehr oder weniger vergessen sind und in der Diskussion kaum mehr eine Rolle spielen.

Die traditionelle Welt ist im Alpenraum aber keinesfalls bereits verschwunden, auch wenn sie auf den ersten Blick oft nicht mehr sichtbar ist; und die traditionellen Werte prägen – teilweise in neuen Formen und Strukturen – die heutige Entwicklung im Alpenraum noch deutlich.

Deshalb – so meine zentrale These – ist die sogenannte »sozio-kulturelle Dimension« von den Fächern Soziologie und Psychologie aus nicht angemessen zu verstehen: Beide Disziplinen gehen implizit vom modernen Menschen der Industrie- und Dienstleistungsgesellschaft aus und besitzen keine Kenntnis – und viel wichtiger: kein Verständnis! – der traditionellen Welt im Alpenraum. Daher kommt der Volkskunde bei der Analyse der sozio-kulturellen Dimension im Alpenraum eine zentrale Bedeutung zu. Allerdings bin ich auch der Meinung, dass eine enge Zusammenarbeit der Volkskunde mit Soziologie und Psychologie unverzichtbar ist, um der

Vielschichtigkeit der aktuellen Probleme – dem Aufeinanderprallen der traditionellen alpinen Welt mit den Werten der postmodernen Freizeitgesellschaft – gerecht werden zu können.

Meines Erachtens müsste die problemorientierte Leitfrage zur Analyse der sozio-kulturellen Situation im Alpenraum folgendermaßen lauten: Auf welche Weise verarbeiten die Menschen im Alpenraum die heftigen Widersprüche zwischen traditionellen und (post)modernen Werten und gelingt es Ihnen, eine neue, »lebenswerte« Identität aufzubauen oder scheitern sie dabei?

Als Maßstab für eine »lebenswerte« Identität möchte ich ansetzen, dass angesichts des tiefgreifenden ökonomischen und sozialen Wandels im Berggebiet auch ein kultureller Wandel erforderlich ist, um heute eine tragfähige Identität aufzubauen – die Beibehaltung der traditionellen Werte allein reicht dazu nicht aus. Es ist stattdessen eine neue Sicht von Welt nötig, die traditionelle und moderne Werte so miteinander verbindet, dass eine neue, unverwechselbare und charakteristische Identität ausgebildet wird – eine Identität, die sich ganz bewusst auf diesen besonderen Lebens- und Wirtschaftsraum, auf seine aktuelle Situation und auf seine spezifischen Probleme sowie auf seine besondere Umwelt bezieht und die aus einem emotional positiv besetzten Bezug zu diesem Raum als »Heimat« auch ökonomische, soziale und politische Handlungen entwickelt, die diesem Raum angemessen sind (das heißt umwelt- und sozialverträgliches beziehungsweise »nachhaltiges« Wirtschaften und Handeln). (4)

Und damit stelle ich die Verbindung zwischen Volkskunde, Ökonomie und Ökologie her: Nur dort, wo Menschen eine selbstbewusste kulturelle Identität besitzen, können sie mit ihrer Umwelt verantwortlich umgehen und ein »nachhaltiges« Wirtschaften entwickeln. Ohne eine solche kulturelle Identität, ohne einen spezifischen Umweltbezug als »Heimat« drohen zahlreiche Fehlentwicklungen und ein kulturell »bodenloses« oder spekulatives Verhalten.

Geht man vom Zusammenprall zwischen der traditionellen und der modernen Welt aus, so gibt es prinzipiell zwei Gefährdungen beziehungsweise Fehlentwicklungen, nämlich einmal die »hemmungslose« Adaption aller modernen Werte bei totaler Verdrängung der eigenen traditionellen Werte und zum anderen die Ablehnung aller modernen Werte als kulturelle »Erstarrung«. Ich möchte beide Gefährdungen an exemplarischen Beispielen etwas näher erläutern. Das soll nicht bedeuten, dass es im Alpenraum nur diese beiden Extreme gebe, aber ich denke, dass die Analyse der Extreme immer besonders aufschlussreich ist, um die große Zahl der »Normalfälle« besser und tiefer zu verstehen, die irgendwo zwischen diesen beiden Extremen liegen.

1. Hauptteil: Die strukturschwache Alpenregion Valle Stura di Demonte und das Problem der »kulturellen Erstarrung«

Das Valle Stura di Demonte ist ein 600 Quadratkilometer großes Alpental in Südpiemont im Grenzbereich von Seealpen und Cottischen Alpen, und seine Situation ist charakteristisch für große Teile der piemontesischen Alpen.

Das Valle Stura stellt eine typische strukturschwache Alpenregion dar, in der weder Tourismus noch Industrie Fuß fassen, sondern die Landwirtschaft für lange Zeit der wichtigste Erwerbszweig bleibt. Da diese Landwirtschaft aber keine konkurrenzfähigen Strukturen aufweist und Modernisierungen nicht durchgeführt werden, wird die wirtschaftliche Grundlage des Tales immer schwächer und bricht schließlich zusammen. Dies zeigt sich daran, dass die Bevölkerung des Tales seit 1880 laufend abnimmt: Damals lebten über 22 000 Menschen in diesem Tal, heute sind es noch knapp 5000, und es ist noch kein Ende dieses Rückganges abzusehen: In der Bevölkerung dominieren die hohen Altersklassen, die Geburtenrate ist nahe Null, und die jungen Ehepaare verlassen gleich nach der Heirat das Tal.

Für diese negative Entwicklung gibt es keine monokausale Ursache, und es ist mir auch nicht möglich, an dieser Stelle das komplexe Ursachengeflecht darzulegen. Allerdings kommt dabei – so meine ich – dem Phänomen der »kulturellen Erstarrung« ein wichtiger Stellenwert zu, und ich möchte mich jetzt allein auf diesen Aspekt konzentrieren.

Ausgehen möchte ich dabei von einigen Überlegungen, die Richard Weiss 1957 in seinem Aufsatz »Alpiner Mensch und alpines Leben in der Krise der Gegenwart« entwickelt hat: »Dem Schwund der bäuerlich gebliebenen hochgelegenen Siedlungen steht das amerikanische Wachstum einiger Fremdenorte gegenüber […]. Bedeutungsvoll aber ist, dass diese Minderheit (der Bergbauern) auch wirtschaftlich und politisch immer mehr zurückgedrängt und seelisch erschüttert ist […]. Es ist deutlich genug, dass der stolze und oft querköpfige Widerstand (gegenüber Kraftwerkprojekten) heute vielfach von einer gewissen Heimatlosigkeit und Bindungslosigkeit […] abgelöst wird. Es gibt Bergbauern, bei denen das Verharren auf dem heimatlichen Boden nur noch in der Entschlusslosigkeit und in der Resignation seinen Grund hat. Eine dumpfe Verzweiflung oder eine verantwortungslose Gleichgültigkeit legt sich über ganze Ortschaften, die man eigentlich als ›kranke Täler‹ bezeichnen kann.«

Und etwas später: »Es ist nicht nur so, dass neue Wirtschaftsmethoden ein neues rechnerisches und individualistisches Denken ausgelöst haben; vielmehr musste das traditionelle geistige Gefüge von innen heraus geschwächt sein, damit es zur Preisgabe der Autarkie kommen konnte.«

Diese Gedanken haben mir geholfen, die Situation im Stura-Tal besser zu verstehen, und wenn man nach dem Verhältnis zwischen

Konservation und Innovation fragt, dann erhält man folgendes Ergebnis:

- Die landwirtschaftliche Nutzung des Stura-Tales wird geprägt durch ein Nebeneinander von Autarkiewirtschaft (Acker-Alp-Betriebe) und einer transhumanten Alpwirtschaft. Dieses Nebeneinander bildet sich offenbar bereits am Beginn der menschlichen Nutzung dieses Tales, um 4000 v. u. Z., heraus und zieht sich bis heute durch. Selbst als in der Mussolinizeit die direkte Transhumanz aus Südfrankreich aus militärischen Gründen verboten war, wurde die Alpwirtschaft der Acker-Alp-Betriebe nicht ausgeweitet, stattdessen wurde die inverse Transhumanz zur oberitalienischen Tiefebene verstärkt.

- Die landwirtschaftliche Produktpalette war zur Römerzeit abgeschlossen und wurde seitdem nicht mehr erweitert. Lediglich die Kartoffel wurde im 19. Jahrhundert noch eingeführt, aber dies war nicht mit landwirtschaftlichen Strukturänderungen verbunden.

- Die politische Organisation, die rechtlichen Verhältnisse und die sozio-ökonomischen Strukturen sowie die kulturelle Identität des Tales bilden sich in einem innovativen Prozess im Rahmen des hochmittelalterlichen Siedlungsausbaues heraus und bleiben bis heute mehr oder weniger unverändert.

Betrachtet man die Entwicklung des Stura-Tales unter dem Gesichtspunkt der Innovationen (5), so muss man feststellen, dass die Konservation über die Innovation dominiert und dass vor allem in der Neuzeit und im 19. und 20. Jahrhundert Innovationen weitgehend fehlen (»Zwangskonservatismus«). Als Ursache dafür sehe ich vor allem die folgenden Punkte:

1. Die individuelle Erziehung im Rahmen der Familie bringt unsichere, instabile Persönlichkeiten hervor, die sich eher nach den anerkannten Normen der Tradition richten als das Risiko einer Innovation einzugehen. Ich habe das Glück gehabt, dass der

amerikanische Ethnologe George Saunders in den 1970er-Jahren im Stura-Tal Untersuchungen durchgeführt hat, und seine Ergebnisse decken sich voll mit meinen Beobachtungen und Erfahrungen. Methodisch scheint es mir hier sehr wichtig zu sein, ethnopsychoanalytische und familientherapeutische Inhalte bewusst miteinzubeziehen, wie es Saunders macht – nur so kann man die individuelle Reproduktion erstarrter Gesellschaften wirklich verstehen.

2. »Familienegoismus«: Diese Stichwort beschreibt die durchgehende Erfahrung, dass die einzelne Familie alles daransetzt, allein und unabhängig zu sein von »den Anderen«, wobei eine solche Abhängigkeit als bedrohlich und angstbesetzt wahrgenommen wird. Da die rechtlichen und ökonomischen Verhältnisse im Valle Stura aber bis heute sehr stark mittelalterlich geprägt sind, besitzt das kommunale Eigentum noch eine relativ große Rolle, und zentrale Tätigkeiten der Landwirtschaft werden traditionellerweise gemeinsam erledigt (Brotbacken, Korndreschen) oder müssen gemeinsam erledigt werden (Beginn von Saat und Ernte beziehungsweise Heumahd wegen fehlenden Wegen). In einer stark gemeinschaftlich strukturierten Wirtschaft und Gesellschaft wirkt sich der Familienegoismus stark kontraproduktiv aus, weil die materiellen Voraussetzungen dafür gar nicht bestehen, sodass die (vermeintliche) Unabhängigkeit mit Mehrarbeit erkauft werden muss und eine produktive Nutzung der Ressourcen verhindert.

3. Clanverfassung: Dieses Stichwort beschreibt die Situation, dass sich auf jeder Ebene (Fraktion, Dorf, Gemeinde, Tal) zwei konträre Parteien unversöhnlich gegenüberstehen: Wenn die eine Gruppe dafür ist, ist die andere automatisch dagegen, auch wenn sie dadurch wirtschaftliche Nachteile erleidet. In einer Gesellschaft, in der das kommunale, gemeinschaftliche Element einen

hohen Stellenwert besitzt und Innovationen die Zustimmung einer großen Mehrheit erfordern, blockiert die Clanstruktur die gesamte Gesellschaft, verhindert die Einführung auch kleiner Innovationen und sorgt letztlich dafür, dass diese Gesellschaft von innen heraus nicht in der Lage ist, sich mit der Herausforderung durch den Einbruch der modernen Welt in den Alpenraum produktiv auseinanderzusetzen.

4. Die Emigration verstärkt das Phänomen der kulturellen Erstarrung noch zusätzlich: Sie gehört im Stura-Tal offenbar schon immer zur Tradition, setzt aber im großen Ausmaß um 1860 ein, als in den benachbarten südfranzösischen Alpen durch starke Abwanderung ein bevölkerungsmäßiges Vakuum entsteht, was zahlreiche Immigranten aus Piemont anzieht (gemeinsame okzitanische Sprache und Kultur). Zwei unterschiedliche Formen der Emigration fördern die Erstarrung besonders: a) Die definitive Emigration wirkt als starke soziale Selektion, indem vor allem die innovativen und aktiven Persönlichkeiten abwandern und der Enge der Verhältnisse entfliehen (Gerhard Furrer); b) Die temporäre Emigration dagegen zementiert die traditionellen Verhältnisse durch eine exogene Stärkung. Diese von Arnold Niederer beschriebene Konsequenz habe ich selbst an zahlreichen Beispielen erlebt.

Die »kulturelle Erstarrung« setzt sich also zusammen aus einer bestimmten individuellen Erziehung im Rahmen einer spezifischen Familienkonstellation, und aus dem Familienegoismus und den Clanstrukturen im Rahmen einer bestimmten Wirtschafts- und Gesellschaftssituation. Das heißt, wir stoßen auf ein ganz bestimmtes kulturelles System, was in sich geschlossen ist und in dem auf allen Ebenen – Individuum, Familie, Fraktion, Dorf, Gemeinde, Tal – gleichgerichtete Prozesse ablaufen, die sich gegenseitig stützen und verstärken. Daher greift es zu kurz, eine Änderung durch einen eindimensionalen Eingriff zu erhoffen, so wie es Regionalplaner oft versucht haben: Eine neue landwirtschaftliche Genossenschaft passt nicht mit den persönlichen, familiären und kommunalen Strukturen zusammen und muss daher scheitern, selbst wenn alle Betroffenen davon ökonomisch gesehen nur profitieren würden. Eine Veränderung kann daher nur dann geschehen, wenn mehrere Ebenen davon gleichzeitig betroffen werden, und das ist es, was Veränderungen in solch erstarrten Tälern so schwer macht – die Menschen wandern eher ab oder sie arbeiten sich lieber in den traditionellen Strukturen tot, als irgendeiner Innovation zuzustimmen.

Diese Darstellung greift allerdings an einem zentralen Punkt noch zu kurz: Die Menschen in solchen Tälern sind nicht prinzipiell innovationsunfähig, sondern sie haben ein ganz spezifisches Verhältnis zu Innovationen. Ich habe diesem ein eigenes Kapitel in meiner Dissertation gewidmet und möchte das Ergebnis so zusammenfassen:

- In den 1920er-Jahren ist die Bevölkerung im Neraissa-Tal bereits von 560 auf 175 Menschen zurückgegangen, und die ersten größeren Flächen fallen brach. Dabei handelt es sich um die unfruchtbarsten Flächen im Tal, die am spätesten kultiviert worden waren und die im 20. Jahrhundert angesichts Emigrationsmöglichkeiten nicht mehr sinnvoll zu bewirtschaften sind. Trotz einem spürbaren Rückzug aus der Fläche entsteht trotzdem kein Freiraum für neue Nutzungsformen.

- In den 1930er-Jahren nimmt die Bevölkerung von 133 auf 115 Menschen ab, sodass die Bedingungen für die einzelne Familie besser werden, weil sie immer größere Flächen zur Verfügung haben. In dieser Zeit entsteht allmählich eine gewisse Produktion für den Markt (vor allem Kartoffeln), die zuvor nur einen ganz geringen Stellenwert besaß. Allerdings behält man die traditionelle Produktpalette bei und entwickelt keine neuen Produktionsziele (keine Spezialisierungen). Die Marktöffnung führt nicht zu Veränderungen, sondern umgekehrt werden durch die zusätzlichen Einnahmen die traditionellen Strukturen noch gestärkt.

- In den 1950er-Jahren sinkt die Bevölkerung weiterhin stark, und zwar von 115 auf 53 Menschen. Bisher war es so gewesen, dass eine eigentliche Alpwirtschaft im Neraissa-Tal nicht existierte – die besseren Flächen waren den Bergmähdern vorbehalten und nur auf relativ kleinen und randlichen Flächen gab es Weiden, die allerdings meist von den Temporärsiedlungen aus bestoßen wurden. In den 1950er-Jahren nun entsteht durch den Rückgang des Nutzungsdruckes und durch die Umwandlung von Bergmähdern in Alpweiden der Raum und die Möglichkeit für eine gute Alpwirtschaft. Aufgrund des verbreiteten Familienegoismus lehnt man es allerdings ab, die Kühe genossenschaftlich zu betreuen, jede Familie will ihre zwei, drei Kühe nicht aus der Hand geben, und so entwickelt sich stattdessen eine »Pensionsviehhaltung« im Tal: Etwa 100 Rinder aus der oberitalienischen Tiefebene werden hier im Sommer gegen Bezahlung geweidet – eine Nutzung, von der das Tal relativ wenig hat.

- In der ersten Hälfte der 1960er-Jahre bricht das traditionelle Landwirtschaftssystem zusammen, indem der Roggenanbau eingestellt wird (früher das Leitprodukt). Dadurch werden in bester Lage im Tal Flächen zum Wiesenbau frei, sodass man die Bergmähder komplett aufgeben kann. Die verbleibende Landwirtschaft ist jetzt aber nur noch eine »Rumpf-Landwirtschaft«, die aus sich heraus nicht mehr lebensfähig ist, sondern durch Pensionäre oder im Nebenerwerb betrieben wird. Trotz den großen Veränderungen entsteht wiederum kein Freiraum für neue und andere Nutzungen. Dies ist auf eine doppelte Entwicklung zurückzuführen: Es gibt einen einzigen relativ jungen und innovativen Bauern im Tal, und er übernimmt im Laufe der Zeit

all jene Flächen, die die anderen Bauern aus Zeit- oder Gesund-
heits- oder Altersgründen nicht mehr bewirtschaften können –
durch dieses Zusammenspiel sind in den letzten zwanzig Jahren
praktisch keine Flächen mehr brach gefallen. Die übrigen Bauern, die noch auf die traditionelle Weise wirtschaften, gleichen
die mangelnde Produktivität und Ertragsfähigkeit ihrer Landwirtschaft durch exogene Faktoren aus: Einige wenige arbeiten
als Pendler in nahe gelegenen Industriebetrieben und nutzen
dieses Einkommen für den Kauf landwirtschaftlicher Maschinen, viele beziehen eine Alters- oder Invalidenpension, die ihnen die Fortführung des traditionellen Lebens erlaubt, und alle
erhalten immer wieder finanzielle Zuwendungen von den er-
wachsenen Kindern, die darüber hinaus am Wochenende und in
den Ferien immer wieder in der Landwirtschaft der Eltern arbeiten. Dadurch werden diese Strukturen, die aus betriebswirt-
schaftlichen Gesichtspunkten längst zusammengebrochen wären, extern stabilisiert und bleiben so erstaunlich lange erhalten.
Durch das Zusammenspiel mit dem einzigen jungen Bauern
entstehen auch in dieser Phase keine Freiräume für neue Nutzungsformen oder neue Initiativen in der Landwirtschaft. Selbst
in einer Situation, in der im Tal nur noch zehn Personen leben,
gibt es keinen Freiraum für Innovationen! (6)
Zusammenfassend können wir also feststellen, dass die einzelnen
Phasen des Zusammenbruchs jeweils von wichtigen Veränderungen und Innovationen begleitet werden, die aber dem Tal nur sehr
bedingt wirklich neue Impulse vermitteln und die letztlich nur
dazu dienen, die traditionellen Strukturen zu stützen und das jeweils neu entstehende Vakuum so auszufüllen, dass keine wirklichen Veränderungen Fuß fassen können. Erst diese Verbindung
zwischen dem Zusammenbruch von Teilen der traditionellen Landwirtschaft und ganz spezifischen Innovationen, erst diese spezifi-

sche Verbindung zwischen Konservation und Innovation macht aus diesem Tal ein »geschlossenes System«, nämlich ein innovationsfeindliches und innovationsunfähiges System, das selbst in der allerletzten Phase nach außen hin geschlossen und stark auftritt und immer noch alle wirklichen Innovationen abblockt. Wir finden also die scheinbar paradoxe Situation vor, dass Innovationen hier eine innovationsfeindliche Funktion besitzen und zur Systemstabilisierung eingesetzt werden. Innovation und Konservation sind enger miteinander verknüpft, als es der Begriffsgegensatz erscheinen lässt: Nicht jede Innovation ist auch wirklich innovativ, wie umgekehrt sich nicht jede konservative Haltung automatisch innovationsfeindlich auswirken muss. Politiker und Planer, die dies nicht verstehen, werden in solchen Räumen nur Misserfolge erzielen.

Ich bin der Meinung, dass dieses Phänomen der »kulturellen Erstarrung« gegenwärtig das Schlüsselproblem darstellt: Alle Berggebietsförderungen, alle Landwirtschaftssubventionen und Infrastrukturhilfen zeigen nicht den gewünschten Erfolg, wenn man die kulturelle Erstarrung übersieht oder gar nicht kennt. Bestenfalls kommt es dann zu dem, was Richard Weiss schon 1957 so beschrieben hat: »In diesem Zustand der Stauung aber droht ein Dammbruch, durch welchen alles Bisherige gewaltsam überschwemmt und beiseite geworfen wird [...]. Der Machtkampf, der diesen Bruch [...] begleitet, wird mit der ganzen politischen Leidenschaft geführt, die den Wallisern seit jeher eigen war, und es zeigt sich dabei nicht selten ein plötzliches Umschlagen der Parteifärbung vom konservativsten Schwarz zu grellem Rot und wildem Radikalismus. Derartige Krisenzeichen haben sich im Wallis und in Graubünden in den letzten Jahren gezeigt.«

Im Stura-Tal – so möchte ich behauptet – hängt es im Wesentlichen von der kulturellen Identität der Betroffenen ab, wie die Entwicklung weitergeht, und alle staatlichen Förderungen sind demgegenüber sekundär. Hier sehe ich im Prinzip drei verschiedene Möglichkeiten und Handlungsweisen von Seiten der Betroffenen, das heißt der Einheimischen einschließlich ihrer Kinder und Enkel, die nicht mehr im Tal selbst leben, zu ihm aber oft einen engen emotionalen Bezug bewahrt haben, und denen als Erben eine wichtige Rolle zufällt:

– Verhalten sie sich produktiv, indem sie den entstehenden Freiraum aktiv nutzen und Initiativen entwickeln, dieses Tal in neuen Formen als Lebens- und Wirtschaftsraum zu gestalten?
– Verhalten sie sich bloß reproduktiv, indem sie die eingespielten Nutzungen (vor allem kleiner, dezentraler Ferienhausausbau und -nutzung) perpetuieren, kein Interesse an neuen Landwirtschaftsprojekten oder endogenen Tourismusprojekten zeigen und so alle grundsätzlichen Veränderungen aktiv blockieren?
– Verhalten sie sich spekulativ, indem sie aus mangelndem Interesse an diesem Tal um des kurzfristigen Gewinnes willen ihr Eigentum zu verkaufen suchen?

Wenn man die Frage nach der Zukunft dieses Tals beziehungsweise der Alpen so stellt, dann ist es völlig selbstverständlich, dass neben Geografie, Planungswissenschaften, Soziologie auch die Volkskunde unbedingt einbezogen werden muss.

2. Hauptteil: Die touristische Alpenregion Gasteiner Tal und das Problem der kulturellen »Verdrängung«

Im österreichischen Gasteiner Tal finden wir eine völlig andere Situation vor. Dieses Tal besteht aus drei Gemeinden, die sich folgendermaßen charakterisieren lassen:

Badgastein ist ein altes, weltbekanntes Kurbad, seit dem Mittelalter genutzt; Tourismusboom in der 2. Hälfte des 19. Jahrhunderts und besonders glanzvolle Entwicklung bis 1914.

Bad Hofgastein ist das alte Zentrum des Tales und Bergbau-
zentrum. Mit dem Zusammenbruch des Goldbergbaus im 18. Jahrhundert erlebte der Ort eine starke Reagrarisierung. Der Tourismusboom setzt mit dem Eisenbahnbau 1906 ein.

Dorfgastein ist bis nach dem Zweiten Weltkrieg ein ländlicher
Ort, der am Tourismusboom nicht partizipiert. Erst 1959 findet der
Einstieg in den Wintertourismus statt, der sich seither extrem
schnell entwickelte.

Das Tal insgesamt weist eine Verdreifachung der Bevölkerung in
den letzten hundert Jahren auf und besitzt eine sehr starke Touris-
musabhängigkeit. Das Wachstum verdankt sich einerseits der einheimischen Bevölkerung, die vor Ort gute Arbeitsplätze findet, und
zum anderen den Zuzügern, die inzwischen zahlreich geworden
sind. Obwohl die Situation im Tourismus durch eine sehr starke
Konkurrenz geprägt ist, fehlen extreme Spekulationsobjekte und
die touristischen Infrastrukturen sind zwar sehr groß, aber nicht
total überdimensioniert. Trotzdem gab es große Spekulationsobjekte (»Sportgastein«), die in der Vergangenheit nicht realisiert wurden, die aber heute wieder aktuell geworden sind.

Erstaunlicherweise ist die Landwirtschaft nicht völlig zusammengebrochen, obwohl man hätte annehmen können, dass die Bauern bei den guten Arbeitsmöglichkeiten im Tal ihre Höfe längst
aufgegeben hätten. Dies ist aber nicht geschehen, im Gegenteil: Wir
finden einen ausgeprägten Willen vor, den Hof unter fast allen Bedingungen weiterzuführen, wobei der Nebenerwerb und die eigene
Vermarktung in Form von »Jausenstationen« oder Frühstückspen-
sionen die häufigste Form sind. Die zusätzlichen Erträge, die dadurch erwirtschaftet werden, fließen häufig wieder in die Landwirtschaft, zum Beispiel in den Kauf von Maschinen, weil die staatlichen
Unterstützungen nicht ausreichen. So kann man feststellen: Die
Bauern subventionieren sich letztlich selbst mittels Neben- und Zu-

erwerb und doppelter Arbeitsbelastung! Die ökonomischen und strukturellen Sachzwänge führen zwar dazu, dass die nichtlandwirtschaftlichen Einkommen immer mehr ausgebaut werden und die Landwirtschaft tendenziell reduziert wird, aber die Bauern stemmen sich mit aller Macht gegen diese Entwicklung. Wie stark die kulturelle Identität in Gastein ausgeprägt ist, kann man daran sehen, dass kein Bauer Schwierigkeiten hat, eine Frau zu bekommen und dass die Betriebsnachfolge kein Problem darstellt – zwei kulturelle besonders aussagekräftige Indikatoren. (7)

Diese Situation basiert auf einer deutlichen Abgrenzung und Abschottung von der Freizeitgesellschaft und dem Tourismusbereich: Die meisten der einheimischen Vereine verschließen sich ganz bewusst gegenüber allen Fremden, und zwar sowohl gegenüber den Touristen als auch gegenüber den zahlreichen Zuzügern, die denn auch darüber klagen, dass sie noch nach Jahren als Fremde gelten. Damit existieren de facto zwei grundverschiedene Welten nebeneinander.

Ein volkskundliches Beispiel dafür: Im Gasteiner Tal existiert bei den Bauern noch der Brauch des »Frauentragens und Frauenbetens«: In der Adventszeit wird ein Mutter-Gottes-Bild von Hof zu Hof getragen, und die Nachbarn treffen sich jeweils, um gemeinsam vor diesem Bild zu beten. Einige der Bilder sind datiert und weisen ins 18. und frühe 19. Jahrhundert. Eigentlich weiß niemand, dass im Gasteiner Tal dieser Brauch existiert, weil er ganz bewusst heimlich ausgeübt wird, um eine touristische Überfremdung zu verhindern. Der alte Rektor der Volksschule in Bad Hofgastein, der seit Jahrzehnten in diesem Tal lebt, hat erst im Verlauf der 1980er-Jahre nach unendlich langer Vorbereitungszeit die Möglichkeit erhalten, diese Bilder zu fotografieren, und er hat darüber eine kleine, noch unpublizierte Dokumentation verfasst. Eine volkskundliche Analyse dieses Brauchs würde erst dann interessant und aufschlussreich werden, wenn man die Brauchtumsforschung in ihren sozialen Kontext, nämlich ins Zentrum des Massentourismus stellen würde.

Die kulturelle Identität der Bauern scheint mir im Großen und Ganzen gewahrt zu sein, und man findet hier oft sinnvolle und kreative Verbindungen zwischen alt und neu. Aber insgesamt gesehen spielen sie im Tal nur eine untergeordnete Rolle und werden von der Freizeit- und Tourismusgesellschaft nicht ernst genommen. Dadurch können sie nur in einem relativ engen Rahmen wirklich agieren, meistens sind sie gezwungen zu reagieren, und ihr Handeln ist stark eingeschränkt.

Die Bauern machen in Gastein nur noch fünf Prozent der Bevölkerung aus, die größte Mehrheit der Bevölkerung ist mehr oder weniger direkt vom Tourismus abhängig und damit einem äußerst harten Konkurrenzkampf ausgesetzt. Konsequenz daraus ist die Vereinzelung der Menschen untereinander.

Die Probleme stellen sich dabei in den drei Gemeinden unterschiedlich:

In Badgastein gibt es eine ausgeprägte Hotelkrise, weil die alten Gründerzeithotels nur mit extrem hohen Kosten modernisiert werden können und daher an Kapitalgesellschaften verkauft werden müssen.

In Hofgastein existieren noch zahlreiche mittelständische Betriebe, die heute kaum überlebensfähig sind und bei denen die Alternative lautet: Entweder fundamental modernisieren und in die entsprechende Größenklasse wachsen oder aufgeben. In Dorfgastein gibt es zahlreiche private Beherbergungsbetriebe (Privatzimmervermietung, kleine Pensionen), die aufgrund des Qualitätsstandards und der mangelnden Professionalität keine guten Zukunftsperspektiven haben.

Diese ökonomischen Strukturprobleme werden von den Betroffenen durchwegs als persönliches Versagen und individuelles Verschulden erlebt und individualistisch »verarbeitet«, das heißt verdrängt, wobei der emotionale Druck nach unten weitergegeben wird. Davon ist in erster Linie das Personal in den Hotels und Pensionen betroffen, das so schlecht behandelt wird, dass die hohe Fluktuation kontraproduktiv für den Betrieb wird. Zweitens ist davon die Familie betroffen, wobei die Frauen und die Kinder die Leidtragenden sind und das Familienleben völlig auf der Strecke bleibt. Daraus erwachsen zahlreiche Probleme wie Alkoholismus, Tablettenmissbrauch, Drogenkonsum, Entwicklungsstörungen bei Kindern. Darüber wird allerdings öffentlich nie gesprochen, es handelt sich um ein ausgeprägte Tabuthema, dessen bloße Erwähnung gesellschaftlich sanktioniert wird und das wissenschaftlich nicht einmal ansatzweise erforscht ist. Mit Ausnahme der Arbeiten des Psychiaters Gottlieb Guntern über Saas Fee sind mir dazu praktisch keine empirischen Arbeiten bekannt. (8) Hier käme der Volkskunde meines Erachtens eine wichtige Aufgabe zu.

Die Ursache dieser Probleme scheint mir darin zu liegen, dass der schnelle Wertewandel die Menschen überfordert und orientierungslos macht und dass sie dabei mit neuen sozio-ökonomischen Strukturen konfrontiert werden, durch die sie völlig überfordert werden. Die negativen Sachzwänge, in die sie geraten, machen diese Menschen zum ökonomischen Spielball, und die Tabuisierung und Individualisierung dieser Thematik verunmöglicht eine angemessene Reaktion darauf.

Hinzu kommt, dass die traditionellen Werte in der Konfrontation mit der modernen Welt ihre Überzeugungskraft verloren haben: Das den traditionellen Werten entsprechende Wirtschaften stellt sich als unökonomisch und unsinnig heraus, und die traditionellen Werte werden als Einschränkung und Behinderung der persönlichen Freiheit erlebt.

Die aktuelle Situation möchte ich mit allen Vorsicht so charakterisieren: Die ältere und mittlere Generation der Einheimischen ist noch den traditionellen Werten irgendwie verpflichtet, aber im Konflikt mit den Werten der Moderne orientierungslos geworden, kann beide Welten nicht verbinden und verdrängt diesen Konflikt. Dies ist allerdings nur unter Zuhilfenahme von Alkohol oder Tabletten lebbar. Die junge Generation bis hin zu den heute 25- bis 30-Jährigen ist dagegen bereits in einer Phase der Verunsicherung aufgewachsen und wurde von Beginn an mit den Widersprüchen konfrontiert. Die daraus resultierende Unsicherheit erschwert die Ausbildung einer Identität stark und führt häufig zu Betäubungs- und Fluchtversuchen.

Der scharfe Gegensatz zwischen traditionellen und modernen Werten macht es ausgesprochen schwer, zwischen ihnen zu vermitteln und beide Welten auf eine sinnvolle Weise miteinander zu verbinden. Entweder lässt man sich auf die neue Entwicklung und auf die neuen Werte ein, besitzt dann aber keinerlei Kritikmöglichkeit mehr, da die alten Werte nicht mehr zählen und allein der individuelle wirtschaftliche Erfolg den Maßstab abgibt. Oder man lehnt die moderne Welt in Bausch und Bogen ab und befindet sich dann schnell in einer Art Totalopposition gegen die moderne Entwicklung: Beide Einstellungen sind in einem Touristenzentrum heute nicht gut zu leben. Daraus erwächst oft eine Sprunghaftigkeit der Positionen und Handlungen, die zwischen völliger Anpassung und Totalopposition hin und her pendelt. Aus diesem Entweder-oder erwächst eine hemmungslose Adaption aller «städtischen», aller modernen Werte, denn man sieht deutlich, dass ohne eine moderne Wirtschaft (in diesem Fall also Tourismus) die Zukunft des Tals nicht gesichert werden kann. Dadurch sind die Entscheidungsträger auf die modernen Werte fixiert, ohne sie kreativ abwandeln und mit der konkreten Umwelt und Geschichte in Verbindung bringen zu können. Diese Fixierung ist so stark, dass ich sie ebenfalls als »Erstarrung« bezeichnen möchte, nämlich als Blockade und Abwehr gegenüber wirklichen Innovationen, gegenüber einer konstruktiven Verbindung von Tradition und Moderne.

Auch im Gasteiner Tal ist die Zukunftsentwicklung sehr stark von dieser kulturellen Dimension geprägt, und auch hier stellt sich die Frage, ob sich die Betroffenen produktiv, reproduktiv oder spekulativ verhalten. Allerdings kommt hier noch eine andere wichtige Dimension hinzu: Ein solches touristisches Tal zerfällt heute in zahlreiche konkurrierende Betriebe und verschiedene Wirtschaftsbereiche, die alle unterschiedliche Interessen verfolgen. Ohne ein gemeinsames Entwicklungskonzept und ohne eine gemeinsame Naturnutzungskonzeption werden die Widersprüche solcher Tourismusregionen so groß, dass sie selbstzerstörerische Effekte auslösen. (9) Und für die kulturelle Ebene bedeutet das, dass dem Aufbau eines neuen »Heimatgefühls«, einer neuen kulturellen Identität des Tales ein zentraler Stellenwert zukommt, um die Eigendynamik und die Eigeninteressen in einen gemeinsamen Kontext zurückzubinden.

Schluss

Der Einbruch der Moderne in den Alpenraum führt also zu zwei völlig entgegengesetzten Verhaltensmustern, nämlich zur »Erstarrung« als völliger Abwehr gegenüber der modernen Entwicklung und zur »Verdrängung« als haltloser Anpassung an sie. Ihre Gemeinsamkeit besteht darin, dass es beide Male nicht gelingt, Tradition und Moderne auf eine lebenswerte Weise zu verbinden.

Das heißt, dass die kulturelle Grundlage des Lebens, Wirtschaftens und Handelns im Alpenraum in Frage steht, sodass für ein verantwortliches Wirtschaften und Handeln oft die Grundlage fehlt. Soll die Entwicklung aber positiv gestaltet werden, so braucht es auch eine ausgeprägte kulturelle Identität, die selbstbewusst zwischen Tradition und Moderne vermittelt.

Ich möchte dies so formulieren: Die wirtschaftliche Entwicklung muss so gestaltet werden, dass sie zugleich »lebenswert« ist, das heißt im Prozess der Produktion muss die kulturelle Reproduktion gewährleistet sein, wenn die Entwicklung langfristig erfolgreich und »nachhaltig« sein soll.

Dazu zum Schluss noch einige Hinweise: Zwischen der modernen und der traditionellen Welt gibt es keinen einfachen Kompromiss, sondern man muss beide Welten sorgfältig daraufhin untersuchen, welche Werte jeweils positiv und welche jeweils negativ sind. Traditionelle positive Werte wären etwa der ausgeprägte Umweltbezug und eine Umweltverantwortung, soziale Gleichheit und Gerechtigkeit und die gemeinsame Art der Problembewältigung. Negative traditionelle Werte wären die patriarchalisch geprägte Familie und Gesellschaft, die Unterdrückung der Frau und der geringe Stellenwert für individuelle Entfaltung. Moderne positive Werte wären das hohe Maß an persönlichen Entwicklungsmöglichkeiten im Rahmen geringer gesellschaftlicher Rollenfixierungen. Negative moderne Werte wären die egoistische und individualistische Lebensführung, die Abwertung der sozialen Dimension sowie der fehlende Umweltbezug.

Man kann sich also bei der Neuorientierung der Werte weder auf die traditionelle noch auf die moderne Welt voll abstützen, und das bedeutet: Es gibt keine Zukunft für die Alpen ohne einen Bruch mit den negativen Werten sowohl der Tradition wie der Moderne. Eine lebenswerte kulturelle Identität kann nur aufgebaut werden, wenn man sich von den Selbstverständlichkeiten der Tradition und der modernen Welt freimacht, um jenseits von ihnen eine neue Verbindung zwischen Tradition und Moderne zu erarbeiten.

Dazu wären vor allem die beiden folgenden Schlüsselprobleme zu lösen:

- Wie lässt sich die persönliche Entfaltung mit der sozialen und ökologischen Verantwortung verbinden, ohne dass sich der einzelne völlig individualistisch verhält noch starr der Gemeinschaft unterworfen wird?
- Wie lassen sich die Werte der umweltgerechten Gestaltung der traditionellen Bergbauernwirtschaft auf die moderne, arbeitsteilige Welt im Alpenraum übertragen?

Ich habe den Eindruck, dass die Volkskunde hier wichtige Beiträge liefern könnte und dass bei einem Einbezug der Volkskunde die heutige Diskussion um die Zukunft der Alpen etwas weniger »technokratisch« ausfallen würde.

Anmerkungen

Bei diesem Text handelt es sich um das unpublizierte Manuskript eines Vortrags vor der Schweizerischen Gesellschaft für Volkskunde, Sektion Zürich, am 12. Dezember 1991. Die darin sichtbare Auseinandersetzung mit dem Fach Volkskunde zeigt sich auch darin, dass W.B. zusammen mit dem Volkskundler Klaus Anderegg im Jahr 1993 im Haupt Verlag (Bern) die ausgewählten Schriften des Zürcher Volkskundeprofessors Arnold Niederer herausgibt.

(1) Allerdings wurden diese neuen Zielsetzungen dann kaum in die Realität umgesetzt, und es dominierten weiterhin die traditionellen Maßnahmen der Infrastrukturförderung bis zum Beginn der Neuen Regionalpolitik im Januar 2008.

(2) An dieser Situation hat sich bis heute wenig geändert, und die interdisziplinäre Sichtweise ist heute deutlich weniger verbreitet als noch in den 1980er-Jahren. Dies hat Henning Meumann in seiner von W.B. betreuten Dissertation »Methodologische Grundprobleme der Inter- und Transdisziplinarität in der Alpen- und Kulturlandschaftsforschung« (Erlangen 2008) empirisch anhand von Expertengesprächen nachgewiesen.

(3) Hier hat es inzwischen zwar einige wichtige Impulse gegeben (zum Beispiel durch Bernhard Tschofen), aber insgesamt besitzt das Fach Volkskunde immer noch nicht die Bedeutung, die ihm eigentlich zukommen könnte.

(4) Diese Gedanken werden zehn Jahre später von W.B. aufgegriffen und weiter vertieft (siehe dazu den Beitrag in diesem Band zur »Alpenkultur«, S. 295).

(5) Hierbei bezieht sich W.B. auf den Aufsatz von Arnold Niederer »Die alpine Alltagskultur zwischen Routine und der Adoption von Neuerungen« aus dem Jahr 1979 (wieder abgedruckt in dem von W.B. herausgegebenen Sammelband der Niederer-Schriften).

(6) An dieser Situation hat sich bis heute, da in diesem Seitental nur noch drei Personen leben, nichts geändert.

(7) Dies hat sich bis heute nur wenig verändert, und auch der Beitritt Österreichs zur EU im Jahr 1995 hat zu keiner signifikanten Verschlechterung der Situation der Landwirtschaft in Gastein geführt.

(8) Dieses Defizit besteht bis heute.

(9) Siehe dazu in diesem Band »Nachhaltige Entwicklung des alpinen Tourismus« (S. 278).

Nachhaltigkeit aufgrund sozialer Verantwortung

Der Begriff der »nachhaltigen Nutzung« oder der »Nachhaltigkeit« stammt aus der Forstwirtschaft und bezeichnet dort eine Nutzungsform, die dem Wald nur so viel Holz entnimmt wie nachwächst, sodass der Waldbestand durch die Nutzung weder reduziert noch in seiner Struktur verändert wird. Im Jahr 1979 wurde dieser Begriff im Rahmen eines Symposiums der Vereinten Nationen zum ersten Mal in einem völlig neuen Sinne gebraucht, nämlich in Bezug auf die gesamte Weltwirtschaft, die analog zur Forstwirtschaft »nachhaltig« gestaltet werden sollte. Und die 1983 von den Vereinten Nationen gegründete »Brundtland-Kommission« stellte dann die Notwendigkeit einer weltweiten Strategie für eine »nachhaltige Entwicklung« ins Zentrum ihrer Überlegungen. Den bisherigen Höhepunkt der Diskussion um die Nachhaltigkeit bildete der »Erdgipfel«, die UNO-Konferenz für Umwelt und Entwicklung im Juni 1992 in Rio de Janeiro.

Wir haben also im vergangenen Jahrzehnt die Karriere eines forstwirtschaftlichen Spezialbegriffs zu einem politisch-wirtschaftlich-ökologischen Globalbegriff miterlebt, der immer umfangreicher und komplexer gefasst wird, sodass er mehr und mehr alle konkreten Konturen verliert. Aus diesem Grund geht diese Analyse der Nachhaltigkeit den umgekehrten Weg. Ich schränke diesen Begriff stark ein, indem ich frage: Was bedeutet »nachhaltige« Naturnutzung im Alpenraum, und wie kann sie hier konkret bestimmt und definiert werden?

Kulturlandschaft ökologisch stabiler

Die folgenden Aussagen basieren auf einer mehr als zehnjährigen Forschung im Alpenraum in zwei sehr unterschiedlichen Teilräumen, nämlich im Gasteiner Tal in Österreich als Beispiel einer typischen Tourismusregion und im Stura-Tal im Piemont in Italien als Beispiel für eine klassische strukturschwache Alpenregion. Diese beiden Täler markieren die Extreme der Alpenentwicklung im 20. Jahrhundert und decken somit die Bandbreite der jetzigen Situation gut ab.

Die Alpen waren im Naturzustand dem Menschen tendenziell feindlich und boten ihm nur sehr geringe Nutzungsmöglichkeiten an, und zwar aus zwei Gründen. Erstens bieten der vorherrschende Wald und die kleinen Alpflächen für die Viehwirtschaft geringe, für den Ackerbau keine Möglichkeiten; und zweitens ist den Naturprozessen in den Alpen oft eine »sprunghafte« Dynamik eigen (Hochwasser, Muren, Lawinen), die sich für den Menschen existenzbedrohend auswirkt.

Wollte sich der Mensch die Alpen als Lebens- und Wirtschaftsraum erschließen, so musste er ein Zweifaches tun: Er musste erstens in die vorgefundene Vegetation eingreifen und sie für seine Zwecke verändern (oft Waldrodungen), und zweitens die sprunghafte Naturdynamik verstetigen oder sie wenigstens dämpfen, um die Bedrohung zu reduzieren.

Das zentrale ökologische Problem für den Menschen bestand darin, dass die Rodung eines mit Wald bestandenen Hanges und seine Umwandlung in eine Wiese oder Weide die Naturdynamik erhöhte, also zu vermehrter Gefährdung durch Lawinen und Erosionen führte und daher kontraproduktiv war. Um diese selbstzerstörerischen Konsequenzen abzuwenden, entwickelten die bäuerlichen Gesellschaften vier Prinzipien im Umgang mit der alpinen Natur:

1. Der Mensch muss Nutzungsgrenzen akzeptieren (zum Beispiel einen Bannwald nicht roden), und zwar jeweils gemäß seinen wirtschaftlichen und technischen Möglichkeiten;
2. notwendig ist eine kleinräumige Gestaltung der menschlichen Nutzungen entsprechend der kleinräumigen Struktur der Naturlandschaft;
3. es muss das richtige Maß zwischen Über- und Unternutzung gefunden werden ebenso wie der richtige Nutzungszeitraum, damit sich die Vegetation bei der Nutzung gut regenerieren kann;
4. ist ein erhebliches Maß an Pflege- und Reparaturarbeit erforderlich, um die Kulturflächen zusätzlich zu stabilisieren.

Zwei Formen gesellschaftlicher Umweltkontrolle

Als Ergebnis erhalten wir die bäuerliche Kulturlandschaft, die in vielen Fällen dank menschlicher Arbeit ökologisch stabiler ist als die Naturlandschaft, deren Artenreichtum größer ist als im Naturzustand (Auflichtung und mosaikhafte Waldrodung schaffen neue Lebensräume für Pflanzen und Tiere; Einführung der Acker- und Ackerbegleitflora durch den Menschen), deren Landschaftsbild vielfältiger ist als im Naturzustand (die naturräumlichen Unterschiede werden vom Menschen betont und herausmodelliert) und deren Gestaltung als Synthese zwischen Natur und Kultur den Charakter von »Heimat« aufweist.

Diese vier Grundprinzipien nachhaltiger Landnutzung galten im Gasteiner wie im Stura-Tal. In beiden Tälern wäre es aber für Einzelne durchaus sinnvoll gewesen, diese Prinzipien nicht zu beachten, um daraus persönliche Vorteile zulasten der Allgemeinheit zu erzielen. Damit durch das egoistische Handeln Einzelner aber nicht die Lebensgrundlagen aller bedroht oder zerstört wurden, musste die strikte Befolgung der vier Prinzipien durch die Gesellschaft sichergestellt werden. Dabei haben sich in beiden Tälern zwei sehr unterschiedliche Formen entwickelt.

Im Valle Stura wurde die ökologische Verantwortung beziehungsweise Kontrolle der nachhaltigen Naturnutzung in erster Linie durch die »Kommune« organisiert, die in ihren Gemeindestatuten bestimmte Nutzungszeiten und -richtlinien einschließlich ihrer Überwachung genauestens festgelegt hatte. Dieses System gründete auf einer mit der Realteilung verbundenen egalitären Besitzstruktur; die einzelnen Bauernfamilien hatten alle etwa gleich viel Grund und Boden und daher auch gemeinsame Interessen, sodass die mit der nachhaltigen Naturnutzung verbundenen Nutzungseinschränkungen und Aufwendungen (vor allem Pflege- und Reparaturarbeiten im »Gemeinwerk«) auf alle Familien gleichermaßen aufgeteilt und als »gerecht« erlebt wurden. Dieses Prinzip finden wir in vielen alpinen Altsiedelräumen, also in Räumen, die bereits zur Römerzeit dichter besiedelt waren.

Im Gasteiner Tal lag dagegen die ökologische Verantwortung beim »Hof«, also beim Bauernhof, der hier eine selbständige Lebens- und Wirtschaftseinheit bildete. Alle Entscheidungen wurden aber nur vom Bauernehepaar getroffen, die ledigen Geschwister und die Dienstkräfte hatten dabei keine Mitsprache. Die Verantwortung für das nachhaltige Wirtschaften lag allein beim Bauern, der von Kind an sorgfältig auf diese Aufgabe hin erzogen wurde, nach der Maxime: »Gib den Hof so an deinen Sohn weiter, wie du ihn vom Vater erhalten hast!« Dies bedeutete, nicht von der Substanz des Hofes zu leben und keine kurzfristigen Vorteile durch Vernachlässigung der ökologischen Reproduktion zu erzielen, sondern seine persönlichen

Interessen denen des Hofes und seiner zukünftigen Generationen unterzuordnen. Dieses Prinzip finden wir in vielen alpinen Jung-siedelräumen, also in Räumen, die erst im Mittelalter dichter besiedelt wurden.

Definition der Nachhaltigkeit

Da der Mensch zum Zweck der Lebenssicherung in die Natur eingreifen und sie verändern muss und da mit diesen Naturveränderungen große Gefährdungen für ihn verbunden sind, ist nachhaltiges Wirtschaften ein solches Handeln, das die mittel- und langfristigen Auswirkungen seiner Natureingriffe kennt und berücksichtigt. Aufgrund der Komplexität der Natur und ihrer oft sprunghaften Dynamik ist aber die vollständige Berücksichtigung aller Naturveränderungen nicht möglich; der geschichtliche Rückblick macht jedoch deutlich, dass es den Bauerngesellschaften in den Alpen möglich war, ihre relative Berücksichtigung zu gewährleisten, nämlich aufgrund ihrer langen Naturerfahrung die wichtigsten Konsequenzen ihrer Natureingriffe kontrollieren zu können. Daraus lassen sich heute drei Indikatoren für die nachhaltige Landnutzung ableiten.

Die ökologische Stabilität der Kulturlandschaft muss so groß sein, dass keine natürlichen oder anthropogen ausgelösten Prozesse wie Lawinen, Muren, Hochwasser die menschlichen Lebensgrundlagen gefährden. Zur Analyse dieser anthropogen orientierten Stabilität bedarf es der Zusammenarbeit zahlreicher naturwissenschaftlicher Einzeldisziplinen, weil die einzelnen Naturfaktoren in der Regel stark miteinander vernetzt sind. Hier besteht meines Erachtens noch ein größerer Forschungsbedarf, weil die Interaktionen zwischen den Medien Wasser, Boden, Luft, Vegetation oft noch zu wenig bekannt sind, wie das Phänomen des sogenannten Waldsterbens zeigt. Die Fruchtbarkeit des Bodens und die Produktivität der bewirtschafteten Pflanzengesellschaften müssen langfristig gesichert sein, was in der Regel mit einer ausgeprägten Artenvielfalt verbunden ist.

Hinzu kommt ein sozialwissenschaftliches Kriterium: Es muss eine stabile Gesellschaft am Ort vorhanden sein, die in der Lage ist, die vier Grundprinzipien nachhaltiger Landnutzung auch mittels gemeinsamer Umweltverantwortung verpflichtend durchzusetzen.

Wie lässt sich mit diesen Kriterien die Nachhaltigkeit des heutigen Wirtschaftens in den beiden Tälern nun bewerten? Im 50 Kilometer langen Tal der Stura di Demonte in den Südwestalpen lebten 1871 22000 Menschen, heute sind es weniger als 5000. Die gesamte Wirtschaft und Kultur bricht in diesem Tal zusammen, und es gibt kaum Tourismus, keine Industrie, keine modernen Arbeitsplätze. Damit verbunden ist ein starker Rückzug der Landnutzung, und große Flächen werden gar nicht mehr oder nur noch sehr extensiv genutzt. Heute meint man oft, dass diese Entwicklung »für die Natur« positiv wäre und daher auch für die Nachhaltigkeit gut sei. Wie zuvor herausgearbeitet, setzt nachhaltiges Wirtschaften aber voraus, dass die Menschen davon leben können, und da dies hier nicht mehr der Fall ist, kann man in diesem Tal auch nicht mehr von einer nachhaltigen Naturnutzung sprechen. Die Aufgabe der Nutzung ist aber auch mit ökologischen Problemen verbunden. Die Artenvielfalt und die ökologische Stabilität der Kulturlandschaft verringern sich, sodass auch aus dieser Sicht nicht von einer nachhaltigen Naturnutzung gesprochen werden kann.

Kulturelle Erstarrung und Atomisierung der Gesellschaft

Die Ursachen für diesen Zusammenbruch liegen nicht in natürlichen Voraussetzungen, denn das Stura-Tal weist sehr günstige Voraussetzungen für Land- und Alpwirtschaft und für den Tourismus auf. Dass diese ökonomischen Möglichkeiten nicht ergriffen werden, liegt an einem spezifischen soziokulturellen Phänomen, nämlich dem der »Erstarrung«, wie es in ähnlicher Form von Schweizer Volkskundlern im Wallis beschrieben wurde.

Die Menschen im Stura-Tal lehnen die moderne Welt vollständig ab und versuchen ihre traditionelle Welt dadurch zu retten, dass sie jede Modernisierung ablehnen. Das bedeutet aber nicht, dass sie lediglich passiv beim Alten bleiben, sondern sie ergreifen aktiv alle Möglichkeiten, die es ihnen erlauben, die traditionellen Strukturen zu stärken, wie zum Beispiel als Arbeiterbauer ein Zusatzeinkommen zu erzielen, um die eigene Landwirtschaft nicht verändern zu müssen. Diese »selektive Innovationsfähigkeit«, die für viele strukturschwache Alpentäler typisch ist, bringt immer wieder Regionalplaner, Landwirtschaftsberater und Politiker zur Verzweiflung, weil alle Versuche, lebensfähige Wirtschaftsstrukturen aufzubauen, scheitern und sogar ökonomische Vorteile abgelehnt werden, wenn sie mit kulturellen Veränderungen verbunden sind. Die entscheidende Ursache für die mangelhafte Nachhaltigkeit im Stura-Tal liegt also im kulturellen Bereich, beim Phänomen der Erstarrung.

Im Gasteiner Tal im Land Salzburg in den Ostalpen sieht die Lage völlig anders aus. Die Bevölkerung hat sich in den letzten hundert Jahren verdreifacht, und durch den Aufbau einer touristischen Infrastruktur (17 000 touristische Betten bei 13 000 Einheimischen) werden völlig neue wirtschaftliche Möglichkeiten erschlossen. Dabei öffnete sich dieses Tal bereits früh nach außen und führte von innen heraus Modernisierungen durch. Es ist auffällig, dass viele Protagonisten dieser Entwicklung, die meist aus dem Tal selbst stammten, den traditionellen Werten der Nachhaltigkeit in neuen Formen weiterhin verpflichtet blieben, so wie es ähnlich auch in Grindelwald festgestellt wurde.

Lange Zeit gelang es im Gasteiner Tal, die moderne Entwicklung nachhaltig zu gestalten, indem das bäuerliche Erfahrungswissen im Naturumgang innovativ auf den Tourismusbereich übertragen wurde. Dies ist nicht selbstverständlich, wurde doch auf mögliche ökonomische Gewinne verzichtet Die Protagonisten handelten also gegen ein enges, rein betriebswirtschaftliches Denken, weil sie auf innovative Weise den traditionellen Werten verpflichtet waren.

Folgen der europäischen Entwicklung

In den letzten dreißig Jahren wird diese Entwicklung aber immer stärker von außen gestört:

- Die europäische Agrarentwicklung setzt die Berglandwirtschaft trotz allen Subventionen so stark unter Druck, dass ein nachhaltiges Wirtschaften auch in Gastein nicht mehr möglich ist;
- die Freizeitbedürfnisse entwickeln sich ständig weiter, sodass laufend neue und größere Infrastrukturen für den Tourismus gebaut werden müssen, die immer weniger nachhaltig gestaltet werden können;
- durch das starke Bevölkerungswachstum seit 1955 und die große Zahl von Zuzügern, die im Tal heute oft führende Positionen einnehmen, geht der traditionelle Zusammenhalt der Bevölkerung verloren; und durch die Vielfalt der modernen Entwicklung entsteht eine Vielzahl divergierender Interessen – damit geht eine zentrale Voraussetzung nachhaltigen Wirtschaftens, die gemeinsame Umweltverantwortung, verloren.

Die Ursache des Rückgangs nachhaltigen Wirtschaftens in Gastein liegt also nicht in Gastein selbst, sondern in der nichtnachhaltigen europäischen Wirtschafts- und Gesellschaftsentwicklung, die von außen in das Tal einwirkt. Allerdings müssen wir auch feststellen, dass dieses Tal in den 1970er- und 1980er-Jahren nicht mehr wie früher als Gemeinschaft auf diese Herausforderung reagiert und daher sein nachhaltiges Wirtschaften nicht mehr aktiv verteidigen kann. Beim Verlust der gemeinsamen Umweltverantwortung kommt dem gesellschaftlichen Bereich eine Schlüsselfunktion zu.

Zentrale Ursache für den Verlust des nachhaltigen Wirtschaftens ist in beiden Tälern also die europaweite Veränderung von Wirtschaft und Gesellschaft, wodurch die meist nachhaltigen Wirtschaftsformen der Agrargesellschaft zerstört werden, ohne dass die Industriegesellschaft eine neue Form der Nachhaltigkeit ausbildet. Allerdings läuft dieser Prozess nicht unmittelbar ab, sondern er wird durch die gesellschaftliche Dimension jeweils auf eine spezifische Weise verändert.

Neue wirtschaftliche Rahmenbedingungen nichtnachhaltiger Art führen nicht automatisch zur Einstellung der traditionellen Wirtschaftsweisen, sondern – wie im Beispiel des Stura-Tals – zur Blockierung der modernen Entwicklung, selbst um den Preis der eigenen Zukunftslosigkeit, oder – wie im Beispiel des Gasteiner Tals – zu einer nachhaltigen Modernisierung.

Gesellschaftliche Voraussetzungen zentral

Dieses Ergebnis ist deshalb wichtig, weil man heute oft meint, wirtschaftliche Anreize beeinflussten das Verhalten der Menschen ganz direkt. Dies stimmt jedoch nur dann, wenn die gemeinsamen soziokulturellen Strukturen und Werte zerfallen sind, wenn sich die Gesellschaft atomisiert hat und wenn auch das Individuum seine kulturelle Identität verloren hat.

Für die nachhaltige Gestaltung des Wirtschaftens folgt daraus, dass neben der Umgestaltung der Wirtschaft – Internalisierung der Umweltkosten – der bewussten Umgestaltung der gesellschaftlichen

Rahmenbedingungen ein zentraler Stellenwert zukommt. Dazu drei Punkte: Nachhaltiges Wirtschaften ist nur dann möglich, wenn die damit verbundenen Einschränkungen und Pflichten sozial gerecht und auf demokratische Weise auf die gesamte Bevölkerung verteilt werden.

Nachhaltiges Wirtschaften betrachtet Natur und Umwelt nicht als beliebig vernutzbares Material, sondern als von früheren Generationen geschaffene Lebensgrundlage, als »Heimat«, die auch für künftige Generationen zu erhalten ist; dies ist die Grundlage für die gemeinsame Umweltverantwortung jenseits aller Einzelinteressen.

Ohne politische und rechtliche Sanktionsmöglichkeiten kann ein nachhaltiges Wirtschaften nicht durchgesetzt werden, aber diese Sanktionen benötigen ihrerseits eine gemeinsame Umweltverantwortung in sozial gerechten und demokratisch legitimierten Strukturen als Grundlage.

Anmerkung

Bei diesem Text handelt es sich um die gekürzte Fassung des Habilitationsvortrages von W.B. vor der Naturwissenschaftlichen Fakultät der Universität Bern im Februar 1993. Seine Habilitation ist eine sogenannte »kumulative Habilitation« (eine Sammlung von verschiedenen Texten, darunter das *Alpen*-Buch von 1991 und der Sammelband *Die Alpen im Europa der neunziger Jahre*), für die er einen bilanzierenden Synthesetext mit dem Titel »Nachhaltige Naturnutzung im Alpenraum. Erfahrungen aus dem Agrarzeitalter als Grundlage einer nachhaltigen Alpenentwicklung in der Dienstleistungsgesellschaft« erarbeitet (Publikation in H. Franz (Hrsg.), *Gefährdung und Schutz der Alpen*, Wien 1994, S. 15–51, Österreichische Akademie der Wissenschaften, Veröffentlichungen der Kommission für Humanökologie Band 5). In diesem Text verwendet er zum ersten mal den Begriff »nachhaltig«, der kurz zuvor auf dem »Erdgipfel« von Rio de Janeiro allgemeine Popularität erhalten hatte, weil die systematische Vernetzung der Bereiche Wirtschaft – Gesellschaft – Umwelt seiner eigenen Konzeption sehr nahe kommt (vergleiche dazu in

diesem Band »Mensch-Natur-Beziehung am Beispiel des Alpenraumes«,
S. 68 und »Vom verhindernden zum gestaltenden Umweltschutz«, S. 99).
W.B. ist damit einer der ersten Wissenschaftler, die mit diesem neuen
Begriff systematisch arbeiten.

Der Habilitationsvortrag gründet auf dem genannten bilanzierenden Text,
konzentriert ihn aber sehr stark auf die zentralsten Aussagen. Dieser
Vortrag wurde insgesamt dreimal abgedruckt: Zuerst in der *Neuen Zürcher Zeitung* Nr. 54 vom 6/7. März 1993 auf Seite 21 (Rubrik »Zeitfragen«),
und diese Fassung wird hier reproduziert. Dann wurde er jeweils in mo-
difizierter Form in der Zeitschrift »Spektrum der Wissenschaft« (Heidelberg) vom Januar 1994 auf Seite 20–23 und in den »Mitteilungen des
Deutschen Alpenvereins« (München) 46/1994, Heft 3 auf Seite 198–200
publiziert. Damit handelt es sich um den Artikel von W.B. mit der höchsten Gesamtauflage.

Das neue Bild der Alpen

Alle Aussagen, die Wissenschaftler und Journalisten bisher über den Alpenraum und seine Entwicklung machten, basierten auf mehr oder weniger groben Schätzungen. Dafür gibt es zwei Gründe: Erstens kann man keine »regionalen« Zahlen verwenden, weil dabei sehr häufig alpine und nichtalpine Gebiete zusammengefasst sind (zum Beispiel: Bundesland Salzburg, Kanton Bern, Region Piemont; gleiches gilt auch für Landkreise, Bezirke, Departements und Provinzen). So ist man gezwungen, sich auf die Gemeindeebene zu bewegen – aber bislang schreckte jeder vor dem Dschungel der knapp 6000 Alpengemeinden in sieben verschiedenen Staaten zurück. Und zweitens machte die Alpenabgrenzung große Probleme, weil jeder Staat »sein« Alpengebiet auf andere Weise definierte und daher keine einheitliche Grenzziehung existierte. Im Rahmen eines dreijährigen Forschungsprojektes am Geographischen Institut der Universität Bern erarbeitete ich eine Analyse des gesamten Alpenraumes auf Gemeindeebene. Es entstand ein neues Alpenbild, das viele Überraschungen bereithält.

Gegenläufige Bevölkerungsentwicklung in den Alpen

Bisher war zwar bekannt, dass es neben Alpengebieten mit starkem Bevölkerungswachstum auch solche mit starker Entvölkerung gab, aber man wusste nicht, in welchem Verhältnis beide zueinander standen. Die Gemeindeanalyse bringt jetzt folgendes überraschende Ergebnis: In der Zeit zwischen 1870 und 1990 wächst die Bevölkerung der Alpen zwar von sieben auf elf Millionen Menschen, aber dieses, im europäischen Vergleich gesehen, schwache Wachstum setzt sich aus zwei völlig gegenläufigen Entwicklungen zusammen: 43 Prozent aller Alpengemeinden erleiden seit 1870 einen Bevölkerungsrückgang von durchschnittlich 44 Prozent – also fast eine Halbierung ihrer Einwohnerzahl! Zehn Prozent aller Alpengemeinden verzeichnen in diesem Zeitraum eine Stagnation, und in den restlichen 47 Prozent ist seit 1870 ein Bevölkerungswachstum von durchschnittlich 136 Prozent zu beobachten, also mehr als die Verdoppelung der einstigen Einwohnerzahl.

Der Alpenraum zerfällt, statistisch gesehen, in zwei fast gleich große Hälften, deren eine verödet und deren andere stark boomt. Die neu erarbeitete Karte – die erste thematische Alpenkarte auf Gemeindebasis überhaupt – zeigt die räumliche Verteilung der Entvölkerungs- und Wachstumsgemeinden im Detail:

Einen großen Wachstumsraum finden wir in den westlichen Ostalpen, etwa zwischen Alpenrhein und Pyhrn, also in Liechtenstein, Bayern, Westösterreich (Vorarlberg, Tirol, Salzburg, Teile von Kärnten) und in Südtirol. Die Ursachen dafür sind recht unterschiedlich: Liechtenstein etwa lebt aufgrund günstiger Steuersätze sehr stark von internationalen Dienstleistungsfirmen. In den Bayerischen Alpen überlagert sich das Feriengebiet mit dem Naherholungsraum der Metropole München, woraus ein besonders starkes Bevölkerungswachstum folgt. Die westösterreichischen Alpen profitieren in erster Linie von der Ost-West-Verlagerung der österreichischen Wirtschaft seit 1955, als der Zentralraum Wien plötzlich am Eisernen Vorhang in Abseitsposition rutscht. Darüber hinaus spielt in Westösterreich aber auch der Tourismus eine »flächenhafte« Rolle, die durch bestimmte staatliche Rahmenbedingungen (etwa für Privatzimmervermietung, Bankenkontrolle durch den

Staat) gefördert wird. In Südtirol schließlich sorgten die heftigen politischen Kämpfe um das Autonomiestatut dafür, dass Bergflucht und Abwanderung aus der Landwirtschaft und aus ländlichen Räumen lange Zeit nicht stattfanden.

Ein großflächiger Entleerungsraum liegt dagegen in den Südwestalpen, etwa südlich der Linie Annecy-Aosta-Lago Maggiore, also in den Alpen Piemonts, Aostas und Liguriens sowie in den südfranzösischen und in großen Teilen der nordfranzösischen Alpen. Die auf der Karte zu erkennenden »Inseln« in diesem Raum sind Gemeinden in tiefen Tallagen (Isère, Durance), Regionalzentren (Grenoble, Gap, Digne) oder große Skistationen (Tigne, Isola). Allgemein können wir in dieser ganzen Alpenregion stark ausgeprägte Verödungsprozesse verzeichnen: Über 600 Gemeinden haben hier seit 1870 mehr als zwei Drittel ihrer Bevölkerung verloren; darunter befinden sich auch alle 27 Alpengemeinden mit einem Bevölkerungsrückgang von über 90 Prozent. Die am stärksten entsiedelten Alpenregionen sind die Drôme-Alpen, wo 28 Gemeinden 1990 weniger als 50 Einwohner besaßen und wo wir die allerkleinsten Alpengemeinden antreffen: Rochefourchat mit zwei (!) Einwohnern, Aulan, Ison, Laux-Montaux und La Bâtie mit je sechs bis acht Einwohnern. An zweiter Stelle folgt der Alpenraum der Provinz Cuneo in den südlichen Cottischen Alpen, wo ich mich für den Weitwanderweg GTA (Grande Traversata delle Alpi) engagiere, dessen Existenz die totale Abwanderung etwas bremsen soll. Ursache dieses Zusammenbruchs sind fehlende oder ungenügende Berggebietsförderungen in Frankreich und Italien, aber auch die Lage dieses Teils der Alpen in einem großräumig strukturschwachen Umfeld, sodass vom Alpenrand aus fast keine positiven Einwirkungen ausgehen.

Der gesamte übrige Alpenraum, also die schweizerischen, slowenischen, ostösterreichischen, mittel- und ostitalienischen Alpen, zeigt eine stärker oder schwächer ausgeprägte Mosaikstruktur von Wachstums- und Entvölkerungsgemeinden und -regionen. Zumindest für die Schweiz verwundert dieses Ergebnis, denn die schweizerische Berggebietsförderung ist ja die beste und umfassendste im gesamten Alpenraum, sodass man hier eigentlich ein besseres Abschneiden vermutet hätte. Man darf aber nicht vergessen, dass die Schweiz – ganz im Gegensatz zu Österreich – ein »liberaler« Staat ist, der bewusst sehr wenig ins Wirtschaftsgeschehen eingreift (große Freiheiten für Bauindustrie, Banken), was zu wirtschaftlichen Konzentrationen führt. Die Berggebietsförderung kann diese Nachteile nicht ausgleichen. Hinzu kommt, dass wir im Wallis, im Tessin und in Graubünden die »romanische« Berglandwirtschaft antreffen (kleine Betriebe mit hoher Besitzzersplitterung), die im 20. Jahrhundert im Gegensatz zur »germanischen« Berglandwirtschaft der Nord- und Ostalpen (große Betriebe, oft arrondierte Flächen) ganz besonders schlecht dasteht und kaum modernisiert werden kann.

Analysiert man jetzt diese Bevölkerungsentwicklung nach den jeweiligen Gemeindegrößen und Höhenlagen, dann erhält man wiederum ein erstaunliches Ergebnis: Das stärkste Wachstum verzeichnen die Gemeinden mit mehr als 10 000 Einwohnern im Jahr 1990, also die Städte (Verdreifachung ihrer Bevölkerung seit 1870) sowie die Gemeinden mit 5000 bis 10 000 Einwohnern (Verdoppelung): Ohne diese großen Gemeinden hätte die übrige Alpenbevölkerung seit 1870 stagniert!

Schlüsselt man die Bevölkerungsentwicklung nun noch nach Höhenstufen auf, dann stellt man fest, dass das größte Wachstum im Bereich zwischen 30 und 499 Metern stattfand – also in den tief gelegenen Tälern und Talbecken, die man oft gar nicht mehr zu den Alpen zählt, die aber von der Alpenkonvention ganz richtig dem Alpenraum zugerechnet werden (Rhone bis Martigny, Rhein bis Vaduz,

Ticino bis Biasca, Adda bis Sondrio, Etsch bis Meran, Teile des Klagenfurter Beckens). Das bedeutet: Die Bevölkerungsentwicklung des Alpenraums wird im 20. Jahrhundert in erster Linie von den großen Städten und den tiefen Tallagen bestimmt; der Tourismus spielt dabei allein im Raum Westösterreich-Bayern-Südtirol eine größere Rolle.

Da dies dem bislang üblichen Alpenbild widerspricht, habe ich alle 109 Gemeinden der Höhenstufe 1500 bis 2042 Meter gesondert untersucht, weil diese nach gängiger Meinung *alle* touristisch erschlossen seien. Ergebnis: Lediglich 36 dieser Gemeinden weisen seit 1870 ein Bevölkerungswachstum auf – und dies sind ausnahmslos Tourismusgemeinden –, aber zehn Gemeinden verzeichnen eine Stagnation und 63 sogar einen Rückgang. Es kann also keine Rede davon sein, dass der gesamte Alpenraum »im oberen Stockwerk« touristisch erschlossen wäre.

Die Entwicklungstypen im Alpenraum

Die Analyse der Bevölkerungsentwicklung zeichnet also ein neues Alpenbild, aber sie kann die Ursachen dafür nicht ausreichend erklären. Dazu bedarf es einer ausführlicheren Analyse der Wirtschaftssituation auf Gemeindeebene. Der Alpenraum wird im Rahmen der europäischen Industrialisierung zur »Peripherie« degradiert. Die wirtschaftlichen und politischen Machtzentren konzentrieren sich immer stärker in den Agglomerationen, in den großen Zentren, und die Wirtschaftspotenziale der Alpen – Landwirtschaft, Forstwirtschaft, Salz- und Erzgewinnung – werden ökonomisch entwertet. Für die Industriegesellschaft sind die Alpen bloß noch ein Verkehrshindernis und ein Raum, in den diejenigen Funktionen ausgelagert werden, für die in den Ballungsräumen kein Platz mehr ist (Erholung, Naturschutz, Trinkwasser, Wasserkraft, Deponien, militärische Übungsplätze).

In meinem Alpenbuch hatte ich diese Entwicklung detaillierter dargestellt und anhand zahlreicher Beispiele illustriert. Im Rahmen meines neuen Forschungsprojektes ging es mir nun darum, diese qualitativen Erkenntnisse für die Gemeindeebene quantitativ umzusetzen, also die einzelnen Alpengemeinden einem bestimmten Entwicklungstyp – Agrar-, Industrie-, Tourismus-, Pendlergemeinde, Zentrum – zuzuordnen. Natürlich ist dies in drei Jahren nicht für alle Alpengemeinden möglich gewesen. Daher habe ich vier sehr unterschiedliche Alpenregionen mit 280 Gemeinden exemplarisch ausgewählt. Es sind diese: Die Alpen der Provinz Cuneo (strukturschwache Alpenregion mit Industrialisierung am Alpenrand), das Berner Oberland (agrarisch-touristische Alpenregion mit rand- und inneralpinem Zentrum), die Region Visp-Leuk im Wallis (industriell geprägte Alpenregion mit touristischen Zentren) und die Bezirke Pongau und Lungau im Land Salzburg (stark touristisch geprägte Region).

Da diese vier Regionen die Bandbreite der vielfältigen Entwicklung des gesamten Alpenraums gut abdecken, kommt dem Ergebnis eine erhebliche Repräsentativität zu. Zu den Entwicklungstypen:

Agrargemeinden sind im Jahr 1980 bereits recht selten, und sie verschwinden bis 1990 zum größten Teil. Die Landwirtschaft im Alpenraum befindet sich in einer stark ausgeprägten Existenzkrise!

Industriegemeinden sind 1980 wesentlich zahlreicher, als man vermutet hätte, aber auch sie gehen bis 1990 erheblich zurück. Die Bedeutung der Industrie ist wesentlich größer, als man oft meint. In den gesamten italienischen Alpen stellt sie sogar 49 Prozent aller Arbeitsplätze.

Tourismusgemeinden (Gemeinden mit touristischer Monofunktion) sind 1980 und 1990 wesentlich seltener, als man meint, und sogar im Pongau – einer der touristisch am stärksten erschlossenen

Alpenregionen überhaupt – sind sie nicht flächendeckend ausgeprägt. In den vier Untersuchungsregionen machen die Tourismusgemeinden nur neun Prozent aller Gemeinden aus, weitere 14 Prozent weisen noch einen gewissen Tourismus auf, aber 32 Prozent aller Gemeinden besitzen gar keinen Tourismus.

Pendlergemeinden sind überraschenderweise 1980 der häufigste Entwicklungstyp, und ihre Zahl wächst bis 1990 sehr stark an: In den gesamten Schweizer Alpen verdoppelt sich die Anzahl der Pendlergemeinden während dieser zehn Jahre; und die 23 Alpengemeinden, die seit 1870 ihre Bevölkerung mehr als verzehnfachen, sind fast alle Pendlergemeinden!

Zentren, also städtisch geprägte Gemeinden mit einer Funktion für ihr Umland, sind zwar nicht sehr häufig, aber ihre Bevölkerung ist oft sehr groß. Die wenigen Gemeinden dieses Typs prägen die Alpenregionen immer stärker, indem viele Pendlergemeinden von ihnen abhängig werden.

In dieser Analyse wird ein neues Bild der alpinen Entwicklung nach dem Zweiten Weltkrieg sichtbar:

Erstens wird in der Zeit von 1955 bis 1980 die eine Hälfte des Alpenraums durch Industrie, Tourismus und boomende Städte aufgewertet, während in der anderen Hälfte die Landwirtschaft immer bedeutungsloser wird, ohne dass sich hier neue Wirtschaftsformen entwickeln.

Zweitens bricht seit 1980 die Landwirtschaft überall fast vollständig zusammen, die Industrie geht stark zurück, und der Tourismus stagniert; dafür wachsen jetzt überall die Städte und die Pendlergemeinden stark an: Der alpine Wachstumsraum verstädtert immer mehr, während der Rückgangsraum gleichzeitig total zu veröden beginnt.

Politische Gegensteuerung?

Die Berggebietsförderung war bislang alpenweit von dem Grundsatz geprägt, alle Gemeinden auf gleiche Weise zu unterstützen. Angesichts der großen Unterschiede im Alpenraum ist diese Art der Förderung aber heute nicht mehr sinnvoll. Sie muss durch »regionsspezifische« Maßnahmen abgelöst werden, denn eine Tourismusregion hat andere Probleme als eine agrarisch, industriell oder städtisch geprägte Alpenregion. Dies betrifft auch die Alpenkonvention, deren Protokolle auf diese Weise differenziert werden müssen, wenn sie der komplexen Realität in den Alpen gerecht werden wollen.

Anmerkung

Nach dem Abschluss seiner Promotion im Dezember 1989 geht es W.B. darum, seinen anschließenden Forschungsschwerpunkt festzulegen. Eigentlich wollte er weiterhin wie bisher im Grenzbereich zwischen Mensch und Umwelt (akademisch: im Grenzbereich zwischen Natur- und Sozialwissenschaften oder im Grenzbereich zwischen Physischer Geografie und Kulturgeografie) arbeiten, aber dies wird am Institut in Bern in Hinblick auf die zu beantragenden Forschungsgelder als wenig erfolgreich angesehen. Er wählt daher als neues Forschungsvorhaben ein Thema aus dem Bereich der Kulturgeografie, nämlich die erstmalige Analyse der Alpen auf Gemeindeebene nach ausgewählten demografischen und wirtschaftlichen Aspekten, wofür ihm in seiner Berner Zeit insgesamt drei Forschungsprojekte bewilligt werden. Die Ergebnisse werden in zwei Monografien und mehreren wissenschaftlichen Aufsätzen veröffentlicht und bringen völlig neue und teilweise spektakuläre Erkenntnisse über die Alpen, weshalb sie eine große Öffentlichkeitswirksamkeit – Zeitungs- und Rundfunkberichte – erzielen. Im Nachhinein kann man feststellen, dass W.B. damit eine neue Maßstabsebene in die Alpenforschung einführt, die heute inzwischen zum Standard geworden ist.
Der hier abgedruckte Text ist eine allgemeinverständliche Zusammenfassung der wichtigsten Ergebnisse, die in der Zeitschrift *Der Bergsteiger* (München) in Heft 4 vom April 1994 auf Seite 67–73 abgedruckt wurde und die im Jahr 1995 von der AlpAction (Genf) mit dem »Prix Media

Reuters« in der Rubrik »schreibende Presse« ausgezeichnet wurde. Der Abdruck erfolgt ohne die Farbfotos und die farbige Alpengemeindekarte, die den Text illustrieren. Die hier genannten Ergebnisse werden im Beitrag auf S. 224 (»Der Alpenraum zwischen Verstädterung und Verödung«) weiter ausdifferenziert.

Fünfzehn Jahre Erfahrung mit einem exemplarischen »Ökotourismus«-Projekt

Da es in Europa wenige funktionierende Beispiele für einen »sanften«, »alternativen«, »anderen« oder »Ökotourismus« gibt, taucht seit Jahren immer wieder der Hinweis auf den piemontesischen Weitwanderweg Grande Traversata delle Alpi (GTA) auf. Da dieses Projekt inzwischen seit 15 Jahren existiert, sind hier wertvolle Erfahrungen angefallen, die für ähnliche Projekte nützlich sein können, auch wenn eine *direkte* Übertragung nicht möglich ist: Das GTA-Projekt wird auf den ersten Blick durch viele unkalkulierbare Zufälle geprägt. Man muss sich auf dieses »Chaos« einlassen, um zu verstehen, dass hinter diesen Zufällen doch eine gewisse »Logik« steckt. Diese wird am Schluss dieses Beitrags herausgearbeitet und ihre Kenntnis dürfte für ähnliche Projekte sehr hilfreich sein.

Zur Konzeption der GTA

In den Südwestalpen bricht seit 1850 die gesamte Wirtschaft und Kultur zusammen. Da die französische Tourismus- und Regionalpolitik an diesen Räumen lange Zeit kein Interesse hatte und sich allein auf die Wintersportzentren und die Nationalparks konzentrierte, entstand aus dem abgelegenen Queyras heraus die Idee einer »Grande Traversée des Alpes«, eines Weitwanderweges durch die gesamten französischen Alpen vom Genfersee zum Mittelmeer mit Übernachtungsmöglichkeiten im Abstand von Tagesetappen in Bauerndörfern, damit der ökonomische Ertrag vor Ort verbleibt. Die Idee, die sich an den in Frankreich sehr beliebten Weitwanderwegen, den Sentiers de Grande Randonnée (G.R.) orientierte, wurde ab 1971 realisiert und war bald sehr erfolgreich. (1)

Im benachbarten italienischen Piemont, wo man vor den gleichen Problemen stand, verfolgte man diese Initiative sehr aufmerksam. Als sich ihr Erfolg abzeichnete, gingen verschiedene Menschen, die sich für die Alpen engagierten (Journalisten, Schriftsteller, Bergführer, Buchhändler) daran, etwas Vergleichbares zu realisieren. Obwohl in Italien seit der zweiten Hälfte der 1960er-Jahre sehr erfolgreiche Höhenwege (»Alte vie«) in den Dolomiten und später auch im Aosta-Tal entstanden, griffen sie bewusst die französische Idee von Etappenunterkünften in Bergbauerndörfern (franz. »Gîte d'étape«, ital. »Posto tappa«) auf, um den Ertrag des Weges wortwörtlich im Dorf zu lassen und teure und ökologisch problematische Neubauten in der empfindlichen Höhenregion zu vermeiden. Das Ziel war, die Betreiber einer noch bestehenden Gastwirtschaft, eines Restaurants oder eines kleinen Hotels zu motivieren, ein Massenlager einzurichten und den GTA-Wanderern Verpflegung anzubieten. Gab es solche Strukturen in einem Dorf nicht mehr, wurden leer stehende Schulen oder Gemeindehäuser als einfachste Posti tappa genutzt.

Die Wegführung wurde so gewählt, dass die wenigen Tourismuszentren dieser Region umgangen und der Weg nur durch strukturschwache Regionen geführt wurde. Bei der Wegauswahl wurde darauf geachtet, keine neuen Wege anzulegen, sondern die GTA auf die Alm- und Saumwege oder auf die alten Militärstraßen zu legen, die aber oft erst mühsam wieder hergerichtet werden mussten. Damit wurde ein doppeltes ökologisches Ziel erreicht: Der Weg ist gegen Trittschäden unempfindlich (festes Wegbett, teilweise gepflastert) und oft durch Buschreihen und Steinmauern gegenüber der Flur abgegrenzt (wenig Flurschäden durch Wanderer, die den Weg abschneiden oder verlassen). Und die Besucher werden auf diese Weise dazu angeregt, die alpine Umwelt aus der Perspektive der Bergbauern wahrzunehmen, denn die alte Wegführung ist Ausdruck und Teil der traditionellen Landnutzung; die üblichen touristischen Wanderwege, die sich an der Aussicht oder an Einkehrmöglichkeiten orientieren, können gerade diese Erfahrungen nur sporadisch vermitteln.

Weiterhin ist die Weganlage so konzipiert, dass die GTA durch fast alle Naturschutzgebiete der piemontesischen Alpen führt, um auf diese Weise ihre meist wenig nachgefragten Angebote eines »sanften« Tourismus zu stärken.

Ziel der GTA ist es, durch den Aufbau eines dezentralen, sozial- und umweltverträglichen Wandertourismus die weitere Entvölkerung dieser Alpentäler zu stoppen. Das zentrale Element der GTA ist ihre »komplementäre Multifunktionalität«: Die Betreuung einer GTA-Unterkunft soll kein Haupterwerb sein, sie lässt sich aber ideal mit den verschiedensten Aktivitäten (Restaurant-, Hotelbetrieb, Führen eines Lebensmittelladens oder Bauernbetriebes, Zuerwerb für Familienmitglieder) kombinieren, und der GTA-Betrieb fördert unmittelbar lokale Wirtschaftsvernetzungen. Mit einer solchen Stärkung der lokalen Wirtschaftspotenziale – die oft noch vor Ort vorhanden sind, aber wegen Unternutzung beziehungsweise mangelnder Nachfrage keine Zukunft haben – soll der Abwanderungsdruck reduziert, die Funktion der Alpen als Lebens- und Wirtschaftsraum der Einheimischen gestärkt und ihre kulturelle Identität gekräftigt werden.

Beim Aufbau der GTA orientierte man sich an den in Piemont existierenden Strukturen der Regional- und Berggebietspolitik. Die

Basis-Träger der GTA sind die Gemeinden und die »Comunità montane« (Berggebietsregionen, unterste Ebene der italienischen Berggebietspolitik), durch die die GTA führt. Sie sind zuständig für die Wegführung und den Wegunterhalt, und sie sollen darüber hinaus die GTA in ihre gesetzlich vorgeschriebenen »sozio-ökonomischen Entwicklungsprogramme« einbeziehen, um eine verantwortungsbewusste umwelt- und sozialverträgliche Gesamtentwicklung der Alpentäler zu gewährleisten. Damit sind die Voraussetzungen gegeben, dass das GTA-Projekt auch Gelder aus der staatlichen und europäischen Regionalförderung erhalten kann.

Auf der nächst höhern Verwaltungsstufe sollen die vier Provinzen (Cuneo, Torino, Vercelli, Novara) dafür sorgen, dass die GTA einen entsprechenden Stellenwert in der Entwicklungsplanung der Provinzen erhält und dass die GTA aus dem Provinzhaushalt Geldmittel erhält. Auf der Ebene der Region Piemont schließlich sollen die Provinz-Aktivitäten koordiniert werden. In Turin wurde 1979 als Dachorganisation für die gesamte GTA der Verein »Associazione GTA« gegründet, der die Aufgabe hat, Werbung und Öffentlichkeitsarbeit für die gesamte GTA durchzuführen, als öffentliche Informationszentrale für alle Auskünfte zur Verfügung zu stehen und für die Koordination aller dezentralen GTA-Aktivitäten zu sorgen.

Mit dieser dezentralen Struktur und der bewussten Einbindung der GTA in die Entwicklungsplanungen auf den verschiedenen politischen Ebenen entspricht das GTA-Projekt allen Anforderungen einer »endogenen Regionalpolitik«. Und da Wegverlauf und Infrastruktur sowie die übergeordneten Ziele bewusst an sozial- und umweltverträglichen Kriterien ausgerichtet werden, kann man hier zu recht von einem exemplarischen Konzept eines »Ökotourismus« sprechen.

Die Entwicklung in Piemont 1979–1995

1979 wurden mit großem publizistischen Echo die ersten sechs Etappen eingeweiht, wobei die gesamte italienische Alpenpresse das Projekt begeistert feierte. Bis 1985 wurden jedes Jahr neue Etappen eröffnet, allerdings in einer chaotischen Reihenfolge, die sich nach den lokalen Gegebenheiten und Schwierigkeiten richtete. 1985 war dann die GTA mit 55 Etappen vom Anzasca-Tal/Walliser Alpen bis in die Ligurischen Alpen am Mittelmeer einschließlich verschiedener Parallel- und Rundwanderwege (insgesamt 70 Etappen) fertig.

Wenn man die Innovationsabwehr dieser Alpenregionen kennt und weiß, dass zahlreiche vorbildliche und ökonomisch attraktive Aufwertungsprojekte kläglich scheiterten, dann stellt dieser zügige Aufbau der GTA eine Sensation dar: Dies liegt daran, dass Aufbau und Betreuung eines GTA-Posto tappa innerhalb der traditionellen Familienwirtschaft als ergänzende Tätigkeit erfolgen kann und dabei deren latente Überkapazitäten (Gebäude, Arbeitskraft) sinnvoll genutzt werden. Deshalb hat die Einrichtung eines Posto tappa auch in keinem einzigen Fall einen fremden Investor angezogen. Größtes Problem der Anfangszeit war es, dass man nicht überall dort, wo es vom Wegverlauf her nötig gewesen wäre, auch einen engagierten Einheimischen fand, sodass Kompromisse gewählt wurden (Überredung von Personen, die daran eigentlich nicht interessiert waren), was eine Hypothek für die kommenden Jahre darstellte.

Ein noch größeres Problem entstand aber aus spezifisch italienischen Urlaubsgewohnheiten: Die Italiener – ganz im Gegensatz zu den Franzosen – wandern nicht oder kaum, und schon gar nicht von Ort zu Ort. (2) Werbung für die GTA bedeutete daher, zuerst einmal Werbung für das Wandern überhaupt zu machen. Die Associazione GTA wurde dabei zwar von allen Alpenzeitschriften unterstützt, aber diese verlangten für ihre Berichte jeweils *neue* Wegabschnitte und erwähnten die vom letzten Jahr überhaupt nicht mehr.

Die italienischen Wanderer ließen sich durch die begeisterten Darstellungen motivieren und kamen tatsächlich zum Wandern auf die GTA – aber immer nur auf die jeweils neuen Etappen. Dies veranlasste die Associazione GTA, jedes Jahr mittels Anlage von Rund- und Parallelwegen möglichst viele neue GTA-Etappen zu eröffnen und einen neuen Wanderführer zu publizieren, um die GTA im Gespräch zu halten. Das Ende dieser verfehlten Politik kam 1986: Die GTA war mit 70 Etappen für die vorhandenen Geldmittel viel zu groß geworden, eine Reihe von Posti tappa musste wegen Mangel an Betreuung geschlossen werden oder funktionierte miserabel, und darüber hinaus blieben jetzt, nach Fertigstellung der GTA, die Zeitschriftenberichte und damit auch die italienischen Wanderer aus. Das mit so großer Euphorie und so vielen Vorschusslorbeeren gestartete Projekt schien gescheitert.

Lange Jahre tat sich dann von italienischer Seite wenig oder gar nichts auf der GTA. Im Sinne einer sinnvollen Konzentration der vorhandenen Mittel auf wenigstens *eine* durchgehende Route gab die Associazione GTA zahlreiche Parallel- und Rundwanderwege im Süden auf. Dies sorgte wenigstens dafür, dass *ein* durchgehendes Wanderangebot aufrechterhalten, die GTA-»Idee« also nicht zerstört wurde. Am unbefriedigenden Anfang und Ende der GTA wurde jedoch nichts geändert, obwohl dies jahrelang angekündigt worden war: sowohl die erste als auch die letzte GTA-Etappe sind mit öffentlichen Verkehrsmitteln derzeit mühsam oder gar nicht zu erreichen; dabei wäre es relativ leicht, die GTA beide Male an internationalen Bahnlinien beginnen beziehungsweise enden zu lassen, sodass man gleich vom Bahnhof aus loswandern könnte. (3)

Anfang der 1990er-Jahre fanden in der Associazione GTA Vorstandsneuwahlen statt, und zwar ausgerechnet am 15. August, dem höchsten italienischen Feiertag, also de facto unter Ausschluss der Öffentlichkeit: Der seitdem verantwortliche dreiköpfige Vorstand engagiert sich nicht nur nicht für die GTA, sondern blockt sogar alle Versuche von außerhalb aktiv ab, die GTA aufzuwerten.

Im Herbst 1992 gab es – zur Überraschung aller Beteiligten – eine neue Initiative von unten: Die Comunità montana Valle Maira hatte die neuen Perspektiven, die die GTA bot, erkannt und eröffnete einen Rundwanderweg in ihrem Tal (»Sentiero di valle« beziehungsweise »Percorsi occitani« genannt) mit 14 Etappen, der nach den GTA-Grundsätzen angelegt wurde. Wegen der Probleme mit der Associazione GTA führte die Comunità montana dieses Projekt eigenständig durch und wählte auch bei der Weganlage eine GTA-unabhängige Variante; trotzdem ergänzen sich beide Wege auf eine sehr gute Weise. Und zur noch größeren Überraschung aller fand der Maira-Rundwanderweg bereits im ersten Jahr eine große Nachfrage im deutschsprachigen Raum, was sich auch auf die GTA positiv auswirkte.

Die Unterstützung der GTA von Deutschland aus

Im Jahr 1977 entdeckte ich die damals in Deutschland unbekannten piemontesischen Alpen und war von ihnen so begeistert, dass ich fortan jedes Jahr dorthin fuhr. Im Jahr 1978 durchwanderte ich in drei Monaten mit dem Zelt die Ligurischen, See-, Cottischen und Grajischen Alpen, wobei ich sehr häufig die Route der späteren GTA benutzte. Während dieser Wanderung stieß ich das erste Mal auf das GTA-Projekt und setzte mich mit der Associazione GTA in Verbindung. Aus Überzeugung für dieses Projekt führte ich im Auftrag der Associazione GTA in den Jahren 1984, 1985 und 1987 Pressekampagnen im deutschsprachigen Raum durch und veröffentlichte GTA-Artikel in verschiedenen Alpenzeitschriften, sodass die GTA in einschlägigen Kreisen bald eine gewisse Bekanntheit erreichte. (4)

Auf dieser Grundlage entwarf ich ein Konzept für einen deutschsprachigen Wanderführer in zwei Bänden, der längere Abschnitte über Natur, Geschichte, Kultur und gegenwärtige Probleme dieser Region enthielt, um ein Verständnis für diese so fremde Alpenregion zu wecken. Den Grundsatz »Man sieht nur, was man weiß« hatte ich selbst auf zahllosen Wanderungen in diesen Tälern immer wieder erfahren, und ich versuchte jetzt, dies mittels des Führers weiterzugeben. 1986 erschien der erste Teil (Der Norden), 1989 der zweite Teil (Der Süden).

Im Laufe der Zeit begeisterte das GTA-Konzept weitere Menschen in Deutschland, die sich dafür in Form von Vorträgen, Zeitungsberichten, Zeitschriftenartikeln, Fernsehbeiträgen und geführten Wanderungen einsetzten. Die größte Unterstützung fand die GTA jedoch in Gert Trego und dem von ihm aufgebauten »Archiv für Langstreckenwandern e.V.«, das ab 1989 die zentrale Informationsstelle für die GTA im deutschsprachigen Raum wurde. Tregos Verlag der Weitwanderer gab auch die deutschsprachigen GTA-Führer heraus. Da Gert Trego als Pensionär professionell, aber ehrenamtlich arbeitete, konnte das GTA-Projekt sehr effizient unterstützt werden. Dies wäre in kommerziellen Strukturen nicht möglich gewesen.

Im Jahr 1992 wurde dann der Durchbruch erzielt: Wanderer aus Deutschland, den Benelux-Ländern, der Schweiz und Österreich wurden auf der GTA so zahlreich, dass viele Posto-tappa-Betreuer wieder anfingen, an die Zukunft der GTA zu glauben. Genaue Übernachtungszahlen für die GTA sind grundsätzlich nicht zu erhalten, weil dieser Wirtschaftszweig – wie viele andere in Italien – als »Schattenwirtschaft« betrieben wird, aber es dürfte sich um mehrere hundert Personen pro Jahr handeln, die in der Mehrzahl ein bis zwei Wochen auf der GTA wandern. Dies sind zwar keine gewaltigen Zahlen, aber sie sind hoch genug, um in dieser strukturschwachen Region spürbare wirtschaftliche Impulse auszulösen.

Mit der verstärkten Nachfrage entstanden aber auch neue Probleme: Kommerziell geführte Gruppen belegten die oft kleinen GTA-Unterkünfte vollständig, sodass für Einzelwanderer nur noch provisorische Schlafplätze übrigblieben beziehungsweise sie in manchen Fällen sogar abgewiesen wurden: Da die GTA von Einzelwanderern und nicht von den (relativ wenigen) Gruppen lebt, ist diese Entwicklung kontraproduktiv.

Ein weiteres Problem mit Gruppen besteht darin, dass manche Gruppen nicht in den Tälern selbst, sondern in den Kleinstädten am Alpenrand übernachten, die Wanderer mit dem Bus tagtäglich zur Wanderung hin und zurückfahren und sich dabei nur bestimmte »Rosinen-Touren« herauspicken. Solche Gruppen hinterlassen in den Tälern nichts weiter als ihren Müll und ihre Busabgase und können durch ihre »Rosinenpickerei« auch nicht den GTA-spezifischen Landschaftsbezug herstellen, sodass es sich um eine sozial- und *umweltunverträgliche* GTA-Nutzung handelt. Ein sanftes Tourismusprojekt kann auch »unsanft« genutzt werden.

Das zweite Problem, das durch die stark steigende Zahl der GTA-Wanderer jetzt auftrat, bestand darin, dass verschiedene GTA-Unterkünfte nur sechs, acht oder zehn Übernachtungsplätze haben und damit schnell zu klein waren. Zum Ferienbeginn großer deutscher Bundesländer gab es daher am Beginn der GTA im Norden einige Engpässe. Glücklicherweise gelang es in enger Zusammenarbeit mit den zuständigen Institutionen in Piemont diese Probleme teilweise verblüffend unbürokratisch zu lösen. (5)

GTA-Bilanz: Die Umsetzung eines exemplarischen »Ökotourismus«-Projektes

Die bisher dargestellten Probleme zeigen, dass theoretisch vorbildliche Konzepte durch Schwierigkeiten in der Umsetzung leicht scheitern können. Zusammenfassend lassen sich folgende Bewertungen (6) festhalten:

1. *Aufbau der GTA-Infrastruktur und Stärkung endogener Potenziale vor Ort in umwelt- und sozialverträglichen Formen:*

    Dieser Punkt ist nach 15 Jahren weitgehend realisiert, und die damit verbundenen Ziele und Erwartungen sind erfüllt, auch wenn der *direkte* ökonomische Ertrag kaum messbar ist. Insbesondere ist darauf hinzuweisen,

    –   dass die Posti tappa überall von der angestrebten »richtigen« Zielgruppe betreut werden (meist Einheimische, gelegentlich Rückkehrer aus der Stadt in die Alpentäler), sodass der Ertrag wirklich in den Tälern verbleibt;

    –   dass die GTA durch strukturschwache Alpentäler führt und dass bei der Wegführung auch später keine Kompromisse eingegangen wurden;

    –   dass der Versuchung widerstanden wurde, zur Steigerung der touristischen Attraktivität der GTA auf neuen Teilstücken den Charakter einer »Alta via« zu geben; diese Gefahr besteht gerade bei Erfolgen der GTA immer wieder, und es ist keineswegs selbstverständlich, dass dies bislang nicht realisiert wurde;

    –   dass die konkrete Wegführung durch Nutzung der traditionellen Weginfrastruktur wirklich umweltverträglich und kulturell besonders interessant gestaltet wurde, auch wenn damit erhebliche körperliche Anstrengungen für die Wanderer verbunden waren.

2. *Stärkung lokaler Wirtschaftskreisläufe und Stärkung der kulturellen Identität:*

    Der zweite Teil kann aufgrund zahlreicher Beobachtungen als realisiert bezeichnet werden – sehr viele Einheimische sind stolz darauf, dass so viele Menschen von so weit her kommen, um gerade in ihren »vergessenen Tälern« Urlaub zu machen.

Anstelle der Tourismusmüdigkeit großer Tourismuszentren steht hier noch die kulturelle Bereicherung durch »Gäste« und gegenseitigen Austausch im Zentrum. Was die Stärkung lokaler Wirtschaftskreisläufe betrifft, so gibt es darüber kaum Informationen, insbesondere nicht zum Einkaufsverhalten der Posto-tappa-Betreiber. Was auffällt, ist aber die Tatsache, dass sie nicht sehr häufig auf die Herkunft ihrer Lebensmittel hinweisen und sich im Restaurant auch wenig um besondere Qualitätsprodukte oder ein regionaltypisches Angebot bemühen. Hier sind noch erhebliche Defizite, aber auch ökonomische Potenziale vorhanden.

3. *Aufbau einer dezentralen GTA-Struktur und Einbezug der GTA in die zuständigen politischen Strukturen:*

Dies muss als gescheitert bewertet werden, auch wenn es dabei einzelne positive Erfahrungen gibt. Die dezentrale GTA-Struktur wurde durch die Arbeit der Associazione GTA anfangs gefördert, dann aber behindert, wobei die Ursachen in gesamtitalienischen Faktoren liegen dürften (Krise des gesellschaftlichen und politischen Systems). Die Einbeziehung der GTA in die sozio-ökonomischen Entwicklungspläne der Comunità montane hat nicht funktioniert, weil die betroffenen Vertreter diese Möglichkeit nicht erkannt haben. Ähnlich sieht es auf der Provinz-Ebene aus, wo allein die Provinzregierung Cuneo die GTA dauerhaft aktiv unterstützt hat – allerdings realisierte sie gleichzeitig Tourismusprojekte wie die »Strada intervalliva« (Asphaltierung der alten Militärstraßen, die bis in die Alm- und Gipfelregion führen und ihre Öffnung für den privaten Ausflugsverkehr), die die GTA *direkt* stören und entwerten, sodass von einem Einbezug in einen größeren Zusammenhang eigentlich keine Rede sein kann. Am negativsten ist die Behandlung der GTA durch die Regionsregierung Piemont, die die GTA in der piemontesischen Tourismuswerbung im In- und Ausland in allen 15 Jahren nicht erwähnt, und die zweitens keinerlei Anstrengungen macht, die vier betroffenen Provinzen zu einem gemeinsamen GTA-Handeln zu motivieren.

4. *Aufbau eines umweltverträglichen Tourismus mit dem Ziel der Umweltbildung:*

Bezogen sich die ersten drei Punkte auf die Anbieter, so zielt dieser Punkt auf die Nachfrager, also die GTA-Wanderer. Zu einem umweltverträglichen Tourismus gehört nicht nur ein entsprechendes Angebot, sondern auch der Urlaub selbst darf nicht ein beliebig austauschbares Konsumgut sein: Erst wenn die körperliche und geistige Regeneration und das Interesse am Kennenlernen neuer »Welten« (als zwei legitime Urlaubsgrundbedürfnisse) mit einem bewussten Erleben von Natur verbunden werden, kann man von einer wirklichen Umweltverträglichkeit sprechen. Das Wanderkonzept der GTA bietet dafür ideale Voraussetzungen, indem man beim Wandern sich selbst, seinen eigenen Körper und Geist in Wechselwirkung mit der Natur unmittelbar wahrnimmt (Bezug zur eigenen Natur des Menschen) und zugleich immer wieder mit Natur als »Landschaft« (vom Menschen gestaltete und veränderte Natur) konfrontiert wird. Es ist zwar schwer zu überprüfen, inwieweit dieses Ziel auch tatsächlich erreicht wurde, aber es gab in all den Jahren viele Briefe von Wanderern, die berichten, wie sie auf der GTA »sehen« gelernt und damit ein vertieftes Umweltverständnis erhalten haben.

5. *Aufbau eines sozialverträglichen Tourismus in Form einer respektvollen, gleichberechtigten Kommunikation zwischen Anbietern und Nachfragern:*

Auf der GTA treffen zwei verschiedene Welten direkt aufeinander, womit erhebliche Konfliktpotenziale verbunden sind. Schon die italienischen GTA-Führer brachten gezielt Hinweise zum richtigen Verhalten im Gebirge, denn der normale italienische Städter verhält sich als Ausflügler sehr oft »kolonialistisch« (Parken des PKW mitten in der Wiese, Blumenpflücken aus privaten Gärten, überhebliches Verhalten gegenüber Einheimischen). Mit dem Rückgang der italienischen und dem Anwachsen der deutschsprachigen Wanderer verschwand dieses Konfliktpotenzial weitgehend auf der GTA, weil sich diese Besucher in der Regel in der ihnen fremden Region betont zurückhaltend und verständnisvoll verhielten. Wenn man sich das Verhalten deutscher Urlauber anderswo im Ausland ansieht, dann ist diese Situation keineswegs selbstverständlich und dürfte unmittelbar mit der GTA-Konzeption zusammenhängen.

Fasst man die fünf Punkte zusammen, muss man feststellen, dass die vorbildliche GTA-Konzeption heute an der Basis in der beabsichtigten Weise funktioniert, dass die höheren Ebenen jedoch gar nicht oder nur in Ausnahmefällen funktionieren.

Der Beitrag der GTA zum »Naturschutz durch Naturgenuss«

Im dicht besiedelten Europa, wo es schon seit Jahrhunderten keine wirklichen Naturlandschaften mehr gibt, ist der Gegenstand des Naturschutzes nicht »die Natur«, sondern menschlich veränderte Natur, also Kulturlandschaft. Und in den strukturschwachen Regionen Europas, in denen moderne Intensivnutzungen fehlen, ist die Hauptaufgabe des Naturschutzes weniger die Verhinderung von Naturzerstörung durch neue Nutzungen als vielmehr das Engagement für die Erhaltung der traditionellen Kulturlandschaften, deren ökologische und landschaftliche Vielfalt durch Nutzungseinstellung und Verwilderung gefährdet ist.

Das GTA-Projekt ist dafür ein wichtiger Baustein, weil es sozial- und umweltverträglich strukturiert ist, wichtige regionalwirtschaftliche Verflechtungen ermöglicht und die endogenen Wirtschaftspotenziale der Region stärkt. Erst diese drei Punkte in ihrer Gesamtheit – und nicht bloß die konkrete umweltverträgliche Ausgestaltung im Einzelnen – machen dieses Projekt zu einem exemplarischen Ökotourismusprojekt. Der Tourismus stärkt hier also vermittels höherer wirtschaftlicher Wertschöpfung *direkt* das nachhaltige Wirtschaften in der Region und damit *indirekt* den Naturschutz. Indem Einheimische dadurch bessere Lebensperspektiven erhalten, sinkt die Akzeptanz von exogen initiierten Groß- und Spekulationsprojekten, womit *indirekt* Naturzerstörung verhindert wird.

Die klassische Gefahr solcher Ökotourismusprojekte, nämlich zu große Menschenmengen in attraktive, aber sensible Naturräume zu holen, wird bei der GTA auf dreifache Weise vermieden:

1. Das GTA-Projekt konzentriert sich nicht auf die relativ kleinen Naturschutzgebiete, sondern führt durch die gesamten Südwestalpen (Dezentralisierungseffekt).

2. Die Übernachtungen finden im Dauersiedlungsraum, nicht in der sensiblen Almregion statt, und die Wegführung erfolgt auf den traditionellen befestigten Weganlagen (Konzentration und Kanalisierung der touristischen Nutzung auf ökologisch weniger empfindliche Teilbereiche).

3. Die körperlichen Anforderungen (Bergwanderung mit erheblichen Höhenunterschieden) und die fehlenden »Sehenswürdigkeiten« (»sehenswert ist, dass es keine Sehenswürdigkeiten gibt«, und: »Man sieht nur, was man weiß«) üben eine starke Filterfunktion aus, die große Besucherzahlen abschreckt – und zwar ohne Verbote, sondern lediglich durch die spezifische Angebotsgestaltung!

Zu einem Ökotourismusprojekt gehört aber nicht bloß die Angebots-, sondern auch die Nachfrageseite. Die Erfahrungen auf der GTA haben gezeigt, dass es auch sozial- und *umweltunverträgliche*

Nutzungen von sozial- und umweltverträglichen Strukturen gibt. Um ein angemessenes Verhalten der Nachfrager zu erreichen, steht bei der GTA die persönliche, unmittelbare Naturerfahrung in zweifacher Weise im Zentrum: Die Erfahrung des eigenen Körpers in Wechselwirkung mit der Natur beim Wandern, und das Erleben alpiner Natur vermittels der traditionellen bäuerlichen Infrastruktur. Beides führt dazu, dass die GTA-Wanderer fast unmerklich dazu motiviert werden, sich mit Natur, ihrem Naturbild und mit den ablaufenden Naturveränderungen in der durchwanderten Landschaft auseinanderzusetzen. Auch hier gilt wieder, dass dieses Ziel fast von selbst durch die spezifische GTA-Struktur und nicht durch aufgesetzte Didaktik-Programme erreicht wird, sodass eine »falsche« Nutzung der GTA ein eher seltenes Faktum bleibt.

Durch die GTA wird den meist aus Städten kommenden Wanderern eine Naturerfahrung vermittelt, bei der Natur als Kulturlandschaft und die Verwilderung einer Landschaft durch den Rückzug des Menschen nicht als Idylle erscheint. Mit dieser Naturwahrnehmung werden tendenziell falsche, romantisierende Naturbilder (»städtische« Naturbilder) zerstört, die für den Naturschutz in Industriestaaten große Blockaden darstellen. Die GTA kann auf diese Weise über den Urlaub hinaus *indirekt* Impulse für einen besseren Naturschutz in den Ballungsräumen vermitteln.

Prinzipielle Erkenntnisse für einen Ökotourismus aus der Sicht der GTA

Die Punkte eins bis drei sind aus der Sicht der Anbieter, die Punkte vier bis sechs aus der Sicht der Nachfrager formuliert.

1. Es gibt keine überall anwendbaren Patent-Konzepte, sondern jedes Projekt muss einzeln sorgfältig auf seine jeweils spezifische Umwelt und Umgebung abgestimmt werden. Das GTA-Konzept

zeigt exemplarisch, welche Schwierigkeiten es macht, es von Frankreich nach Italien zu übertragen, selbst dann, wenn die lokal-regionale Situation ganz ähnlich ist.

2. Mit einem »sanften« Tourismusprojekt verbindet sich normalerweise die Vorstellung eines kleinen Mitteleinsatzes und einer relativ einfachen und schnellen Realisierung. Das ist falsch: Der Vorteil, der durch geringe Investitionen entsteht, muss durch eine sehr intensive und langwierige sozio-kulturelle Arbeit kompensiert werden.

3. Die Konzeption eines solchen Projektes verlangt eine intensive Vernetzung ökonomischer, sozio-kultureller und ökologischer Aspekte, weil andernfalls eine ökonomische Aufwertung endogener Potenziale in umwelt- und sozialverträglicher Form nicht möglich ist – zum Schaden der Einheimischen, der kulturellen Identität, der sozialen Gerechtigkeit oder der Umwelt. Neben dieser horizontalen Vernetzung verlangt ein solches Projekt seine systematische vertikale Einbindung in die jeweiligen regionalpolitischen Strukturen, damit seine positiven Auswirkungen nicht durch andere gegenläufige Entwicklungen zunichte gemacht werden.

4. Der Erfolg eines solchen Projektes bei den Nachfragern steht und fällt mit seiner Konzeption: Wenn es nach außen nicht unmissverständlich und eindeutig inhaltlich überzeugend wirkt, dann hat es keine Chance, auf dem riesigen Markt der Angebote (von denen sich viele mit »Öko-« und sonstigen Titeln schmücken) wahrgenommen zu werden beziehungsweise dort eine Marktnische zu finden. »Überzeugend« bedeutet dabei, dass der ökonomische Ertrag dieses Projektes sichtbar zur Lösung der Probleme der Region in umwelt- und sozialverträglicher Form beiträgt und dass durch dieses Projekt gleichzeitig die bestehenden Urlaubsbedürfnisse in umwelt- und sozial-verträglichen Formen gedeckt werden.

5. Zur Realisierung eines solchen Projektes braucht es eine gezielte Vermittlung zwischen den beiden Welten der Angebotsregion (meist strukturschwache, ländliche, periphere Regionen) und der Nachfrageregion (meist Städte/Agglomerationen). Das setzt Personen voraus, die *beide* Welten gut kennen. Ohne solche Vermittler kann die teuerste Werbung nicht effizient sein, und ein Ökotourismusprojekt steht und fällt mit solchen Personen.

6. Für die Öffentlichkeitsarbeit und Vermarktung eines solchen Projektes bedarf es einerseits einer hohen Professionalität (sonst wird das Angebot in unserer überinformierten Mediengesellschaft kaum wahrgenommen), andererseits passt ein solches Projekt nicht in die bestehenden professionellen Tourismusstrukturen, die vom Primat des Verkaufens eines austauschbaren Freizeitproduktes geprägt sind. Es wirft deshalb selbst nicht genügend Mittel ab, um professionelle Arbeit auch professionell zu bezahlen. Zur Lösung dieses sehr heiklen Problems gibt es keine Patentrezepte; bei der GTA spielte eine entscheidende Rolle, dass es verschiedene Personen mit professionellen Qualifikationen gab, die sich aus inhaltlichen Gründen voll und über viele Jahre hinweg für die GTA engagierten. Eine solche Motivation dürfte einen Schlüsselfaktor für ein Ökotourismusprojekt darstellen.

Fasst man alle Punkte zusammen, kann man feststellen, dass der Erfolg eines solchen Projektes einerseits von seiner inhaltlich überzeugenden Konzeption, andererseits von seiner langfristigen, professionell organisierten Betreuung in der Region selbst sowie gegenüber den Nachfragern abhängt. Weder ein großes, aber unprofessionelles Engagement, noch ein hoher Geldeinsatz alleine reichen aus – man braucht statt dessen eine ausgeklügelte Balance zwischen Engagement und Professionalität, um einem solchen Projekt auch zu einem ökonomischen Erfolg zu verhelfen.

Anmerkungen

Seit 1984 engagiert sich W.B. für den Weitwanderweg GTA (siehe in diesem Band »Ein Projekt des sanften Tourismus in den italienischen Alpen«, S. 37), was er in diesem Text auf grundsätzliche Weise reflektiert. Der Text erschien in folgendem Sammelband: Ludwig Ellenberg, Birgit Beier, Marion Scholz (Hrsg.), *Ökotourismus. Reisen zwischen Ökonomie und Ökologie*, Heidelberg/Berlin/Oxford 1997, Seite 109–117. Eine wesentlich ausführlichere Fassung erschien in der Zeitschrift *Der Weitwanderer* (Oldenburg) in den Heften 1–3/1996; diese Fassung steht als Download im Internet zur Verfügung (Publikation Nr. 81: www.geographie.uni-erlangen.de/wbaetzing/)

(1) Weil die französische GTA fast nur Franzosen anspricht, ist sie außerhalb Frankreichs bis heute nicht bekannt. Erst 2008 erscheint mit dem Wanderführer *Zu Fuß von Genf nach Nizza* von Philipp Bachmann (2 Bände, Rotpunktverlag) der erste Wanderführer in deutscher Sprache (abgesehen von einer schmalen Broschüre von Sven Deutschmann, 2001).

(2) Dieses Argument wurde von Luisa Vogt im Rahmen ihrer von W.B. betreuten Dissertation über die GTA inzwischen modifiziert: Die piemontesischen Alpen gelten in Italien nur als Ausflugsregion für die Bewohner der nahen Poebene, nicht jedoch als Urlaubsregion mit einer überregionalen Anziehungskraft.

(3) Zusammen mit seinem Mitarbeiter Michael Kleider hat W.B. dies später so geändert, dass die GTA-Führer ab 2003 Verlängerungen der GTA im Norden und Süden beschreiben (auf markierten Wegen, jedoch nicht auf GTA-Wegen), deren Endpunkte mit öffentlichen Verkehrsmitteln sehr gut zu erreichen sind.

(4) Der in diesem Band auf S. 184 ff. wiedergegebene Beitrag ist einer der Texte, die in diesem Rahmen entstanden.

(5) Die lange Krankheit von Gert Trego und sein Tod im Februar 2001 brachten große Probleme mit sich, indem die zentrale Informationsstelle für die GTA in Deutschland wegfiel. Dies führte zu einem spürbaren Rückgang von Wanderern auf der GTA. Erst im Jahr 2003 konnte eine neue Struktur aufgebaut werden: Die GTA-Führer erscheinen seitdem im Rotpunktverlag in Zürich, und Michael Kleider, der bei W.B. Geografie studiert und seine Examensarbeit über die Kleinstadt Dronero im Maira-Tal geschrieben hat, engagiert sich seitdem für die Aktualisierung und Weitergabe der zahllosen Änderungen, die permanent mit der GTA verbun-

den sind, sowie für die Öffentlichkeitsarbeit. Seitdem funktioniert die GTA wieder auf eine befriedigende Weise. Seit dem Jahr 2000 wird mit der »Via Alpina« ein alpenweites System von Weitwanderwegen aufgebaut, in das auch die GTA einbezogen wird (www.via-alpina.org). Dies stellt eine relevante Aufwertung der GTA dar, die derzeit aber die Nachfrage noch nicht signifikant erhöht hat.

(6) In ihrer Dissertation mit dem Titel *Regionalentwicklung peripherer Räume mit Tourismus? Eine akteur- und handlungsorientierte Untersuchung am Beispiel des Trekkingprojektes Grande Traversata delle Alpi* (Erlangen 2008, Erlanger Geographische Arbeiten, Sonderband 38) hat Luisa Vogt die folgenden fünf Punkte und weitere für die GTA wichtige Sachverhalte empirisch auf eine sehr detaillierte Weise untersucht.

Die Landwirtschaft in den Alpen

Jeder Bergsteiger und Bergwanderer, der mit offenen Augen in den
Alpen unterwegs ist, sieht immer wieder, wie stark der Rückgang
der Landnutzung heute ausgeprägt ist: Ehemalige Ackerflächen (erkennbar an den Terrassenstrukturen) liegen brach, Buschwerk aus
Grün-/Grauerlen oder Haselnüssen breitet sich auf ehemaligen
Wiesen aus, gleichaltrige Fichtenreinbestände verraten die Auffors-
tung von früheren Weiden. Und wer mit den Bauern ins Gespräch
kommt, hört überall dieselben Geschichten von aufgegebenen Hö-
fen, abgewanderten Hoferben und großen wirtschaftlichen Schwierigkeiten der übriggebliebenen Bauern. Natürlich ist die traditionelle bergbäuerliche Nutzung der Alpen – damals, als Energie sehr
teuer und Arbeitskraft sehr billig war, wurde ja buchstäblich jeder
Grashalm genutzt – heute nicht mehr möglich. Aber es ist erschreckend zu beobachten, wie sich der Rückgang der Landwirtschaft als
eine Talfahrt ohne Ende darstellt. Das betrifft nicht nur die strukturschwachen französischen oder italienischen Alpen, sondern
selbst die sogenannten Gunsträume: Im Berner Oberland, einer Region mit einer traditionell starken Landwirtschaft, die zudem noch
von der sehr hohen Schweizer Agrarförderung profitiert, ging die
Zahl der in der Landwirtschaft tätigen Menschen zwischen 1980
und 1990 um 30 Prozent zurück. In den bayerischen Alpen, wo die
Bergbauern alpenweit am allerbesten dastehen, weil sie die größten
Betriebe und die meisten Rinder pro Betrieb besitzen, nahm die
Zahl der Betriebe zwischen 1979 und 1991 um elf Prozent ab. Und im

gesamten Berggebiet der Schweiz (Alpen und Jura) reduzierte sich die Zahl der Erwerbstätigen in der Landwirtschaft von 12,7 Prozent im Jahr 1980 auf acht Prozent anno 1990. Das ist kein »Gesundschrumpfen« mehr, das zielt auf den völligen Zusammenbruch!

Bauer, was nun?

Die Bergbauernförderung, die seit 1970 überall im Alpenraum aufgebaut wurde, konnte diesen Prozess nur bremsen, aber nicht verhindern. Und heute wird deutlich, dass die herkömmlichen Förderinstrumente nicht mehr ausreichen, um der Berglandwirtschaft eine Zukunft zu sichern. Was nun?

In dieser schwierigen Situation veranstaltete die Europäische Akademie Bozen 1994 eine internationale Fachtagung mit Experten aus dem gesamten Alpenraum. Einmal sollte mittels genauer Bestandsanalysen die aktuelle Situation der Landwirtschaft in allen Alpen-Teilräumen und die jeweiligen Instrumente ihrer Förderung erhoben werden. Zum anderen sollte in gemeinsamer Diskussion zwischen den Experten und dem (meist fachkundigen) Publikum überlegt werden, welche Zukunftsperspektiven unter den neuen Rahmenbedingungen (GATT, EU-Binnenmarkt) überhaupt möglich sind.

Damit betraten die Tagungsteilnehmer Neuland: Zum ersten Mal wurde ein detaillierter alpenweiter Überblick über die Landwirtschaft im gesamten Alpenraum erarbeitet, der bisher nicht existierte und der erhebliche Überraschungen enthielt. Und zweitens konnte man in der internationalen Diskussion mit Staunen verfolgen, wie statt der Gegensätze zwischen den Alpenstaaten, die noch die Agrarpolitik in den 1980er-Jahren geprägt hatten, jetzt die Gemeinsamkeiten in den Vordergrund traten.

Vielfältige Strukturschwächen

Nach der Agrarstatistik gab es 1990 etwa eine halbe Million (514 000) Landwirtschaftsbetriebe in den Alpen. Fast die Hälfte dieser Betriebe entfallen auf die italienischen Alpen (236 000 oder 46 Prozent) und etwa ein Viertel (114 000 oder 22 Prozent) auf die österreichischen Alpen, sodass wir allein in diesen beiden Ländern gut zwei Drittel aller Betriebe finden. Die übrigen Alpenräume folgen mit weitem Abstand: die Schweizer Alpen mit 70 000 Betrieben, die französischen Alpen mit 42 000 Betrieben, die bayerischen Alpen mit 28 000 Betrieben und die slowenischen Alpen mit 24 000 Betrieben.

Diese Zahlen sind nicht überraschend, denn sie entsprechen in etwa der Bevölkerungsverteilung: In den italienischen und österreichischen Alpen leben ebenfalls etwa zwei Drittel der Alpenbevölkerung, und lediglich Frankreich (dessen Alpenbevölkerung gleich groß wie die der Schweiz ist) fällt durch eine geringe Zahl von Bauern auf.

Da die Agrarstatistiken aber das Ziel verfolgen, *jede* landwirtschaftliche Tätigkeit zu erfassen, sind in diesen Zahlen auch Hobbybauern und Familien mit unbedeutender Landwirtschaftstätigkeit enthalten. Die Zahl der »echten« Landwirtschaftsbetriebe (Haupt- und Nebenerwerb) dürfte wohl irgendwo zwischen 350 000 und 400 000 liegen.

Sieht man sich die Situation in den einzelnen Alpenteilräumen näher an, gibt es einige Überraschungen.

Italienische Alpen: Die so zahlreichen Landwirtschaftsbetriebe sind stark überaltert und stehen ökonomisch sehr schlecht da, wie der niedrige Anteil der Haupterwerbsbetriebe (nur 20 Prozent) und die extrem geringe Zahl der Rinder pro Betrieb (nämlich nur drei!) deutlich macht. Der weitere Zusammenbruch scheint hier unvermeidbar zu sein. Daneben gibt es relativ wenige, aber sehr moderne

Großbetriebe (Tierfabriken, Molkereien, Obst-, Wein- und Gemüse-betriebe), die die landwirtschaftliche Produktion der italienischen Alpen erheblich bestimmen. Die Hälfte des ökonomischen Wertes, den die Landwirtschaft der italienischen Alpen produziert, stammte 1992 bereits aus den kleinflächigen Obst- und Weinbaubetrieben (Etschtal, Veltlin).

Diese Aussagen gelten übrigens nicht für Südtirol: Wegen der für Italien völlig untypischen Agrarstrukturen, der spezifischen Förderung durch die Südtiroler Landesregierung und, ganz allgemein, der durch den Kampf für das Autonomiestatut verursachten besonderen Stellung der Landwirtschaft gab es hier im letzten Jahrzehnt kaum Betriebsaufgaben: Der Rückgang von 0,6 Prozent in der Zeit von 1982 bis 1990 ist ein Rekordwert im Alpenraum.

Französische Alpen: Auffällig ist hier die niedrige Zahl der Landwirtschaftsbetriebe, die zudem eine relativ gute Betriebsstruktur verzeichnen (54 Prozent Haupterwerbsbetriebe). Dies erklärt sich daraus, dass zahlreiche traditionelle Kleinbetriebe hier längst verschwunden sind – der ökonomische Zerfall setzte in den französischen Alpen ja 50 bis 70 Jahre früher als in den italienischen Alpen ein. Die heutigen modernen Betriebe sind zum einen hoch spezialisierte ackerbaulich orientierte Betriebe in den klimatisch begünstigten Tallagen, zum anderen, vor allem in den trockenen Südalpen, aber sehr extensiv wirtschaftende Viehbetriebe mit sehr hohen Viehzahlen.

Schweizerische, österreichische und bayerische Alpen: Hier gibt es – im Unterschied zu den italienischen und französischen Alpen – fast nur Viehwirtschaftsbetriebe. Diese stehen zwar im alpenweiten Strukturvergleich gut bis sehr gut da, weisen aber trotzdem große ökonomische Probleme auf, wie ihr permanenter Rückgang in allen drei Alpenräumen verrät.

Die schlechtesten Strukturdaten dieser drei Staaten verzeichnet

Österreich mit nur 36 Prozent Haupterwerbsbetrieben und durchschnittlich zehn Rindern pro Betrieb. Aber die Landwirtschaft in den österreichischen Alpen ist traditionell durch viele Nebenerwerbsbetriebe geprägt, von denen viele über ein touristisches Einkommen verfügen, sodass ihre Lage insgesamt doch nicht so schlecht erscheint. In den schweizerischen und bayerischen Alpen gibt es noch sehr viele Haupterwerbsbetriebe (58 Prozent beziehungsweise 61 Prozent), der durchschnittliche Schweizer Betrieb besitzt zwar 18 Rinder, also doppelt so viele wie im alpenweiten Durchschnitt, aber die bayerischen Bergbauern stehen mit 30 Rindern pro Betrieb einsam an der Spitze.

Slowenische Alpen: Hier finden wir ganz andere Strukturen und Voraussetzungen als im übrigen Alpenraum. Während des Sozialismus sollte die Landwirtschaft verstaatlicht und in Großbetrieben organisiert werden, aber im Grenzgebiet der slowenischen Alpen wurde diese Strategie nicht systematisch durchgesetzt. Daher blieben hier an vielen Stellen die sehr kleinen Vorkriegsstrukturen bis heute erhalten. Mit dem Ende des Sozialismus wurde die Landwirtschaft zwar wieder privatisiert und die Zahl der Betriebe stieg an, doch sind die Betriebe extrem klein und schlecht ausgestattet (19 Prozent Haupterwerbsbetriebe, durchschnittlich vier Rinder pro Betrieb), sodass der baldige Rückgang unvermeidbar erscheint.

Zweigeteilt

Während in den Süd- und Südwestalpen die Landwirtschaft bereits flächenhaft zusammengebrochen ist (Frankreich) oder derzeit am Zusammenbrechen ist (Italien), steht sie im übrigen Alpenraum (Schweiz, Österreich, Bayern) noch deutlich besser da. Die Tendenz zeigt aber auch hier – verzögert um etwa 30 Jahre – in die gleiche Richtung. Wie die Situation aussieht, wenn der Staat die Berglandwirtschaft weitgehend den Marktkräften überlässt, zeigt das Beispiel Frankreich am deutlichsten: Sehr große Landflächen werden dort gar nicht mehr genutzt, und die relativ wenigen modernen Betriebe nutzen die agrarischen Gunstlagen im Talgebiet extrem intensiv, Teile des Berggebiets dagegen extrem extensiv. Beide Formen des Wirtschaftens sind mit hohen Umweltbelastungen verbunden.

Überraschenderweise zeigte sich auf der gesamten Tagung in Bozen, dass selbst Frankreich diese Entwicklung inzwischen als sehr problematisch ansieht und sie zu ändern versucht. So entwickelte man übergreifend folgende Gemeinsamkeiten (festgehalten in einer gemeinsam erarbeiteten und verabschiedeten Resolution):

Landwirtschaft hat nur dann eine Zukunft im Alpenraum, wenn sie

– konsequent umweltverträglich wirtschaftet (Ökologisierung der Landnutzung und der Agrarpolitik);

– auf orts- und regionstypische Qualitätsprodukte an Stelle von Massenprodukten umstellt;

– regionalwirtschaftliche Vernetzungen aufbaut (zum Beispiel gezielte Zusammenarbeit mit Tourismus).

Das Protokoll »Landwirtschaft« der Alpenkonvention stellt nach Auffassung aller Experten das geeignete Instrument dar, um diese Neuorientierung alpenweit umzusetzen. Angesichts der sehr unterschiedlichen Situation der Landwirtschaft und der sehr verschiedenen politischen Strukturen kann ein solches Protokoll aber nur die allgemeine Richtung angeben und muss »regionsspezifisch« ausdifferenziert werden, damit es konkret wirksam werden kann. Dass diese Neuorientierung der Berglandwirtschaft tatsächlich eine Zukunft eröffnet, können aber weder Politiker noch Experten verordnen – es hängt von den betroffenen Bauern ab. Die Alpenbesucher können sie dabei aktiv unterstützen, indem sie auf einem Bergbauernhof Urlaub machen oder indem sie in den Bergen oder zu Hause gezielt bergbäuerliche Qualitätsprodukte kaufen.

Anmerkung

Der Fachbereich »Alpine Umwelt« der »Europäischen Akademie Bozen«
beauftragt W.B. im Frühjahr 1993 mit der Erarbeitung einer wissenschaftlichen Konzeption für eine internationale Fachtagung »Landwirtschaft
im Alpenraum« und mit ihrer Vorbereitung und Leitung. Auf der Grundlage seiner qualitativen Kenntnisse der alpenweiten Unterschiede der
Landwirtschaft (siehe in diesem Band »Was unterscheidet die Nordalpen
von den Südalpen?«, S. 126) lädt er aus jedem Alpenstaat einen Experten
ein und stellt allen die gleichen Leitfragen, um so erstmalig einen auch
quantitativ vergleichbaren Überblick über die Lage der Landwirtschaft im
Alpenraum zu erhalten. Damit wird das Ziel verfolgt, die Arbeit der Alpenkonvention zu diesem Thema zu unterstützen und zu fördern.
Die stark beachtete Tagung findet vom 18. bis 20. Mai 1994 in Bozen statt,
und der materialreiche Tagungsband wird 1996 in deutscher und in italienischer Sprache publiziert. W.B. erarbeitet eine populäre Kurzdarstellung,
die in *Der Bergsteiger* (München), Heft 7 vom Juli 1996 auf Seite 88–92
erscheint und die hier ohne die Farbfotos wieder abgedruckt wird.
Verschiedene Forschungsprojekte der Europäischen Akademie Bozen
bauen seitdem auf dieser ersten Bilanz auf und vertiefen sie weiter.

Alpenstadt und nachhaltige Entwicklung

Wir sind hierhergekommen, um über Villach als »Alpenstadt des Jahres 1997« nachzudenken. Vielleicht sind Ihnen auf dem Weg hierher die Schlagzeilen der Tageszeitungen noch durch den Kopf gegangen: steigende Arbeitslosigkeit und Kürzungen der staatlichen Sozialleistungen; noch immer kein wirklicher Friede im ehemaligen Jugoslawien; neue Erfolge der Gentechnik, die den künstlichen Menschen immer näher rücken lassen; zunehmende Luftverschmutzung und die Gefahr der globalen Klimaerwärmung und so weiter. Und vielleicht haben Sie sich gedacht: Na ja, »Alpenstadt des Jahres«, das ist ja eine ganz schöne Idee, aber es hat doch mit unseren zentralen Problemen eigentlich nichts zu tun. Ist es so?

Das Beängstigende an der gegenwärtigen Entwicklung ist, dass sie als übermächtig und unveränderbar erscheint und dass sogar die Alternativen als alternativlos erscheinen (Stichworte: regionale Abschottung mit rassistischen Konflikten wie in Ex-Jugoslawien, Fundamentalismen gegen die Weltgesellschaft). Und diese Perspektivlosigkeit führt nicht zufällig bei den Betroffenen zu Politikmüdigkeit, zu Staatsverdrossenheit, zum Rückzug ins Private. Wie sollen dann aber die anstehenden Probleme noch gelöst werden?

Gegen einen solchen Pessimismus und gegen eine allgemeine Hoffnungslosigkeit möchte ich auf einige wichtige Ideen, Ansätze und Erfahrungen in Europa hinweisen, die sich fast unbemerkt von unten her entwickelt haben, die derzeit noch schwach sind, in denen meines Erachtens aber wichtige Elemente für eine *neue* europäische Entwicklung enthalten sind.

Ich meine damit Initiativen wie die Nordseekonferenz, die Ostseekonvention, den Arktischen Rat oder die Konferenz der Mittelmeeranrainerstaaten: Es handelt sich dabei um staatenübergreifende Initiativen mit integrativer Problemstellung unter starker Beteiligung der Betroffenen, die Lösungen auf der »regionalen« Ebene suchen, also unterhalb der Ebene der EU und der Nationalstaaten. In diese Reihe gehört auch die Alpenkonvention, die bisher in der politischen Umsetzung am weitesten und konkretesten von all diesen Ansätzen in Europa gediehen ist.

Nun werden Sie gleich sagen: Die Alpenkonvention kennen wir ja, aber was soll daran neu sein? Ich gebe gern zu, dass die unsäglichen Alltagsprobleme der Alpenkonvention das Neue daran stark verdecken, aber ich sehe doch folgende wichtige Punkte:

1. Die Alpenkonvention ist der erste ernsthafte Versuch, für einen relevanten europäischen Teilraum Ökonomie, Ökologie und die soziale Dimension im Sinne einer nachhaltigen Gesamtentwicklung systematisch miteinander zu verbinden – unterschrieben von den jeweiligen Umweltministern der betroffenen Staaten und der EU. Das steht gegen das Primat der Ökonomie, das sonst überall dominiert.

2. Mit der Alpenkonvention soll für das Gebiet der Alpen auf internationaler Ebene eine spezifische nachhaltige Entwicklung realisiert werden – das steht gegen die Idee des Europäischen Binnenmarktes, der überall in Europa gleiche Rahmenbedingungen setzt, und das wurde erstaunlicherweise sogar von der EU mitunterschrieben!

3. Mit der Alpenkonvention treten erstmals »die Alpen« als eine europäische Region politisch in Erscheinung. Mit der Erarbei-

tung von eigenständigen, alpenspezifischen Problemlösungen, vor allem in den Bereichen Verkehr, Landwirtschaft und Tourismus, distanziert sich die Region »Alpen« einerseits von Europa und der europäischen Entwicklung, andererseits bleibt sie mit Europa eng verbunden – und damit wird konkret sichtbar, wie ein Europa der Regionen ohne isolationistische Tendenzen aussehen könnte. Und da an der Region Alpen acht Staaten und alle drei großen europäischen Kultur- und Sprachgruppen (germanisch, romanisch, slawisch) beteiligt sind, könnten die alpenspezfischen Lösungen Modell für ein föderalistisches Europa sein und Ansätze einer Entwicklung wie in Ex-Jugoslawien verhindern helfen.

4. Mit der Alpenkonvention werden die klassischen Politikstrukturen gesprengt. Die Alpenkonvention wurde zwar von den Umweltministern unterschrieben und fiel zuerst in das Ressort »Umweltpolitik«, aber bald wurde klar, dass das Thema »nachhaltige Gesamtentwicklung« alle politischen Ressorts betrifft, und man bildete interministerielle Arbeitsgruppen zur Alpenkonvention. Damit entstehen meines Erachtens ansatzweise neue politische Strukturen – mit Ressort- oder Fachpolitik allein bekommt man die aktuellen Probleme nicht in den Griff, wie die Alpenkonvention deutlich zeigt.

Auch wenn diese vier grundsätzlich wichtigen Aspekte der Alpenkonvention erst schwach entwickelt sind, zeigen sie meines Erachtens doch deutlich die Richtung an: Eine nachhaltige Gesamtentwicklung der Alpen muss auf eine sogenannte »ausgewogene Doppelnutzung« zielen, also auf die enge Vernetzung der endogenen, also der einheimischen oder heimatlichen Wirtschaftsbereiche, mit den exogenen, also den wirtschaftlichen Nutzungen, die von außen an die Alpen herangetragen werden. Endogene Wirtschaftsbereiche sind Land- und Forstwirtschaft, Handwerk, Industrie, nicht-touristische Dienstleistungen; exogene Wirtschaftsbereiche sind Tourismus, Wasserkraft- und Trinkwassergewinnung für außeralpine Abnehmer, Transitverkehr, militärische Infrastrukturen sowie die Nutzung der Alpen als Deponie- und atomare Endlagerstätten.

Diese Leitidee der »ausgewogenen Doppelnutzung« wendet sich gegen den laufenden Strukturwandel der Alpen, bei dem die endogenen Wirtschaftsbereiche immer mehr geschwächt und die exogenen immer stärker werden, die Alpen also immer weniger ein eigenständiger Lebens- und Wirtschaftsraum sind und immer stärker von außeralpinen Kräften dominiert werden.

Um diese »ausgewogene Doppelnutzung«, also den Trendbruch zur aktuellen Entwicklung, zu realisieren, braucht es dreierlei:

1. Eine Stärkung der endogenen Wirtschaftspotenziale als Gegengewicht gegen die starken exogenen Kräfte, allerdings ausschließlich in umwelt- und sozialverträglichen Formen.

2. Eine umwelt- und sozialverträgliche Ausgestaltung aller exogenen Nutzungsfunktionen (zentralster Konflikt: Transitverkehr).

3. Bei Nutzungskonflikten die Priorität der einheimischen über die auswärtigen Interessen.

Der Grundgedanke ist, dass mit diesem Konzept die Alpen als eigenständiger Lebens- und Wirtschaftsraum langfristig erhalten werden können, ohne sich dabei weder total von Europa abzuschotten, noch sich total den europäischen Zentren zu unterwerfen, und dass mit diesem Konzept eine gemeinsame Umweltverantwortung für die gesamten Alpen aufgebaut werden kann, die auch die exogenen Nutzungsformen umfasst.

Eine solche Konzeption setzt auf Seiten der Alpen zweierlei voraus:

1. Die Alpen müssen innerhalb Europas, das heißt gegenüber den europäischen Zentren, einheitlich auftreten und dürfen sich nicht gegeneinander ausspielen lassen. Solange die Alpen zum

Beispiel in der Transitfrage einheitlich auftreten, haben sie eine ziemlich starke Position; lassen sich dagegen Österreich und die Schweiz gegeneinander ausspielen, wie es nach 1945 sehr häufig der Fall war, dann können die europäischen Zentren ihre Interessen am Alpentransit relativ leicht durchsetzen – zu Lasten der Bevölkerung, die entlang der Transitstrecken lebt. Mit der Alpenkonvention gibt es jetzt erstmalig eine politische Struktur, die die gemeinsamen Alpeninteressen in Europa überhaupt artikulieren kann.

2. Die Gemeinden, Täler und Regionen müssen eine Kirchturmpolitik, die leider eine starke Tradition in den Alpen besitzt, zugunsten einer gemeinsamen Interessenwahrung zurückstellen. Allerdings folgt daraus nicht, dass alle Gemeinden, Täler und Regionen gleichzubehandeln wären, denn die inneralpinen Unterschiede sind so groß, dass unterschiedliche Problemlösungen und Zielsetzungen für Entvölkerungsregionen, ländliche Regionen, Auspendlerregionen und verstädterte Regionen nötig sind. Andernfalls sind die unterschiedlichen Interessen im Alpenraum nicht auf einen gemeinsamen Nenner – den der nachhaltigen Gesamtentwicklung – zu bringen.

Und damit nähere ich mich meinem eigentlichen Vortragsthema »Alpenstadt und nachhaltige Entwicklung«. Aber ich hoffe, dass Ihnen deutlich geworden ist, dass wir erst klären mussten, was »nachhaltige Entwicklung« für die Alpen bedeutet, bevor wir zur Frage kommen, welche Rolle die Alpenstädte dabei spielen können.

Und wieder möchte ich Selbstverständlichkeiten in Frage stellen, um vorschnelle, oberflächliche Antworten zu vermeiden: Was haben denn die Städte in den Alpen mit einer nachhaltigen Alpenentwicklung zu tun – die gehören doch gar nicht dazu!?

Fragen wir daher: Was sind die Alpen? In der europäischen Geschichte gibt es zwei große, klassische Alpenbilder: Die Alpen als

»montes horribiles«, also die furchtbaren, schrecklichen Berge, erfunden von römischen Schriftstellern und prägend bis ins 18. Jahrhundert, und die Alpen als »Idylle«, als bukolische Harmonie von Mensch und Natur, erfunden von den Romantikern am Ende des 18. Jahrhunderts und prägend bis etwa 1980. In den letzten 15 Jahren gerät das Bild der Idylle durch die Umweltzerstörungen ins Wanken. Schlagworte sind: Alpen vor dem Kollaps; der Berg ruft nicht mehr, er kommt; Berg heul statt Berg heil, mit den Alpen geht's bergab, und im Bild der Alpen als einer Öko-Horror-Vison schimmert wieder stark das alte Bild der »montes horribiles« durch.

Diese genannten Alpenbilder, in denen Städte nicht vorkommen, sind Zerrbilder der Alpen, entstanden in alpenfernen städtischen Bildungskreisen. Italienische Kollegen würden sogar noch deutlicher formulieren: Diese Zerrbilder repräsentieren die Kolonialisierung der Alpen durch die europäischen Städte!

Was sind die Alpen dann? Die Alpen sind eine ländliche Region, in der Städte zwar traditionellerweise weder besonders groß noch besonders häufig waren, deren Entwicklung in historischer Zeit aber trotzdem nicht unmaßgeblich von den Städten mitgeprägt wurde. Insofern gehören die Städte untrennbar zu den Alpen dazu, und die Abgrenzung der Alpen durch die Alpenkonvention lässt daran keinerlei Zweifel. Trotzdem bleibt ein Zweifel. Dort, wo die Alpenkonvention konkret wird, in den Protokollen, dominieren »ländliche« Themen, und Städte kommen als Protokollinhalt nicht vor. Hier haben offenbar die falschen Alpenbilder noch die Politik geprägt.

Und was ist eine Stadt? Industrialisierung bedeutet in Europa Städtewachstum; dabei löst sich die Stadt allmählich auf, und das gilt auch für die Alpen: In der ersten Phase, der Urbanisierung, wächst der alte Stadtkern stark und wird umstrukturiert. In der zweiten Phase, der Suburbanisierung, verlagert sich das Wachstum an den Stadtrand, wo neue und große Wohn- und Gewerbegebiete entstehen. Und in der dritten Phase, der Periurbanisierung oder Desurbanisierung, wächst vor allem das weitere Umland der Städte, wo sich die Bauerndörfer zu Schlafdörfern verwandeln. Daher muss man heute anstelle von Stadt besser von »Stadtregion« oder von »Agglomeration« sprechen.

Und welchen Stellenwert haben jetzt die Städte beziehungsweise Agglomerationen im Alpenraum? Diese Frage ist nicht leicht zu beantworten, weil jeder Staat hierbei andere Schwellenwerte ansetzt und anders abgrenzt.

Tasten wir uns deshalb Schritt für Schritt vor: Wenn wir den Schwellenwert von 10 000 Einwohnern als Mindestgröße für eine Stadt ansetzen, dann gibt es 1991 195 Städte in den Alpen, in denen ein Drittel der gesamten Alpenbevölkerung lebt!

Addiert man alle Gemeinden, die in den acht Staaten mit Alpenanteil jeweils als Agglomerationsgemeinden klassifiziert sind (was ein Student von mir, Kirk Ingold, in seiner Examensarbeit in mühevoller Kleinarbeit gemacht hat), dann erhält man knapp 900 Gemeinden, in denen 1991 44 Prozent der gesamten Alpenbevölkerung auf nur 12 Prozent der Alpenfläche leben.

Die größte Agglomeration der Alpen ist übrigens Grenoble mit etwa 415 000 Einwohnern, gefolgt in weitem Abstand von den Agglomerationen Innsbruck (250 000 Einwohnern), Bozen und Trient (gut 200 000 Einwohnern), an fünfter Stelle folgt Klagenfurt mit knapp 150 000 Einwohnern.

Wenn man davon ausgeht, dass eine Agglomeration, die eine europäische Bedeutung besitzt, heute mindestens eine halbe Million Einwohner haben muss, dann können wir feststellen, dass keine einzige Agglomeration in den Alpen diesen Wert erreicht – die Alpen spielen auf dieser Ebene in Europa offenbar keine Rolle!

Doch zurück zum Stellenwert der verstädterten Gebiete in den Alpen: Nach einer Hochrechnung von mir, die auf der Basis der

Analyse von 45 Prozent aller Alpengemeinden beruht, leben 1990 zwei Drittel der Alpenbevölkerung in verstädterten Regionen, die etwa 40 Prozent der gesamten Alpenfläche ausmachen.

Nach einer Berechnung mittels der OECD-Definition für »ländlichen Raum« leben heute 62 Prozent der Alpenbevölkerung in städtischen Regionen auf 28 Prozent der Alpenfläche.

Ich will Sie jetzt mit der Interpretation und Bewertung dieser Berechnungen nicht langweilen, sondern sie ganz einfach so zusammenfassen: Von der Fläche her sind die Alpen heute noch eindeutig ein ländlicher Raum, aber die Bevölkerung – und damit die Wirtschaft – sind bereits mehrheitlich städtisch geprägt, wobei die Werte je nach Berechnung zwischen 50 und 66 Prozent schwanken.

Für die nachhaltige Alpenentwicklung hat dieses vielleicht überraschende Ergebnis wichtige Konsequenzen:

1. Da nachhaltige Entwicklung von den betroffenen Menschen ausgehen muss, und da die Mehrheit der Bevölkerung in verstädterten Regionen lebt, kommt den Alpenstädten schon rein aus quantitativen Gesichtspunkten die führende Position bei der Umsetzung der Nachhaltigkeit zu.

2. Dieser quantitative Aspekt ist aber durch einen qualitativen zu ergänzen: In den Alpenstädten konzentrieren sich hochwertige Dienstleistungen und Ausbildungsfunktionen, denen für die nachhaltige Entwicklung der gesamten Alpen ein wichtiger Stellenwert als Innovationszentren zukommt. Allerdings setzt das voraus, dass sich diese Dienstleistungsbetriebe und Ausbildungsstätten mit den aktuellen Problemen der Alpen auseinandersetzen und dass sie sich für die Alpen insgesamt verantwortlich fühlen – das ist heute nicht oder nur ansatzweise der Fall.

Ich möchte an dieser Stelle einen Gedanken des Walliser Ethnologen Thomas Antonietti aufgreifen: Das Bild der Alpen als bloß ländlicher Raum mit glücklichen Kühen und Sennen ist ein Zerrbild. Dadurch wurde im öffentlichen Bewusstsein verdrängt, dass in den Alpen stets auch Elemente der Hochkultur präsent waren, gebunden an Klöster, Handelsstädte, Fürsten- und Bischofssitze oder den Bergbau, und dass diese Elemente der Hochkultur einen festen Platz in der traditionellen Identität der Alpenregionen hatten. Daran kann und muss man bewusst anknüpfen. Deshalb braucht es heute zur Realisierung einer nachhaltigen Entwicklung ganz bewusst auch städtische Initiativen und Impulse, ohne deshalb natürlich ländliche Impulse auszuschließen. Die zentrale Herausforderung dabei lautet: Das Stadt-Land-Verhältnis in den Alpen wieder komplementär, also in wechselseitiger Ergänzung und Stärkung zu gestalten.

Das also wäre der Beitrag der Alpenstädte zur nachhaltigen Alpenentwicklung. Aber dabei möchte ich nicht stehenbleiben, denn die Alpenstädte müssen sich selbst auch ganz besonderen Herausforderungen stellen, nämlich in ihren Bereichen Umwelt, Wirtschaft und Kultur.

Beginnen wir mit der Umwelt: Alle klassischen Umweltprobleme der europäischen Großstädte wie Luft-, Wasser- und Bodenverschmutzung, Lärm, Bodenversiegelung haben wir auch in den Alpen: Obwohl die Einwohner- oder Pkw-Zahlen wesentlich niedriger sind als im Ruhrgebiet oder in Berlin, erreichen die Belastungen ähnlich hohe Werte – Schuld daran sind die alpine Topografie und die häufigen Inversionswetterlagen. Hier braucht es eine ganz bewusste Agglomerationspolitik, die viele Elemente der europäischen Agglomerationspolitiken aufnehmen kann. Stichworte dafür wären Reurbanisierung, also Aufwertung des Stadtkerns, Nutzungsdurchmischungen, Aufbau multifunktionaler Strukturen, Stärkung des Öffentlichen Personennahverkehrs, Siedlungsverdichtung und -konzentration an Stelle flächenfressender Einfamilienhaussiedlungen und Ähnliches. Allerdings all das sorgfältig abgestimmt auf die spezifischen topografischen Verhältnisse der Alpen, nicht bloß als Übernahme fremder Vorbilder.

Kommen wir zweitens zur Wirtschaft: Fast alle Alpenstädte verzeichnen in den letzten Jahrzehnten eine starke, kontinuierliche Bevölkerungszunahme und ein gutes bis sehr gutes Wirtschaftswachstum – Ausnahme sind einige alte Industriestädte mit Strukturproblemen und einige wenige Städte mitten in den Alpen, die keinen modernen Verkehrsanschluss besitzen und die deshalb ins Abseits geraten sind. Was ist die Ursache dieser positiven Wirtschaftsentwicklung?

Erstens: Die Verteilung von wirtschaftlicher Standortgunst und -ungunst hat sich nach dem Zweiten Weltkrieg in Europa stark geändert, und teilweise per Zufall, teilweise wegen der hohen Umwelt- und Freizeitqualität liegen große europäische Wachstumsräume – im Gegensatz zu früher – jetzt auf einmal in Alpennähe: München und Stuttgart in Deutschland, Lyon und Nizza in Frankreich, Mailand in Italien. Die benachbarten Alpenstädte werden damit als Wirtschaftsstandorte aufgewertet.

Die zweite Ursache für das Wirtschaftswachstum der Alpenstädte ist die Dezentralisierung von Wirtschaftsstandorten entlang der großen Transitlinien, also in optimaler Erreichbarkeit zu den europäischen Metropolen, und es ist kein Zufall, dass drei der vier größten Alpenstädte an der Brennerroute liegen (Innsbruck, Bozen, Trient)!

Durch den Ausbau aller Verkehrswege und die Installierung der modernen Kommunikationstechniken wird die Entfernung von München nach Innsbruck oder von Lyon nach Grenoble immer kürzer, aber zugleich wird die Entfernung Innsbruck – Ötztal oder Innsbruck – Sellrain relativ länger, die Alpenstädte vernetzen sich immer enger mit den europäischen Städten und schweben dabei in großer Gefahr, den Bezug zu ihrer eigenen Region und zu den Alpen zu vernachlässigen oder ganz zu verlieren.

Dieser Strukturwandel läuft seit 20 Jahren immer schneller ab, und er führt zu einer vollständigen Umgestaltung der Alpenstädte: Die Alpenstädte verlieren immer mehr ihre Funktion als »zentraler Ort« für ihr Umland, und sie werden immer stärker zum Vorort einer europäischen Metropole, mit der sie immer enger arbeitsteilig verflochten werden. Das Negative bei diesem Strukturwandel (was durch das Wirtschaftswachstum oft verdeckt wird), ist der Verlust von wirtschaftlichen und politischen Entscheidungsfunktionen in den Alpenstädten.

Nachhaltige Alpenentwicklung bedeutet für die Alpenstädte, diesem Funktions- und Bedeutungsverlust gezielt entgegenzuwirken mittels einer Wirtschaftspolitik, die ganz bewusst die klein- und mittelständischen Unternehmer ins Zentrum stellt, die ganz bewusst die Funktion der Stadt für ihr Umland pflegt und aufwertet und die systematische Vernetzungen mit anderen Alpenstädten aufbaut (»Netzwerk Alpenstädte«). Zentrales Element einer solchen Wirtschaftspolitik könnte die Bodenpreispolitik sein: Aufgrund der Topografie sind geeignete Standorte knapp und die Bodenpreise oft astronomisch hoch. Anstatt die Bodenpreise dem freien Markt zu überlassen, was die Verdrängung der lokalen Betriebe durch auswärtige bedeutet, könnte die Stadt eine aktive Bodenpolitik entwickeln (Recycling von Industriebrachen, eventuell Überbauungen von Bahnhöfen oder Straßen) und damit der mittelständischen Wirtschaft eine bessere Zukunftschance geben.

Nach den Bereichen Umwelt und Wirtschaft kommen wir nun zum dritten Bereich einer nachhaltigen Alpenstadtentwicklung: Der Kultur. Alpenstädte sind geprägt durch eine hohe berufliche Mobilität, durch viele Zuzüger und durch Phänomene wie Anonymität und Zerfall gemeinsamer Identitäten und Werte – ähnlich wie in allen europäischen Großstädten, wenn auch oft noch schwächer ausgeprägt –, aber die Richtung ist ähnlich.

In diesem Bereich geht es darum, die Basis für eine gemeinsame Umweltverantwortung aller Einwohner, auch der Berufspendler, die in der Agglomeration wohnen, aufzubauen. Dazu braucht es eine gemeinsame kulturelle Identität, die sich meines Erachtens auf zwei Pfeiler stützen müsste: Einmal auf die besondere Geschichte der Stadt und die Charakteristika der Alpenregion, in der diese Stadt liegt, und zum anderen auf die Dimension der Weltoffenheit und des kulturellen Austausches, der zur europäischen Stadt untrennbar dazugehört. Diese Aufgabe des Aufbaus einer gemeinsamen Umweltverantwortung halte ich persönlich für die wichtigste und schwierigste aller drei Aufgaben.

Nach der Beantwortung der Frage, welche Aufgabe den Alpenstädten im Hinblick auf die nachhaltige Gesamtentwicklung der Alpen zukommt, haben wir jetzt also die Frage beantwortet, was nachhaltige Entwicklung für die Alpenstädte selbst bedeutet, und Sie haben gesehen, dass dies eine sehr große Herausforderung darstellt, die aber für die Zukunft der Alpenstädte und für die Zukunft der Alpen insgesamt von großer Bedeutung ist. Deshalb begrüße ich ausdrücklich die Initiative »Villach – Alpenstadt des Jahres 1997« und wünsche Ihnen und mir, dass daraus wichtige Impulse erwachsen.

Damit kehre ich zum Anfangsgedanken zurück: Arbeitslosigkeit, Sozialabbau, globale Umweltverschmutzung, zunehmende rassistische Konflikte – ich glaube nicht, dass sinnvolle Lösungen dieser Weltprobleme auf globaler Ebene gefunden werden können, sondern ich sehe sie statt dessen »unten« entstehen, dort, wo man mit konkreten Problemen konfrontiert ist und konkrete Lösungen suchen muss. Vielleicht finden Sie ja meinen Gedanken absurd, aber ich bin überzeugt davon, dass sich mit der Alpenkonvention eine nachhaltige Entwicklungsmöglichkeit zeigt, die zwar noch sehr schwach ist, in der aber eine reale Alternative sowohl zur Globalisierung als auch zur fundamentalistischen Abschottung sichtbar wird, die auf ein »Europa der Regionen« abzielt.

Natürlich können die Alpenregionen dies nicht allein realisieren, aber sie könnten eine entsprechende Entwicklung in Europa anstoßen und unterstützen: So wie in den 1970er- und 1980er-Jahren aus den Alpen wesentliche Impulse dafür kamen, dass der Tourismus die Natur nicht bloß vernutzen darf, sondern dass er sich für die Ökologie der menschlich veränderten Natur verantwortlich zeigen muss, und so wie in den 1980er- und 1990er-Jahren die alpinen Transitinitiativen deutlich machten, dass der Verkehr nicht nur in den Alpen, sondern europaweit große Probleme macht, was wichtige Impulse für eine Ökologisierung der europäischen Verkehrspolitik mit sich brachte, genauso könnten die Alpen heute und in Zukunft mit der Idee der Alpenkonvention europaweit Ansätze für ein föderalistisches »Europa der Regionen« und regionsspezifische Nachhaltigkeitsstrategien ermutigen und stärken. Und gerade dabei könnte auch die Initiative »Alpenstadt des Jahres« eine wichtige Rolle spielen.

Anmerkung

Erst mit der statistischen Analyse der Alpen auf Gemeindeebene (siehe in diesem Band »Das neue Bild der Alpen«, S. 175) wurde W.B. bewusst, dass er den Stellenwert und die Bedeutung der Alpenstädte für die Alpen bislang völlig unterschätzt hatte. Die Entstehung der alpenweiten Initiative »Alpenstadt des Jahres« – durch Gerhard Leeb 1996 in Villach initiiert – und die Einladung zum »Festvortrag« am 7. März 1997 nach Villach nimmt er deshalb zum Anlass, sich mit dieser Thematik auseinander zu setzen. Die hier reproduzierte Fassung stellt die leicht überarbeitete Fassung dieses Festvortrages dar, die von den Veranstaltern als Broschüre publiziert wird. Dieser Text wird dreimal nachgedruckt: In der Zeitschrift *Natur und Mensch – Schweizerische Blätter für Natur- und Heimatschutz* (Schaffhausen), 39/1997, Heft 5, Seite 8–13, in der *Zeitschrift für Sozialpsy-*

chologie und Gruppendynamik in Wirtschaft und Gesellschaft (Wien)
22/1997, Heft 3, Seite 3–11 und im CIPRA-Tagungsband *Alpen – Gemeinde – Nachhaltigkeit*, Schaan 1997, Seite 21–27 (CIPRA-Schriften 15).
Die dadurch notwendig werdende empirische Analyse der Alpenstädte führt W.B. jedoch nicht selbst durch, sondern dies tut sein damaliger Mitarbeiter Manfred Perlik im Rahmen seiner Dissertation, die von Paul Messerli und W.B. betreut wird (Publikation unter dem Titel *Alpenstädte zwischen Metropolisation und neuer Eigenständigkeit*, Bern 2001, Geographica Bernensia P 38).

Der Alpenraum zwischen Verstädterung und Verödung

Die Alpen sind in den Medien und in den Schulbüchern zwar ein wichtiges Thema, aber fast immer werden sie dabei in einer eingeschränkten Perspektive wahrgenommen (Probleme Massentourismus, Berglandwirtschaft, Transitverkehr). Dieses Heft und dieser Einführungsartikel entwerfen eine breitere Sicht der Alpen, wobei sie den Strukturwandel im 19. sowie vor allem im 20. Jahrhundert ins Zentrum stellen, ihn anhand der Bevölkerungsentwicklung differenziert darstellen und bewerten, um zum Schluss vier verschiedene Regionstypen in den Alpen mit je unterschiedlichen Möglichkeiten und Problemen zu entwickeln.

Was sind »die« Alpen?

In Zeitschriften, Fernsehberichten oder Radiobeiträgen werden die Alpen fast immer als ein bergbäuerlicher Raum gesehen, der durch einen fast flächendeckenden Tourismus stark überprägt ist und darüber hinaus durch den Transitverkehr erheblich belastet wird. Dieses Bild, das übrigens umso deutlicher in den Medien wird, je weiter der Betrachter von den Alpen entfernt wohnt, prägt auch die Behandlung der Alpen in den Schulbüchern recht deutlich.

Die Wurzeln dieses Bildes liegen in der Entdeckung der Alpen als »schöner« Landschaft seit dem Jahr 1765 durch Schriftsteller, Maler und Reisende, die das Erlebnis des Hochgebirges ins Zentrum stellen. Deshalb beginnen die Alpen in dieser Perspektive oft erst im Bereich von 1000 Höhenmetern, während Beckenlagen und große Längstalfurchen aus den »eigentlichen« Alpen ausgeklammert werden.

In wirtschaftsgeografischer Betrachtung ist eine solche Alpenabgrenzung aber unzulässig: Die tiefen Tal- und Beckenlagen im Innern der Alpen sind wirtschaftlich, kulturell und politisch so eng mit den benachbarten hochgelegenen Seitentälern verflochten, dass sie funktionsräumliche Einheiten darstellen. War die Frage nach der richtigen Alpenabgrenzung lange Zeit eine rein wissenschaftliche Frage, so hat sich dies mit der Erarbeitung einer gemeinsamen Alpenkonvention seit Herbst 1989 fundamental geändert: Für »die Alpen« gibt es seitdem erstmalig in ihrer Geschichte eine gemeinsame politische Abgrenzung. Die Grenze verläuft konsequenterweise in der Regel am Alpenfuß, schließt also zahlreiche tiefer und tief liegende Alpenregionen mit ein.

Damit verschieben sich die Gewichtungen gegenüber dem klassischen Alpenbild ganz erheblich: In den Gemeinden, deren Siedlungszentrum unterhalb von 1000 Höhenmetern liegt, lebten 1871 90 Prozent und 1991 sogar 94 Prozent der Alpenbevölkerung! Wirtschaftlich und demografisch sind die Alpen also durch die intensiv nutzbaren tieferen und tiefen Lagen geprägt und nicht durch die Hochtäler und Hochlagen.

Die Gemeinden, die oberhalb von 1500 Höhenmetern liegen, weisen alpenweit gesehen ein Bevölkerungswachstum von 27 Prozent auf. Allerdings geht dieses Wachstum fast ausschließlich auf das hoch gelegene Oberengadin (St. Moritz, Silvaplana, Pontresina und so weiter) und auf Davos und Zermatt zurück und ist keineswegs ein flächenhaftes Phänomen: Von den 109 Gemeinden dieser Höhenstufe verzeichnen 63 Gemeinden einen Bevölkerungsrückgang, der sogar mit minus 64 Prozent dramatisch stark ausgeprägt ist.

Dass die touristische Erschließung dabei so wenig sichtbar wird, liegt daran, dass sich meist höher und hoch gelegene Gemeinden mit ehemals geringer Einwohnerzahl zu Tourismusgemeinden entwickelten: Selbst wenn sie dadurch ihre Einwohnerzahl verdoppelten, verdreifachten oder gelegentlich auch vervierfachten, so zählen sie heute oft nicht mehr als zwei- bis dreitausend Einwohner. Dieses Wachstum kompensiert jedoch alpenweit kaum die Bevölkerungsverluste der Gemeinden ohne touristische Entwicklung. Zugleich weisen die hohen Wachstumsraten der tief gelegenen Alpenregionen auf eine Entwicklung hin, die oft übersehen oder nicht als alpenspezifisch betrachtet wird, nämlich die Verstädterung der Tallagen.

Der wirtschaftliche Strukturwandel im Alpenraum im 19./20. Jahrhundert

Um die Entwicklungen, die sich in diesen Bevölkerungsveränderungen ausdrücken, verstehen zu können, muss der gesamte Strukturwandel der Alpen im 19. und 20. Jahrhundert betrachtet werden. Da aber die Alpen als peripherer Raum auf die europäische Veränderungen nur reagieren, kann der Wandel nicht allein aus den Alpen, sondern nur im Kontext der europäischen Industrialisierung und Tertiarisierung verstanden werden.

In den letzten zweihundert Jahren gibt es drei große Zäsuren, die jeweils neue Entwicklungen für die Alpen einleiten, wobei die Ursachen dafür immer außerhalb der Alpen liegen.

Das Ende der Agrargesellschaft und der Einfluss der europäischen Industrialisierung auf die Alpen

Während die direkte industrielle Prägung der Alpen durch den Bau von Eisenbahnen, Industrieanlagen und den Belle-Epoque-Tourismus erst relativ spät einsetzt, sind die indirekten Auswirkungen bereits früher zu spüren: Der dezentral-flächenhafte traditionelle Saumverkehr bricht ab 1820 zusammen, der arbeitsintensive Erzabbau mit lokaler Verhüttung und Verarbeitung gerät in der zweiten Hälfte des 18. Jahrhunderts in die Krise und wird meist bis 1850 komplett eingestellt, und das traditionelle Handwerk und Gewerbe unterliegt seit der Jahrhundertmitte der industriellen Konkurrenz. Die größte Zäsur bedeutet aber das Jahr 1848 mit der Aufhebung der Grundherrschaft und der Umwandlung der Bauern in eigenverantwortliche Unternehmer, die sich auf dem Markt bewähren müssen. Die ersten Betriebsaufgaben hängen unmittelbar mit dieser Veränderung zusammen, und ab 1880 beschleunigt sich das Bergbauernsterben durch die erste große europäische Agrarkrise.

Der vergleichsweise dicht und dezentral besiedelte Alpenraum mit seiner vielfältigen Wirtschaftsstruktur wird durch diesen Strukturwandel wirtschaftlich geschwächt, auf die Landwirtschaft reduziert und zum strukturschwachen Raum degradiert. Nur wenige und kleine Alpenräume profitieren von der industriellen Entwicklung und zwar in erster Linie gut erreichbare Tallagen (Fabrikstandorte, Städte mit Eisenbahnanschluss), in zweiter Linie Tourismusorte mit (Schmalspur-)Eisenbahnanschluss, die ein stürmisches Bevölkerungswachstum durchlaufen. Dadurch entstehen erstmals ausgeprägte Gegensätze zwischen Rückgangs- und Wachstumsräumen in den Alpen.

Neue Impulse für die Alpen nach dem Zweiten Weltkrieg

Mit dem europäischen »Wirtschaftswunder« (Vollbeschäftigung, Arbeitszeitverkürzungen, bezahlter Urlaub) setzen in den Alpen neue Entwicklungen ein: Das Phänomen des Massentourismus entsteht und erfasst zahlreiche, zuvor strukturschwache Täler, vor allem in den westlichen Ostalpen (Bayern, Tirol, Salzburg, Kärnten, Südtirol). In seinen wirtschaftlichen Auswirkungen mindestens genauso wichtig, aber viel weniger bekannt beziehungsweise wahrgenommen ist die dezentrale Industrialisierung zahlreicher gut erreichbarer Alpentäler, deren Ursache die Vollbeschäftigung in den Zentren und das große Potenzial billiger Arbeitskräfte in den Alpen ist. Davon sowie von den verbesserten Straßenverbindungen profitieren viele größere und kleinere Alpenstädte mit guter Erreichbarkeit, deren Bevölkerung deutlich anwächst.

Die Alpenräume, die von diesen Entwicklungen nicht berührt werden und deren Wirtschaftskraft nun fast ausschließlich auf der Landwirtschaft beruht, werden mit der zunehmenden Konkurrenzschwäche der Berglandwirtschaft immer strukturschwächer und verlieren weiterhin Wirtschaftskraft und Einwohner.

Die Auswirkungen der europaweiten Tertiarisierung auf die Alpen
Im Rahmen des Strukturwandels der Tertiarisierung (Transformation der Industrie- zur Dienstleistungsgesellschaft) gerät die Industrie ab der zweiten Hälfte der 1970er-Jahre in eine große Krise und bricht teilweise vollständig zusammen, weil das Arbeitskräftepotenzial der Alpen jetzt kein Standortvorteil mehr ist, weil viele Anlagen technisch veraltet sind und inzwischen zu peripher liegen, und weil es sich oft um Filialbetriebe von Konzernen handelt, die früher als das Mutterhaus geschlossen werden. Aber auch der Tourismus verliert seine hohe Dynamik und zeigt seit Mitte der 1980er-Jahre Stagnationserscheinungen. Damit sind spürbare Konzentrationserscheinungen verbunden: Die großen Tourismuszentren behaupten sich am Markt und können ihre Position oft noch ausbauen, viele kleine Tourismusorte verlieren Gäste und geraten in Schwierigkeiten.

Der einzige Bereich, der in dieser Phase noch ein deutliches Wachstum zeigt, sind die Städte, und zwar jetzt in doppelter Form: Alle größeren Alpenstädte werden via Autobahn und moderner Telekommunikation sehr gut mit den europäischen Zentren verbunden.

Dies führt dazu, dass eine Reihe von Wirtschaftsaktivitäten aus diesen Zentren in die benachbarten Alpenstädte verlagert wird, was mit einem deutlichen Wirtschafts- und Bevölkerungswachstum verbunden ist. Zum anderen führt das sehr starke Wachstum von großen europäischen Zentren wie München, Zürich, Genf, Lyon, Nizza, Turin oder Mailand dazu, dass jetzt Alpenrandregionen zu Wohnstandorten dieser Zentren umstrukturiert werden. Beide Male konzentriert sich das Wachstum aber auf die gut erreichbaren Tallagen.

Indem die Tertiarisierung in den Alpen in erster Linie von den Städten und nicht vom Tourismus getragen wird, unterscheidet sich der alpine Strukturwandel wenig von dem außeralpiner ländlicher Räume.

Die Alpenregionen, die von diesen neuen Entwicklungen nicht betroffen werden und in denen die Landwirtschaft jetzt völlig eingestellt wird, entsiedeln sich und veröden vollständig. Daneben gerät zusätzlich eine Reihe von industriell und touristisch geprägten Regionen in die Krise und verliert ebenfalls Einwohner.

Die räumlichen Gegensätze nehmen damit in den Alpen weiter zu: Die Tal- und Beckenlagen in guter Erreichbarkeit verstädtern – die peripheren Lagen und vor allem die Siedlungen im eigentlichen Hochgebirge veröden. Und da der Tourismus in der dritten Phase seinen flächenhaften Charakter zu verlieren beginnt und sich das Wachstum vor allem auf die großen touristischen Zentren konzentriert, in denen jetzt eine städtische Dichte entsteht, trägt der Tourismus ebenfalls zur Verstädterung der Alpen bei.

Die Bevölkerungsentwicklung als Indikator für den Strukturwandel in den Alpen

Die Veränderung der Bevölkerungszahlen stellt einen aussagekräftigen Indikator dar, um den wirtschaftlichen Strukturwandel zu erfassen, um quantitative Aussagen über die Entwicklung zu formulieren und um die Alpen im Kontext der sieben Staaten mit Alpenanteil zu positionieren.

Sowohl Industrialisierung wie Tertiarisierung sind in Europa mit einem starken Wirtschafts- und Bevölkerungswachstum verbunden. Wenn der gesamte Alpenraum zwischen 1871 und 1991 ein Bevölkerungswachstum von 70 Prozent verzeichnet, dann ist dies im Vergleich mit dem Wachstum aller sieben Staaten mit Alpenanteil von 107 Prozent ein unterdurchschnittlicher Wert, also ein Indikator für eine gewisse Strukturschwäche im Kontext Europas. Betrachtet man dagegen nur die beiden letzten Jahrzehnte, dann sieht die Lage anders aus: Mit einem Wachstum von 11 Prozent liegen die Alpen über dem Durchschnitt der sieben betroffenen Staaten (nur 7 Prozent) und über dem EU-Durchschnitt. Im Kontext der Tertiarisierung partizipieren die Alpen so stark an der europäischen Wirtschaftsentwicklung, dass sie ihren Charakter als strukturschwache Region verlieren und sich zu einer Gunstregion entwickeln.

Entscheidend bei der Analyse von Bevölkerungsdaten im Alpenraum ist die Wahl der richtigen Maßstabsebene. Die starken räumlichen Gegensätze beim Strukturwandel erfordern die Gemeindeebene, weil andernfalls wichtige Unterschiede verwischt würden.

Das Ergebnis fällt sehr überraschend aus: Das gesamtalpine Wachstum von 70 Prozent setzt sich aus zwei gegenläufigen Entwicklungen zusammen: 42 Prozent aller Alpengemeinden verzeichnen zwischen 1871 und 1991 einen Bevölkerungsrückgang von durchschnittlich 45 Prozent, 48 Prozent aller Alpengemeinden dagegen ein Wachstum von 149 Prozent.(1) Der alpine Durchschnittswert besitzt daher nur eine begrenzte Aussagekraft, vor allem bei der Positionierung der Alpen im europäischen Kontext.

Bei den nationalen Teilräumen fallen die französischen Alpen als der Raum der größten räumlichen Gegensätze besonders ins

Auge: Zwei Drittel aller Gemeinden verlieren die Hälfte der Einwohner, in einem Viertel der Gemeinden verdreifacht sich die Einwohnerzahl!

Damit wird der Blick auf ein wichtiges statistisches Phänomen gelenkt: 1871 lebten in den Rückgangsgemeinden noch 33 Prozent der Alpenbevölkerung, 1991 nur noch 11 Prozent. Der weitere dramatische Rückgang in diesen Gemeinden fällt daher auf der Ebene des gesamten Alpenraumes immer weniger ins Gewicht, was mit der Gefahr seiner Geringschätzung verbunden sein kann. Dagegen ist explizit zu betonen, dass diese Rückgangsgemeinden eine Fläche von 38 Prozent der Alpenfläche umfassen, also keinesfalls zu vernachlässigen sind.

Auch in den Jahren 1971 bis 1991 ist der starke Gegensatz zwischen Wachstums- und Rückgangsgemeinden weiterhin prägend. Neben Gemeinden in Entsiedlungsregionen, die seit 1871 Einwohner verlieren, finden sich jetzt bei den Rückgangsgemeinden auch zahlreiche Industriegemeinden (viele Gemeinden in der Mur-Mürz-Furche, im Kanton Glarus, im Einzugsbereich von Turin und so weiter), eine Reihe von Tourismusgemeinden, die entweder einen gewissen Sättigungsgrad erreicht haben (St. Moritz, Cortina d'Ampezzo), die touristische Probleme besitzen (Heiligenblut, Mallnitz, Lauterbrunnen) oder deren Bevölkerung nicht vom Tourismus profitiert (Limone Piemonte). Auch zentrale Orte im strukturschwachen Raum mit schlechter Erreichbarkeit (Sondrio, Tarvisio, Garessio oder Omegna) sowie 23 Gemeinden mit mehr als 25 000 Einwohnern (darunter Grenoble, Aosta, Bozen, Lugano) verlieren Einwohner, was im zweiten Fall jedoch auf die Suburbanisierung zurückzuführen ist (Rückgang der Bevölkerung im Stadtkern bei gleichzeitigem starken Wachstum der Agglomerationsgemeinden).

Aus diesen Gründen ist es nicht möglich, den Bevölkerungsrückgang 1971–1991 unmittelbar als Indikator für Strukturschwäche zu betrachten, was beim Zeitschnitt 1871–1991 noch sinnvoll war. Stattdessen wird Strukturschwäche jetzt folgendermaßen definiert: Die Gemeinden, die zwischen 1871 und 1991 ein überdurchschnittliches Bevölkerungswachstum (> 170 Prozent) verzeichneten, gelten nicht als strukturschwach, selbst wenn sie ab 1971 Einwohner verlieren. Alle Gemeinden jedoch, die 1871–1991 nur unterdurchschnittlich gewachsen sind oder gar Einwohner verloren haben, gelten als strukturschwach, wenn ihre Einwohnerzahl seit 1971 zurückgeht.

Das Ergebnis lautet: 33 Prozent aller Gemeinden mit 37 Prozent der Alpenfläche, aber nur noch 13 Prozent der Alpenbevölkerung sind 1991 strukturschwach. Der räumliche Schwerpunkt der Strukturschwäche verschiebt sich im 20. Jahrhundert: Lag er bis 1970 in den französischen Südalpen, so liegt er seitdem in den italienischen Westalpen, vor allem in den Ligurischen und Cottischen Alpen, wo sich weiterhin viele Talschaften auf dem Weg zur Entsiedlung befinden.

Trotz der allgemein positiven Wirtschaftsentwicklung der Alpen im Kontext der Tertiarisierung stellen die strukturschwachen Alpenregionen weiterhin ein großes Problem in den Alpen dar, das sich keinesfalls von selbst löst. Die Alpen sind deshalb heute insgesamt weder ein strukturschwacher, noch ein Wachstumsraum, sondern sie setzen sich aus unterschiedlichen Raumtypen zusammen:

Raumtypen	Gemeinden	Bevölkerung	Fläche
Städtische R.	31 Prozent	55,5 Prozent	22 Prozent
Ländliche R.	36 Prozent	31,5 Prozent	41 Prozent
Strukturschwache R.	33 Prozent	13 Prozent	37 Prozent

Betrachtet man die räumliche Verteilung, so fallen zahlreiche Alpenregionen ins Auge, in denen die städtischen Agglomerationen unmittelbar an den strukturschwachen Raum angrenzen. Am stärksten ist der nicht-strukturschwache ländliche Raum heute noch in großen Teilen Bayerns, Vorarlbergs, Tirols, Salzburgs und Südtirols ausgeprägt, aber wenn der derzeitige Strukturwandel ungebremst auch in Zukunft weitergeht, dann werden auch diese ländlichen Räume in etwa zwanzig Jahren verstädtert beziehungsweise zum kleineren Teil verödet sein.

Problemorientierte Regionstypen

Die Strukturanalyse hat deutlich gemacht, dass es *das* alpentypische Problem oder *die* alpenspezifische Situation nicht gibt. Aus der Vielzahl der Strukturen lassen sich aber vier zentrale Regionstypen mit je spezifischer Charakteristik und unterschiedlicher Problemkonstellation herausarbeiten. Die quantitativen Aussagen beruhen auf der Analyse von 41 Prozent aller Alpengemeinden, die auf den gesamten Alpenraum hochgerechnet wurden, und die auf Regionsebene ausgewertet wurden. Die Regionsebene wurde gewählt, weil auf dieser Ebene die staatlichen Berggebietspolitiken umgesetzt werden.

Zentren-dominierte Regionen (52 Prozent der Alpenbevölkerung, 35 Prozent der Alpenfläche): Dies sind Regionen mit einem Zentrum von mehr als 10 000 Einwohnern, in denen mehr als 55 Prozent der Regionsbevölkerung im Zentrum und in den umliegenden Pendlergemeinden leben. Solche Regionen liegen in guter Erreichbarkeit an einer Transitlinie oder in der Nähe des Alpenrandes und verzeichnen sehr hohe Wirtschafts- und Bevölkerungsentwicklungen.

Die zentralen Probleme liegen hier in den durch das alpine Relief konzentrierten Umweltbelastungen (Wasser-, Boden-, Luftverschmutzungen, Lärm) sowie in der knappen Siedlungsfläche (hohe Bodenpreise), sodass eine alpenspezifische Agglomerationspolitik notwendig wird.

Auspendlerregionen (18 Prozent der Bevölkerung, 12 Prozent der Fläche): Dies sind Regionen mit einer Auspendlerquote von über

18 Prozent, die als Wohnstandort für ein benachbartes Zentrum dienen und deren regionale Wirtschaft mit großen Problemen zu kämpfen hat. Sie liegen meist in guter Erreichbarkeit am Alpenrand in der Nähe von außeralpinen Großstädten, manchmal auch in der Nähe einer inneralpinen größeren Stadt.

Das zentrale Problem dieser Regionen liegt in ihrer Außenabhängigkeit und im Gegensatz Wohnen-Arbeiten, der eine gemeinsame Regionspolitik erschwert. Zur Reduzierung ihrer Außenabhängigkeit ist ein mögliches Regionszentrum wirtschaftlich und kulturell zu stärken und sind die endogenen Wirtschaftspotenziale in umweltverträglichen Formen besser zu nutzen, wobei der große Absatzmarkt im benachbarten Zentrum genutzt werden sollte (frische landwirtschaftliche Qualitätsprodukte, wertschöpfungsintensiverer Naherholungstourismus).

Nicht-zentrendominierte oder ländliche Regionen (23 Prozent der Bevölkerung, 37 Prozent der Fläche): Dies sind Regionen, in denen die Einheit von Wohnen und Arbeiten noch existiert und die weder ein größeres Zentrum besitzen, noch die Kriterien für eine Entsiedlungsregion erfüllen. Sie liegen meist in schlechter Erreichbarkeit im Alpeninnern.

Diese Regionen weisen meist eine ausgeprägte agrarische, industrielle oder touristische Monofunktion auf (nur die Hälfte von ihnen ist touristisch geprägt) und sind oft strukturschwach. Je nach Wirtschaftsstruktur steht der Erhalt des landwirtschaftlichen Potenzials, die Bewältigung des industriellen Strukturwandels oder der ökologische Umbau der touristischen Strukturen im Zentrum. Gleichzeitig geht es darum, regionalwirtschaftliche Vernetzungen zu intensivieren und die Dominanz der Monostrukturen zu reduzieren.

Entsiedlungsregionen (8 Prozent der Bevölkerung, 18 Prozent der Fläche): Diese Regionen verzeichnen seit 1871 einen kontinuierlichen

Bevölkerungsrückgang, der auch zwischen 1981 und 1991 weitergeht. Sie liegen vor allem in den Südwest-, Süd- und Südostalpen.

Es sind diejenigen Regionen, in denen sich die Grundsatzfragen der Alpenentwicklung sehr zugespitzt stellen: Soll man hier große Wildnisgebiete ausweisen oder durch dezentrale, umwelt- und sozialverträgliche Wirtschaftsimpulse die totale Entsiedlung und damit auch extreme Gegensätze im Alpenraum verhindern?

Schlussfolgerungen

Diese Darstellung des Strukturwandels im Alpenraum ermöglicht es
- bei den Schülern vorhandene Alpen-Klischeebilder mit wirtschaftsgeografischen Fakten zu konfrontieren;
- Fallbeispiele im größeren Kontext zu positionieren (Urlaubsorte der Schüler, Zielorte von Klassenfahrten, Literaturbeispiele) und ihnen damit ihre Zufälligkeit zu nehmen;
- durch Auswahl unterschiedlicher Fallbeispiele räumliche Stereotypen und regionale Klischeebilder durch eine realitätsnähere Darstellung zu ersetzen;
- die Unangemessenheit einfacher »Patent-Lösungen« für »die Alpen« (und andere Regionen) zu erkennen und sich der Herausforderung der naturräumlichen, kulturgeschichtlichen und wirtschaftlichen Kleinräumigkeit zu stellen;
- differenzierte Vergleiche zwischen dem Strukturwandel im Alpenraum und in der Heimatregion der Schüler durchzuführen;
- die Grundsatzfrage nach der Zukunft der Alpen differenziert (nach nationalen Teilräumen und Regionstypen) zu diskutieren und mit diesem Wissen andere europäische Großregionen beziehungsweise ganz Europa zu betrachten.

Anmerkungen

Im Jahr 1997 nimmt W.B. das Angebot an, für die geografiedidaktische Zeitschrift *Praxis Geographie* ein Themenheft »Alpen« zu konzipieren, um auf diese Weise die neuen Erkenntnisse über den Alpenraum für Erdkundelehrer aufzuarbeiten und so in den Schulunterricht einfließen zu lassen. Für dieses Themenheft schreibt er den Einführungsartikel (*Praxis Geographie*, 28/1998, Heft 2, Seiten 4–9), der hier ohne die vier Tabellen und ohne die farbige Beilagekarte im Format DIN A2 reproduziert wird.

(1) Die statistischen Analysen sind mit denen im Beitrag »Das neue Bild der Alpen« (S. 175) nicht direkt zu vergleichen, weil W.B. nach 1995 alle quantitativen Aussagen nicht mehr auf seine etwas restriktivere Alpenabgrenzung von 1993, sondern auf das Gebiet der Alpenkonvention bezieht. Dadurch erhöht sich die Zahl der Alpengemeinden von 5814 auf 6121 (mit Monaco später dann 6122 Gemeinden). Weil diese zusätzlichen Alpengemeinden alle am Rand der Alpen liegen und sich daher meist gut entwickeln, fallen die Durchschnittswerte der Alpen dadurch teilweise leicht positiver aus.

Balance zwischen Autarkie und Globalisierung

In der aktuellen Diskussion wird oft gefordert, Wirtschaftsaktivitäten sollten »soweit wie möglich« in der Region miteinander vernetzt werden. Aber was soll das konkret heißen? Sollen nur diejenigen Wirtschaftsaktivitäten, die nicht globalisierungsfähig sind oder die sinnvollerweise nicht auf der globalen Ebene ablaufen können (aber was ist hier der Maßstab für »sinnvoll«?), im regionalen Rahmen ablaufen, oder soll möglichst alles Wirtschaften regionalisiert werden, wie der häufig verwendete Begriff »regionale Wirtschaftskreisläufe« anzudeuten scheint? Ist die Idee der regionalen Wirtschaftsverflechtungen eine Kampfansage an den Prozess der Globalisierung, weil sie eine Autarkie- oder Kreislaufwirtschaft fordert, oder nur eine Ergänzung, die einen bislang unterbelichteten Teilaspekt der Globalisierung aufwertet?

Die Mär von der Autarkie

Am Beispiel der Alpen werden diese Grundsatzfragen schnell sehr anschaulich. Die Idee einer autarken Wirtschaft in den Alpen ist illusorisch, da die meisten Menschen heute von Wirtschaftsaktivitäten für außeralpine Nachfrager leben (Tourismus, Industrie, Wasserkraftproduktion, Handel und Transitverkehr). Rein theoretisch haben um 1870, als Land-/Forstwirtschaft noch in der Blüte ihrer

Entwicklung standen, maximal vier Millionen Menschen in den Alpen von der Nutzung der endogenen Potenziale gelebt – für die heutigen 13 Millionen Menschen wäre bei einer Autarkie-Wirtschaft kein Platz!

Auch die oft gehörte Meinung, die Alpen wären in der vorindustriellen Zeit wirtschaftlich autark gewesen, ist falsch: Zahllose Marktorte in den Alpen und am Rande der Alpen belegen, wie viele Lebensmittel und Güter regelmäßig getauscht werden mussten, weil die einzelne Familie, das einzelne Dorf, das einzelne Tal von manchen Produkten per Zufall zu viel, von anderen zu wenig besaß. Und überall wurden naturräumliche Unterschiede wie zum Beispiel zwischen tiefen Tallagen und hochgelegenen Seitentälern oder zwischen Alpen- und Vorlandregionen für wechselseitige Spezialisierung und systematischen Austausch genutzt. Die zeitweilige Auswanderung von Alpenbewohnern (kein Indiz für Überbevölkerung, sondern uralte Praxis) und der dezentrale Saumverkehr durch die Alpen sorgten für weitere wichtige Verflechtungen zwischen den Alpen und den Nachbarregionen.

Selbst aus kulturellen Gründen wäre die Realisierung einer Autarkie problematisch: Die Alpen haben im Laufe der Geschichte bis heute stets vom Austausch und der offenen Kommunikation mit Europa profitiert. Oftmals gehen gerade von Zuzügern, also von »Fremden«, wichtige Impulse für eine bessere Nutzung der endogenen Potenziale und eine bessere wirtschaftliche Verflechtung zwischen ihnen aus. Eine Autarkie-Wirtschaft als Kampfansage an die Globalisierung ist aus wirtschaftlichen, geschichtlichen und kulturellen Gründen in den Alpen also nicht realistisch und nicht einmal wünschenswert: Der Austausch von Wirtschaftsprodukten auf der Grundlage unterschiedlicher Naturraumpotenziale ist ökologisch sinnvoll und oft mit kultureller Bereicherung eng verbunden.

Dies stellt aber kein Argument für die ungehemmte Globalisierung dar. Im Rahmen der zunehmenden europa- und weltweiten Arbeitsteilung geraten die Alpen immer stärker in Abhängigkeit von der außeralpinen Wirtschaft: Die endogenen Ressourcen der Alpen (Land-/Forstwirtschaft, Rohstoffgewinnung, lokales Handwerk und Gewerbe) werden total entwertet, weil diese Produkte an anderen Stellen Europas viel billiger hergestellt werden können, und die Nutzung bestimmter alpiner Ressourcen für die europäischen Zentren (Erholung, Transit, Wasser) wird wirtschaftlich dominant, was untrennbar mit dem Verlust von Eigenständigkeit und Eigenverantwortung verbunden ist.

Diese Entwicklung führt zu gravierenden Problemen: In den Gunsträumen, also in den gut erreichbaren Tälern, Becken und in ausgewählten Hochlagen, herrscht heute eine ausgeprägte Übernutzung vor, in den großflächigen Ungunsträumen, also auf den Hängen und im eigentlichen Hochgebirge, wird jede Nutzung eingestellt – beide Male sind damit schwere ökologische und kulturelle Probleme verbunden.

Aber nicht einmal wirtschaftlich ist diese Entwicklung für die Alpen attraktiv: Je länger sie anhält, desto mehr verlieren die Einheimischen im Rahmen der großräumigen Arbeitsteilungen ihre wirtschaftliche Selbständigkeit an außeralpine Konzerne. Dies ist derzeit im Tourismus gut zu sehen, wo die Pensionen und kleinen Hotels der Ortsansässigen durch internationale Hotelkonzerne vom Markt verdrängt werden. Ähnliches läuft bei den alpinen Städten ab: Lange Zeit hatten sie eine große wirtschaftliche und funktionale Selbstständigkeit als »Zentrale Orte« für ihr Umland; seit etwa einem Jahrzehnt jedoch werden sie dank optimaler Erreichbarkeit auf der Straße und mittels der neuen elektronischen Medien zu »Vororten« der großen Zentren wie München, Wien, Mailand, Lyon oder Zürich umfunktioniert, wodurch ihre Eigenständigkeit drastisch abnimmt.

Und da alle modernen Formen der Nutzung sehr intensiv ausgeübt werden, sind sie mit anderen Nutzungsformen immer schlechter zu vereinbaren. Deshalb entstehen wirtschaftlich labile, extern geprägte Monofunktionen: Tourismus-, Industrie-, Transit-, Wohnregionen, ergänzt durch diejenigen Funktionen, für die in den Agglomerationen kein Platz mehr ist: Militärische Übungsgebiete, Abfall- und Deponiegelände (auch für radioaktiven Abfall), Wasserkraft- oder Trinkwassergebiete. Im Rahmen dieses Strukturwandels gerät so die gesamte alpine Wirtschaft in die *direkte* Abhängigkeit der europäischen und globalen Wirtschaftszentren. Dabei werden die traditionellen Nutzungsformen mit ihrem engen Bezug zu Umwelt, Geschichte und Kultur entweder ersatzlos zerstört oder durch moderne Formen ersetzt, die weder umwelt- noch sozialverträglich sind und die wirtschaftlich wegen ihrer Monofunktion und Zentren-Abhängigkeit sehr labil sind.

Idee der ausgewogenen Doppelnutzung

Diesen mit der Globalisierung verbundenen Problemen lässt sich nicht durch eine Aufwertung von nicht globalisierungsfähigen Ressourcen begegnen – ihr Effekt wäre viel zu unbedeutend. Da weder Autarkie noch Globalisierung als Leitidee für »regionale Wirtschaftsverflechtungen« geeignet sind, soll hier als dritte Idee diejenige der »ausgewogenen Doppelnutzung« propagiert werden. Kerngedanke ist, dass überregionale Arbeitsteilung und Wirtschaftsaustausch unverzichtbar sind, dass sich daraus aber keine einseitigen Abhängigkeiten zwischen Zentren und Peripherien entwickeln dürfen. Denn diese führen zu ökologischen, sozio-kulturellen und auch wirtschaftlichen Problemen in den Alpen, im ländlichen Raum, in der Peripherie, die langfristig auch die Wirtschaft der Zentren zerstören, also keine nachhaltige Entwicklung ermöglichen.

Zur Konzeption von Vernetzungsprojekten

Für die Alpen gilt, dass jede Produktion wegen des Naturraumes, der notwenigen Umwelt- und Sozialverträglichkeit sowie der geringen produzierten Mengen relativ teuer sein muss, weshalb es sinnlos ist, auf dem Markt mit Massenprodukten zu konkurrieren. Daher muss bei allen Produkten eine hohe Qualität im Zentrum stehen, die durch orts- beziehungsweise regionaltypische Differenzierungen besonders unterstrichen (Konkurrenzvorteil Besonderheit und Unverwechselbarkeit) und durch das positive Alpen-Image noch verstärkt wird.

Damit diese Qualität gegenüber dem Verbraucher, gegen »schwarze Schafe« innerhalb und Trittbrettfahrer außerhalb der Alpen gewährleistet ist, braucht es eine kontrollierte Herkunftsbezeichnung mit systematischer Qualitätskontrolle. (1)

Darüber hinaus ist es oft wenig effektiv, sich auf ein einziges Produkt zu konzentrieren, sondern es ist sinnvoller, regionale »Wertschöpfungsketten« aufzubauen. Beispiel: Aufwertung einer fast ausgestorbenen Schafrasse, die optimal ans Gebirge angepasst ist, Qualitätskontrolle bei der Zucht, nachhaltiger Weidegang auf den Almen, Vermarktung des Fleisches in ausgewählten Restaurants der Region in Form traditioneller Gerichte, Vermarktung der Wolle durch Handwerker, die daraus regionstypische Produkte herstellen und so weiter. Dabei kommt der Verknüpfung mit exogenen Nachfragern ein hoher Stellenwert zu, weil diese sehr viel zahlreicher sind als die lokale oder regionale Bevölkerung, weil sie teilweise über eine höhere Kaufkraft verfügen und weil sie häufig diese Qualitätsprodukte mehr schätzen als die Einheimischen selbst. Beim Beispiel der traditionellen Schafrasse ergäben sich folgende Vernetzungen: Geführte Wanderungen für Gäste zu den Almgebieten der Schafe, Angebot lokaler Schaffleischgerichte im Restaurant auch für Touristen, Verkauf von Fleisch- und Wolleprodukten, die von ihnen nach Hause mitgenommen werden und Ähnliches.

Damit solche Vernetzungen eine regionalwirtschaftliche Bedeutung erlangen, braucht es die Zusammenarbeit mehrerer Personen, Familien oder Gruppen, denn Einzelne wären beim Aufbau solcher Wertschöpfungsketten völlig überfordert. Im Gegensatz zur teilweise verbreiteten Ansicht, dass bei dieser Form des Wirtschaftens jeder alles machen könne, ist darauf hinzuweisen, dass die notwendige Qualität erhebliche Anforderungen an jede einzelne Tätigkeit stellt und dass dabei ein erhebliches Maß an Professionalität erforderlich ist.

Dies betrifft auch den Bereich der Vermarktung. Die heute verbreitete Idee der Selbstvermarktung führt zu einer sehr hohen Arbeitsbelastung, oft zu Lasten der Frauen, die nur in wenigen Fällen wirklich effektiv ist. Im Sinne einer professionellen und qualitätsgerechten Vermarktung müssten hier eigene Strukturen aufgebaut werden – regionsspezifische Dienstleistungen stehen am Ende der Wertschöpfungskette!

Potenziale für regionale Wirtschaftsverflechtungen

Folgende Potenziale können in den Alpen aufgewertet werden und Ausgangspunkt beziehungsweise Zwischenglieder oder Endpunkte regionaler Wertschöpfungsketten werden:

Erster Wirtschaftssektor

Der Land- und Fortwirtschaft kommt bei dieser Leitidee eine Schlüsselrolle zu, weil sie die einzigen flächenhaften Wirtschaftsformen sind, die die so wichtigen dezentralen Arbeitsplätze zur Verfügung stellen und die für die ökologische Vielfalt und Stabilität der gesamten Kulturlandschaft (der zentralen Vorraussetzung für viele andere Wirtschaftsformen) verantwortlich sind.

Ackerbau: Aufgrund geringer Produktivität (wenig Ertrag bei viel Arbeit) ist der Ackerbau sehr stark zurückgegangen. Trotzdem gibt es an sonnigen, trockenen Lagen gewisse Möglichkeiten, alte Getreidesorten anzubauen und aufzuwerten, wenn das Getreide auch auf spezifische Weise weiterverarbeitet und vermarktet wird (Gerstensuppe, Brot und Ähnliches).

Viehwirtschaft: Milch, Fleisch und die Aufzucht von Jungvieh stellen derzeit die zentralste landwirtschaftliche Ressource der Alpen dar, die aber noch häufig auf Quantität ausgerichtet ist und nicht spezifisch vermarktet wird. Der Aufbau von Qualitätsprodukten, die Verlängerung der Wertschöpfungskette (zum Beispiel von der Milch bis zum Käse), eine gezielte Vermarktung, der Einbezug von Schafen, Ziegen, Pferden sowie die Aufwertung traditioneller Haustierrassen stellen hier wichtige Möglichkeiten dar. (2) Dafür besteht auch ein Marktpotenzial, wie die riesige Nachfrage zum Beispiel nach Almmilch und Almkäse zeigt, die derzeit oft gar nicht befriedigt werden kann.

Sonderkulturen: Gemüse und Obst wird in den inneralpinen Trockenzonen in sehr großen Quantitäten produziert, leider häufig auf wenig umweltverträgliche Weise. Die Umstrukturierung dieser Produktion auf umweltverträgliche Qualitätsprodukte würde die regionale Wertschöpfung deutlich erhöhen. Aber auch viele andere Alpenregionen, vor allem am warmen Alpensüdrand, könnten sich hier wichtige Potenziale erschließen (zeitversetztes Reifen gegenüber den tiefen Lagen als Konkurrenzvorteil bei Obst und Gemüse, Folgeprodukte bis hin zu Marmelade, Säften, Obstbränden haben teilweise bereits eine Tradition). Beim Wein sieht die Lage sehr unterschiedlich aus. Teilweise wurde auf billige Massenware gesetzt, teilweise bloß auf Eigenkonsum; dieses prestigeträchtige Produkt könnte noch eine viel größere Bedeutung erlangen. Die Esskastanien waren der klassische Reichtum der Alpensüdseite. Erst in den

1950er-Jahren brach ihre Produktion zusammen (Kastanienkrank-
heit, kulturelle Entwertung als »Brot der Armen«): Hier bestehen
sehr große und wichtige Potenziale. Darüber hinaus haben früher
noch diverse Heilkräuter sowie Lavendel vor allem in trockenen
Alpenregionen eine gewisse Rolle gespielt; diese Nutzungen könnten ebenfalls ausgebaut werden.

Waldwirtschaft: Aufgrund der niedrigen Holzpreise in den letzten Jahrzehnten wächst derzeit sehr viel mehr Holz in den Alpen
nach, als jährlich geschlagen wird. (3) Daher stellt der Wald eine zentrale Ressource dar. Zwar ist eine umweltverträgliche Waldnutzung
(keine Kahlschläge, keine Forstautobahnen) nicht billig, aber sie
lässt sich in Vernetzung mit anderen Wirtschaftsaktivitäten (Pferde-
haltung, Nebenerwerb im Winter) durchaus produktiv gestalten.
Das Holz dient einem dreifachen Zweck: Bauholz (inklusive Schin-
deln, Verschalungen), Werkholz (Möbel, Geräte, Kunstgegenstände)
und Brennholz (vor allem Schwachholz und Hackschnitzel).

Extrahierendes Gewerbe: Die Gewinnung von Sand, Kies und
Schotter wird überall praktiziert, hierbei wäre vor allem die Umweltverträglichkeit zu verbessern. Im weiten Bereich der »Steine«
gibt es an zahlreichen Orten Sondervorkommen (Marmor, Speck-
stein, Schieferplatten), die teilweise effektiver genutzt werden könnten als bisher. Die früher einmal so wichtigen Erze (inklusive Gold)
sind heute nicht mehr abbauwürdig; die Relikte dieser Nutzungen
können aber teilweise als Kulturdenkmäler und Sehenswürdigkeiten eine gewisse Aufwertung erfahren.

Zweiter Wirtschaftssektor

Energie- und Wasserkraftnutzung: Große, dem Geist der Industriegesellschaft entsprechende Anlagen sind nicht umweltverträglich
zu gestalten. Allerdings gibt es große Potenziale für kleine, dezent-

rale Anlagen, die je nach Standort verschiedene Energiequellen kombinieren (Wasserkraft, Holz, Solarenergie, Biogas, Erdwärme, direkte Sonneneinstrahlung) und so Haushalten und Betrieben wichtige Kosteneinsparungen ermöglichen könnten.

Bauwirtschaft: Diese Branche ist beim Einfamilienhausbau wenig globalisierungsgefährdet, bei größeren Aufträgen sieht die Lage jedoch bereits anders aus. Zentrale Herausforderung wäre hier das landschaftsgerechte Bauen unter Verwendung lokaler Rohstoffe und entsprechender Heizungen sowie der Strukturwandel weg vom Neubau hin zur Renovierung der bestehenden Bausubstanz und der Beseitigung der Bausünden der 1960er und 1970er-Jahre. (4)

Handwerk: Die handwerkliche Produktion von Gebrauchsgütern ist weitgehend zusammengebrochen, überlebt hat meist nur das touristisch ausgerichtete Kunsthandwerk. Trotzdem ist zu überlegen, ob das Handwerk nicht neu aufgewertet werden könnte, und zwar auf der Basis der Verarbeitung lokaler beziehungsweise traditioneller Rohstoffe (Steine, Holz, Stroh, Wolle) zu Qualitätsgebrauchsprodukten. Der wirtschaftliche Erfolg der Firma Manufactum aus dem Ruhrgebiet zeigt, welche Marktpotenziale dabei erschlossen werden können. (5) Mit den »Heimatwerken« in der Schweiz, Österreich und Südtirol besteht bereits eine Vertriebsstruktur, die dafür gezielt genutzt werden könnte. Auch das Kunsthandwerk verdient eine Aufwertung, vor allem dort, wo es noch gar nicht vorhanden ist.

Industrie: Industriestandorte haben in den Alpen eine lange Tradition und große Bedeutung, aber viele von ihnen wurden zwischen 1980 und 1990 aus Konkurrenzgründen geschlossen. Die klassischen Industriebetriebe waren sehr groß und in den Großstädten beheimatet, sodass in den Alpen meist Filialbetriebe angesiedelt wurden, die bei Problemen zuerst geschlossen wurden. Seit Kurzem ändert sich das: Klein- und Mittelbetriebe sind, wenn sie in

Netzwerken kooperieren, oft flexibler und konkurrenzfähiger als Großbetriebe, und die Telekommunikation lässt viele Entfernungen schrumpfen. Damit verbessern sich die Voraussetzungen für neue Industriebetriebe in den Alpen deutlich. (6) Obwohl diese Betriebe aufgrund ihrer hoch spezialisierten Produktion meist wenig mit der alpenspezifischen Regionalwirtschaft verflochten werden können, sind sie doch unverzichtbar zur Gewährleistung von hoch qualifizierten Ganzjahresarbeitsplätzen und zur Diversifizierung der alpinen Wirtschaftsstruktur.

Dritter Wirtschaftssektor

Wirtschaftsbezogene Dienstleistungen: Die alpine Wirtschaft benötigt zahlreiche Dienstleistungen (Rechtsanwalt, Steuerbüro, Werbefirma, Handel, Spedition). Charakteristisch ist dabei, dass heute ein Teil dieser Dienstleistungen nicht aus der Region bezogen wird, obwohl Angebote dafür vorhanden wären, sondern aus den benachbarten außeralpinen Zentren, weil man großstädtischen Firmen eine höhere Qualifikation und Kompetenz zutraut als jenen »auf dem Land«. Dies findet man auch im Tourismus, wo bekannte Alpentäler ihre Werbung von Münchner, Wiener oder Mailänder Werbeagenturen erstellen lassen, auch wenn diese das Tal kaum kennen und nur eine wenig spezifische Werbung entwerfen können. Hier bestehen erhebliche Vernetzungspotenziale durch Informations- und Imageverbesserung, und eine Aktivierung von regionalen Wertschöpfungsketten kann Arbeitsplätze auch in diesem Bereich neu entstehen lassen.

Öffentliche und private Infrastrukturen: In unserer Zeit, in der das Infrastrukturangebot aus Kostengründen umso besser ausgebaut ist, je größer die Zahl der Nachfrager auf kleinem Raum ist (nur in den Großstädten sind alle hoch spezialisierten Angebote vollständig vorhanden), sind die Alpen wegen ihrer geringen Siedlungsdichte grundsätzlich benachteiligt. Dies bedeutet bereits gewisse Schwierigkeiten für die Alpenstädte, die im Vergleich mit außeralpinen Städten relativ klein sind, schafft aber im ländlich-peripheren Raum fundamentale Probleme. Wo Infrastrukturen wie Laden, Kneipe, Post, Bank, Schule, Arzt unzureichend oder nur schlecht zu erreichen sind, sind Besiedlung und dezentrale Wirtschaftsstandorte stark gefährdet. Da es aus Kostengründen unmöglich ist, das Prinzip der städtisch orientierten Infrastrukturen mit ihren hohen Spezialisierungen auf dünn besiedelte Alpentäler zu übertragen, braucht es besondere Lösungen, nämlich eine multifunktionale Grundversorgung und Grundinfrastruktur, bei der mehrere Einrichtungen (Laden, Post, Bank) miteinander verbunden werden, um die notwendige Auslastung zu gewährleisten, und Beschäftigte mit mehreren Berufen und Einkommensquellen aus mehreren Branchen.

Infrastrukturen, die auf diese Weise gesichert oder neu geschaffen werden, stellen nicht nur wichtige dezentrale Arbeitsplätze dar, sondern sie sind unverzichtbar für den Erhalt der übrigen dezentralen Arbeitsplätze und damit für den Aufbau regionaler Wertschöpfungsketten quer durch alle Branchen hindurch.

Tourismus und Naherholung: Zu den Dienstleistungen zählt auch der Bereich Tourismus (inklusive Ausflugstourismus und Naherholung). Obwohl die Alpen zu den wichtigsten Urlaubsregionen der Welt gehören, gibt es hier noch ungenutzte oder wenig genutzte Potenziale, allerdings ist die Situation in den einzelnen Tälern und Gemeinden sehr unterschiedlich: In den großen Tourismuszentren ist ein weiterer Ausbau der touristischen Infrastrukturen umwelt- und sozialunverträglich. Hier besteht die große Aufgabe in der Sanierung der ökologischen Schäden und der starken Verflechtung dieser Wirtschaftsbranche mit der regionalen Wirtschaft, um die touristische Monostruktur zu reduzieren. Außerhalb

dieser Tourismuszentren, die etwa zehn Prozent der Alpengemeinden ausmachen, gibt es dagegen noch erhebliche Potenziale – sei es,
dass bestehende Angebote zu schlecht genutzt werden, sei es, dass
gar kein touristisches Angebot besteht (wie in etwa 40 Prozent aller
Alpengemeinden). Der Aufbau von neuen Angeboten ist heute jedoch nur noch in Form des »sanften« Tourismus sinnvoll, also als
nicht-technisiertes Angebot, das gezielt umwelt- und sozialverträglich ausgestaltet wird, und das nicht als Monostruktur, sondern in
enger Vernetzung mit Landwirtschaft, Handwerk und anderen
Dienstleistungen gestaltet wird. Neben dem Bereich des Tourismus
darf die Naherholung (Quellgebiete: große Metropolen in der Nähe
des Alpenrandes, inneralpine Städte) nicht übersehen werden, die
heute den betroffenen Gebieten ökonomisch wenig einbringt und
ökologisch sehr belastend ist. Die Erarbeitung von wertschöpfungs-
intensiveren Formen der Naherholung, die zugleich umwelt- und
sozialverträglich sind, stellt eine wichtige Aufgabe dar.

Zentrale Erfahrungen: Ernüchterungen und Perspektiven

Viele Initiativen und Projekte stellen relativ schnell fest, wie wenig
regionale Wirtschaftsverflechtungen selbst im Alpenraum noch
existieren und wie viele grundsätzliche Hindernisse es dabei gibt.
Das beginnt bei den Molkereien (nur in der Schweiz gibt es noch
dezentrale Käsereien) (7) und dem mit ihnen verbundenen Liefer-
zwang, der eine Direktvermarktung der Milch verunmöglicht und
lange Transportwege erzwingt, und endet bei zahllosen gesund-
heitspolizeilichen Vorschriften bei Produktion und Verkauf noch
lange nicht. Um diese Hemmnisse zu überwinden, braucht es nicht
nur viel Engagement und persönliche Initiative, sondern ebenso
viel Fachwissen in den verschiedensten Branchen und eine professionelle Herangehensweise.

Ist man aber dabei, diese Probleme zu lösen, zeigt sich bald ein weiteres Problem, nämlich die Blockierung der neuen Ideen »im Kopf«: Auch wenn regionale Produkte nicht teurer sind, bleiben viele Betriebe bei ihren herkömmlichen Wirtschaftsbeziehungen, weil dies einfacher oder bequemer ist, kein Umdenken verlangt oder weil man Menschen mit neuen Ideen gegenüber misstrauisch ist. Es braucht immer eine gewisse Zeit, bis diese Widerstände überwunden sind und dabei spielen ökonomische Argumente oft keine zentrale Rolle.

Eine große Hilfe ist dabei immer wieder, dass noch bestehende oder neu entwickelte regionale Qualitätsprodukte von Städtern und Touristen entdeckt und sehr geschätzt werden. Damit können nicht nur die anfänglichen Absatzprobleme gemeistert werden, sondern gerade die externe Wertschätzung führt nach einiger Zeit dazu, dass auch die Einheimischen den Wert dieser Produkte erkennen. Die Aufwertung der endogenen Potenziale wird durch exogene Nachfrager also erheblich gestärkt und gefördert!

Damit diese Initiativen schließlich dauerhaften Erfolg und Einfluss in der Regionalwirtschaft haben können, müssen die einzelnen, »inselhaften« Projekte zu komplexen Wertschöpfungsketten verknüpft werden, und es braucht weiterhin positive Rahmenbedingungen dafür auf der Ebene der Gemeinde, des Kreises, des Bundeslandes, des Staates sowie auf der Ebene der Alpenkonvention, die als »politisches Dach« der Alpen diese Möglichkeiten nach außen hin sichert und verteidigt.

Ausblick

Häufig wird in der Öffentlichkeit davon geredet, dass mit zunehmender Globalisierung zugleich automatisch die Chancen für regionale Produkte und Strukturen wachsen. Dies sieht jedoch nur an der Oberfläche so aus, in Wirklichkeit läuft das Gegenteil ab: Die Vorstellungen städtischer Bewohner, welches »originale« Regionalprodukte seien und wie sie auszusehen hätten, sind oft stark von Klischeebildern und industrieller Werbung geprägt. Deshalb besteht die Gefahr, dass diese Wünsche besser und schneller von großen Konzernen als von »echten« Regionalproduzenten befriedigt werden können, beziehungsweise dass sich die Regionalproduzenten diesen städtischen Klischeebildern unterwerfen und eine falsche Musealität herstellen (zum Beispiel wie ein »richtiger« Bergbauernhof oder eine »richtige« Alm auszusehen habe).

Gegenüber einer solchen oberflächlichen und falschen Regionalisierung bedeutet die Leitidee der ausgewogenen Doppelnutzung eine Herausforderung, die sehr viel Arbeit und Anstrengung erfordert, die keineswegs »automatisch« läuft, die aber eine reale Alternative zur grenzenlosen Globalisierung darstellen könnte. (8)

Anmerkungen

Mit dem Umzug von Bern nach Erlangen wird W.B. mit zahlreichen neuen Regionalinitiativen und Regionalprodukten konfrontiert, die Mitte der 1990er-Jahre in der Region Nürnberg gerade entstehen. Er beobachtet sie aufmerksam und lässt dieses Phänomen in zahlreichen Examensarbeiten im Raum Franken und der angrenzenden Oberpfalz konkret analysieren. Später vergibt er dazu eine Dissertation an Ulrich Ermann, die fundamental wichtige Ergebnisse bringt (*Regionalprodukte. Vernetzungen und Grenzziehungen bei der Regionalisierung von Nahrungsmitteln*, Stuttgart 2005). Vor diesem Hintergrund regt W.B. ein einschlägiges Themenheft für die Zeitschrift *Politische Ökologie* (München) an, das er inhaltlich mitkonzipiert und das im Juli 1998 unter dem Titel »Gratwanderung zwischen Autarkie und Globalisierung – die Alpen als Vorreiter für ein regionales Wirtschaften« (*Politische Ökologie*, 16/1998, Heft 55) erscheint. Für dieses Heft verfasst er den Einführungsartikel (Seite 26–32), der hier wiedergegeben wird. Die Wochenzeitung *Die Weltwoche* (Zürich) druckte in ihrer Ausgabe Nummer 34 vom 20. August 1998 auf Seite 31 in der Rubrik »Mythos Alpen« eine gekürzte Fassung dieses Textes ab, und diese Kurzfassung erschien auch im *CIPRA-Info,* Nummer 50 vom Oktober 1998 auf Seite 12–13 sowie im Band *Wasserkraft und Regionalentwicklung* (Schaan 1998, Seite 46–47, CIPRA-Schriften 16).

(1) Es gab in der Vergangenheit einige Ansätze, ein alpenspezifisches Qualitätslabel aufzubauen, aber dies ist aufgrund der sehr komplexen Strukturen in den Alpen bis heute nicht realisiert worden, obwohl es nach wie vor sehr wichtig wäre.

(2) Die Aufwertung traditioneller Haustierrassen und Pflanzensorten hat dank der Arbeit von Pro Specie Rara inzwischen einige wichtige Fortschritte gemacht.

(3) Auch wenn die Holzpreise in den Jahren 2007 und 2008 wieder angezogen haben und dank steigender Ölpreise auch in Zukunft steigen dürften, so hat sich an der Situation im Alpenraum – es wächst sehr viel mehr Holz nach, als geschlagen wird – kaum etwas geändert, weil die Erntekosten sehr hoch liegen.

(4) Der regelmäßige Architekturpreis »Neues Bauen in den Alpen« hat hier inzwischen für wichtige alpenweite Impulse gesorgt. Einige Architekten wie etwa Gion A. Caminada (Vrin/Graubünden) wählen ganz bewusst für ihre Bauten lokale Baustoffe aus, die von den lokalen Betrieben be- und verarbeitet werden können, sodass dadurch Wertschöpfungsketten aufgebaut werden.

(5) Da der Erfolg dieser Firma seitdem weiter sehr stark gewachsen ist und sie inzwischen sogar in den Lebensmittelbereich eingestiegen ist (www.manufactum.de), stellt dies nach wie vor ein sehr wichtiges Beispiel dar, das im Alpenraum jedoch unbekannt geblieben ist.

(6) Der damalige große Erfolg dieser sogenannten »postfordistischen« Wirtschaftsstrukturen, vor allem im Bereich Belluno (Brillen-Produktion) und in anderen Regionen der italienischen Zentral- und Ostalpen, hat sich inzwischen deutlich abgeschwächt, und es ist derzeit unklar, ob sie im Kontext der Globalisierung eine Zukunft haben.

(7) Da die Schweiz im Rahmen der sogenannten »bilateralen Verträge« mit der EU kurz darauf die EU-Hygienerichtlinien im Bereich der Milchverarbeitung voll übernimmt (um den Export des Schweizer Käses in die EU nicht zu gefährden), ist die Zahl der Molkereien im Berggebiet inzwischen deutlich zurückgegangen.

(8) Diese Gedanken hat W.B. im Rahmen seiner Vorlesung »Der ländliche Raum« weiter ausgearbeitet und in einen größeren räumlichen Kontext gestellt.

Der Lawinenwinter 1999 in den Alpen

Im Unterschied zu den meisten Wintern des letzten Jahrzehnts, die ausgesprochen schneearm waren, hatte es im November und Dezember 1998 bereits ausgiebig geschneit. Nach einer längeren Schönwetterperiode durch ein Hochdruckgebiet setzten dann ab dem 9. Januar wieder Schneefälle ein, die mit kleineren Unterbrechungen außergewöhnlich lange andauerten. Ursache war eine Nordwestströmungslage: Polare Luft zog aus der Arktis über Atlantik und Nordsee, wo sie viel Feuchtigkeit aufnahm, nach Mitteleuropa, wo sie auf die Alpen stieß und die Niederschläge in Form von Schnee fielen. Ab dem 8. Februar bestand am gesamten Alpennordwestrand zwischen Montblanc und Arlberg sehr große Lawinengefahr. Orkanartige Luftströmungen in der Gipfelregion verstärkten die Lawinengefahr noch zusätzlich, indem die Schneemassen so stark verblasen und verwirbelt wurden, dass selbst an gewöhnlich lawinenfreien Hängen eine Bedrohung durch Lawinen entstand.

Da die Schneefälle immer nur kurzfristig durch Zwischenhochs unterbrochen wurden und sich anschließend die Nordwestströmung wieder aufbaute, spitzte sich die Lage nach dem 8. Februar schnell katastrophal zu und erreichte zwischen dem 21. und 25. Februar 1999 ihren Höhepunkt. Zu dieser Zeit waren etwa 100 000 Menschen in den Alpen vom Schnee eingeschlossen, es gab unzählige Schadenlawinen, die bis ins Tal abgingen und zahlreiche Todesopfer forderten, und am Gotthard waren die Transitrouten für längere Zeit unterbrochen – die Alpen zwischen Montblanc und Arlberg befanden sich im Ausnahmezustand. Anschließend beruhigte sich die Situation etwas. Die Lawinengefahr blieb zwar weiterhin bestehen, aber große Schadenereignisse blieben aus. Am 2. und 3. März setzten noch einmal starke Schneefälle ein, die diesmal von Süden her kamen und die einen italienischen Touristenort sowie die Gotthard-Autobahn für 24 Stunden blockierten; am 7. März führte die Schneeschmelze in den nordfranzösischen Alpen mittels Muren und Erdrutschen zur Straßenblockade und in Osttirol zu einer letzten großen Lawine.

Gesamtbilanz: Über 70 Tote, davon 38 in Galtür/Tirol, 12 in Chamonix/Savoyen, 10 in Evolène/Wallis und knapp 1000 Schadenlawinen.

Pro Winter sterben durchschnittlich 80 bis 100 Menschen in den Alpen durch Lawinen, die meisten von ihnen allerdings durch Leichtsinn und Unachtsamkeit beim Skifahren und auf Skitouren.

War dies ein »Jahrhundertereignis«?

Die vielen schneearmen Winter in den letzten zehn Jahren haben schnell den Eindruck entstehen lassen, dass Lawinen heute eigentlich keine reale Gefahr mehr darstellen. Dagegen ist aber zu betonen, dass Wetterlagen mit sehr hoher Lawinengefahr typisch für die Alpen sind. Etwa alle zehn Jahre ist die Lawinengefahr so groß, dass wichtige Zufahrtsstraßen für ein bis drei Tage gesperrt werden müssen. Dies war zuletzt 1984, 1975, 1968, 1962 sowie 1954 der Fall.

Das diesjährige Ereignis besitzt allerdings eine sehr viel größere Dimension. Gegenüber unserem heutigen gesellschaftlichen Kurzzeitgedächtnis ist darauf hinzuweisen, dass der letzte große Lawinenwinter im Januar/Februar 1951 stattfand. Er beruhte auf einer ganz ähnlichen Nordwestströmung wie 1999 und betraf in erster Linie die Schweizer Alpen. Damals gingen dort 1421 Schadenlawinen ab, es wurden 1527 Gebäude zerstört und 98 Menschen getötet.

Der Vergleich mit heute fällt nicht leicht: Damals gab es keinen Wintertourismus und kaum Lawinenverbauungen, und auch die Zahl der Einheimischen war deutlich geringer als heute. Die Februar-Neuschneemengen waren 1951 wohl ähnlich hoch wie 1999, aber die winterliche Gesamtschneemenge lag 1999 höher als 1951.

Lawinenwinter, die mit 1999 und 1951 vergleichbar sind, gab es 1808, 1720, 1689 und 1566, wobei die Vergleiche immer unschärfer werden, je weiter man in die Vergangenheit zurückgeht. Trotzdem kann man mit Sicherheit feststellen, dass der Lawinenwinter 1999 ein sogenanntes Jahrhundertereignis war, also ein Ereignis, das im Durchschnitt alle einhundert Jahre einmal vorkommt. Dies schließt aber nicht aus, dass sich ein solches Ereignis bereits wenige Jahre später wiederholen kann!

Ursachen für dieses Ereignis und Vorsorge

Der historische Vergleich zeigt, dass die Ursache dieses Katastrophenwinters eine außergewöhnliche Niederschlagssituation war. Lawinen entziehen sich bis heute einer vollständigen physikalischen Berechenbarkeit, und dies gilt ganz besonders für die riesigen Schneemengen dieses Winters, die vom Orkan noch stark verblasen wurden, sodass sie an Stellen niedergingen, die erfahrungsgemäß eigentlich sicher waren.

Auch wenn hier und da im gefährdeten Gebiet gebaut wurde – wie es im Alpenraum überall vorkommt –, so lassen sich die Schadenereignisse nicht darauf eingrenzen. Solche Fälle haben die Schäden wahrscheinlich vergrößert, aber sie sind nicht die Ursache.

Schon in historischen Zeiten sind immer wieder Siedlungen von Lawinen verschüttet worden, die auf der Grundlage jahrhundertelangen Erfahrungswissens als sicher galten – die Lawinengefahr in den Alpen ist nie total berechen- und beherrschbar.

Man kann sogar noch mehr sagen: Die umfangreichen und extrem teuren Lawinenverbauungen, die seit 1951 errichtet wurden, haben sich in diesem Katastrophenwinter bewährt: Offenbar hat sich aus keinem Hang, der mit Lawinengittern verbaut wurde, eine Lawine gelöst. Das bedeutet, dass die wahrscheinlichen und die regelmäßigen Lawinenabgänge gesichert werden können, nicht jedoch die unwahrscheinlichen und die sehr seltenen. Allerdings haben die Schneemengen die Lawinengitter am Schluss völlig aufgefüllt (die Höhe der Lawinengitter orientiert sich an der Schneemenge eines Jahrhundertereignisses, was 1999 – zufälligerweise? – gerade gepasst hat). Weiterer Schneefall hätte dann auch hier Lawinen abgehen lassen können.

Ursache für diese Ereignisse sind also Naturprozesse, deren Dynamik und Chaotik sich menschlicher Berechnung entziehen. Daher gibt es auch keine Schuldfrage im juristischen Sinn. Es ist aber sinnvoll, über eine mögliche Vorsorge gegen solche Ereignisse zu diskutieren. Die meist ehrenamtlichen Lawinenkommissionen, in denen Vertreter aus lokaler Wirtschaft und Politik sitzen, wurden in den Medien teilweise stark kritisiert (Öffnung lawinengefährdeter Straßen nur am Samstag), und es wurde gefordert, sie durch unabhängige Experten zu ersetzen. Dagegen ist zu betonen, dass die Schnee- und Lawinensituation so hoch komplex und noch so wenig theoretisch verstanden ist, dass das lokale Erfahrungswissen eine zentrale Rolle spielt. Auswärtige Experten können dies durch theoretische Kenntnisse nicht ersetzen, sodass es zu den lokalen Lawinenkommissionen aus Einheimischen keine sinnvolle Alternative gibt.

Suche nach den Schuldigen

Seit dem 9. Februar wurde in den Medien regelmäßig über die Lawinensituation im Alpenraum berichtet, und zwar meist in der Abteilung »Vermischtes« oder »Kuriosa«. Nach dem Lawinenabgang von Evolène am 22. Februar wurden die Berichte aus den Alpen dann zur Hauptnachricht des Tages: Das Fernsehen begann seine Nachrichtensendungen damit und schob an mehreren Abenden längere Sondersendungen zur besten Sendezeit ein. In den überregionalen Zeitungen standen Meldungen aus den Alpen zwischen dem 23. und 27. Februar regelmäßig auf Seite 1, und auch die Leit-Kommentare beschäftigten sich wiederholt damit wie zuletzt im »Katastrophensommer« 1987. Am 1. März 1999 widmeten *Spiegel* (»Die weiße Sintflut«) und *Focus* (»Alptraum Alpen«) noch ihre Titelgeschichten den Alpen – ab dem 3. März war das Thema dann wieder völlig »out«.

Was ist die Ursache dafür? Die erste Reaktion der Medien gilt dem Ereignis selbst, also der Frage, wie viele Tote ein Lawinenabgang gefordert hat, und ob noch Hoffnung besteht. Verschüttete bergen zu können. Wenige Tage danach setzt dann die zweite Frage ein, ob es Schuldige dafür gibt: Wurde in lawinengefährdetem Gebiet gebaut? Waren die Lawinenkommissionen von wirtschaftlichen Interessen abhängig? Kann jemand für das Unglück konkret verantwortlich gemacht werden? Über diese Fragen wird heftig gestritten, denn die meisten Journalisten vermuten, dass es Schuldige geben muss. Dabei vermischen sich die großen Klischeebilder und Stereotype über die Alpen sehr schnell mit der tatsächlichen Situation. Zwei Jahrhunderte lang galten die Alpen als heile, ideale Natur mit glücklichen Kühen und Menschen; zu Beginn der 1980er-Jahre aber kippte dieses Klischeebild im Kontext der erwachenden Umweltbewegung ins Gegenteil um: Die Alpen wurden als zerstörte Natur wahrgenommen und die Bergler als Prototypen egoistischen Wirtschaftens und als Umweltzerstörer – »der Berg ruft nicht mehr, er kommt!«

Diese Alpen-Klischee-Bilder prägen offenbar (unbewusst?) die Sicht zahlreicher Journalisten und rufen auf der Gegenseite, bei den Einheimischen, die bekannten Klischee-Reaktionen (»Wir wissen alles selbst am besten!«) hervor. Sehr interessant ist es, dass sich dieser Gegensatz in erster Linie zwischen deutschen Journalisten (meist nördlich der Mainlinie) und Österreich entwickelt – er erhält offenbar durch ein völlig anderes Thema (das problembeladene Verhältnis zwischen beiden Staaten) zusätzliche Brisanz. Erstaunlich dagegen, dass dieses Verhalten gegenüber den Schweizern viel weniger greift, obwohl die Situation dort eigentlich die gleiche ist. Dies ist für mich ein deutlicher Hinweis darauf, dass diese Diskussion nicht so sehr von den realen Problemen, sondern von versteckten Klischeebildern lebt.

Nachdem innerhalb von zwei, drei Tagen aber klar wurde, dass konkrete Schuldige nicht gefunden werden können, nahm die Lawinen-Diskussion plötzlich eine neue Wendung: Jetzt wurde der große Kontext thematisiert und zwar auf zweifache Weise: Zeigen die Lawinenkatastrophen, dass der Tourismus insgesamt seine Grenzen überschritten hat, und/oder ist dies ein Anzeichen der großen globalen Klimaerwärmung?

Damit kippte die Diskussion schnell ins Prinzipielle ab und verlor ihren Bezug zu den konkreten Ereignissen. Sofort meldeten sich Tourismuskritiker zu Wort, sagten, was sie schon immer gesagt hatten, und es wiederholten sich in Kurzform die großen Alpendiskussionen vom Beginn der 1980er-Jahre, die erstmals die Alpenidylle in Frage gestellt hatten. Im Jahr 1999 war dies aber nicht mehr publikumswirksam, deshalb brach diese Diskussion schnell ab.

Auch die Klimaerwärmung gab als Thema wenig her: Nur sehr wenige Wissenschaftler machten eindeutige Aussagen, die überwiegende Mehrheit vertrat die Position, dass gerade ein einzelnes Extremereignis nichts über eine allgemeine Klimaerwärmung aussagen kann. Daher wurde auch dies schnell wieder fallengelassen.

Dass die für einige Tage in den Medien so zentrale Lawinenfrage so überaus schnell wieder fallengelassen wurde, interpretiere ich so, dass die stark mit Klischees beladene Frage nach den Schuldigen nicht zum erwarteten Ergebnis führte und dann durch zwei Grundsatzfragen ersetzt wurde, die ziemlich abstrakt blieben und auch keine eindeutigen Antworten zuließen. Was folgte, war eine allgemeine Ratlosigkeit und Hilflosigkeit, die es erleichterte, den Lawinenwinter 1999 schnell wieder zu verdrängen.

Konsequenzen für die Anbieter

Jenseits der stereotypen Diskussionen lassen sich jedoch Konsequenzen benennen: Der Lawinenwinter 1999 hat deutlich in Erinnerung gerufen, dass die Alpen prinzipiell ein gefährdeter Lebensraum sind, der mit technischen Maßnahmen nie total sicher gemacht werden kann. In der Phase des Winter-Massentourismus (ab 1965) hatte es per Zufall bislang keinen richtigen Lawinenwinter gegeben, sodass die Akteure den Lawinenwinter 1951 als bösen Kindheitstraum verdrängen konnten.

Es kommt daher heute nicht darauf an, das gesamte System der Lawinenprävention (Ausweisung von roten und gelben Lawinenzonen. Lawinenkommissionen, Schutzbauten) zu ändern, sondern es geht um zwei Punkte:

1. Es gibt keine totale Sicherheit gegenüber Lawinen, deshalb sind rein technische Lösungen sinnlos (für Paznaun gefordert: einspurige Tunnels im Berg unter den Lawinenstrichen, die nur bei Lawinenalarm geöffnet werden).

2. Bewusste Wahrnehmung des Rest-Risikos und systematisches Ausweichen vor einer möglichen Gefahr, anstelle irrationaler Risikobereitschaft oder Hoffnung, es werde schon nicht so schlimm kommen. Konkret heißt das: Lawinenalarm früher als

bisher auszurufen, früher Gäste und Einheimische zu evakuieren, rote und gelbe Lawinengebiete großzügiger auszuweisen und besser zu respektieren. Hier sind die Alpen keineswegs ein Sonderfall – unsere moderne »Risiko-Gesellschaft« hat prinzipiell große Probleme, mit dem Risiko sinnvoll umzugehen.

Diese irrationale Risikobereitschaft hat aber nicht nur mentale, sondern auch ökonomisch-strukturelle Ursachen: Die Lawinengefahr trat zur ökonomisch sensibelsten Jahreszeit auf, nämlich im Februar zur Hochsaison, da ein relevanter Teil des Jahresumsatzes gemacht werden muss. Der ökonomische Druck ist heftig, weil der Konkurrenzkampf im Wintertourismus hoch ist: Derzeit werden viele Klein- und Familienbetriebe durch große Hotels und Hotelketten und viele kleine Tourismusorte durch wenige Tourismuszentren vom Markt gedrängt, was durch die schneearmen Winter und die starke Konkurrenz von Sonnenzielen im Winter noch beschleunigt wird. Strukturelle Zwänge werden aber nicht durch Einsicht gemildert, sondern durch Strukturveränderungen: Es braucht einen Fonds auf Landes- oder besser noch auf Alpenebene, der Ertragsausfälle bei Lawinengefahr ausgleicht, damit die einzelnen Hoteliers oder Orte nicht allein das gesamte Risiko tragen müssen. Ein solcher Fonds sollte von der gesamten Tourismuswirtschaft durch gemeinsame Umlagen bereitgestellt werden und könnte im Kontext der Alpenkonvention platziert werden. Er wäre so Ausdruck der Vorsorge, der Eigenverantwortung und der bewussten Akzeptanz, dass ein Restrisiko nie auszuschalten ist.

Konsequenzen für die Nachfrager

Der Urlauber erwartet heute, dass er seinen gebuchten Urlaub zum vorbestimmten Zeitpunkt genau in der Weise erleben kann, wie er sich dies vorgestellt hat – mögliche Einschränkungen dabei empfindet er als unakzeptabel und reagiert darauf mit dem Wechsel des Urlaubsortes oder der -region. Das Leitprinzip des postmodernen hedonistischen Subjekts ist die unmittelbare Bedürfnisbefriedigung und die innere Bindungslosigkeit, die es verunmöglicht, mit der Lawinengefahr adäquat umzugehen. Dies betrifft aber nicht nur die Alpen, sondern alle wichtigen Urlaubsgebiete – Gebirge, Küsten, Inseln –, die gegenüber »langweiligen« Landschaften stets ein erhöhtes Gefahrenpotenzial aufweisen. Naturkatastrophen bedeuten eine Infragestellung der Konsumrealität der totalen Verfügbarkeit, indem sinnlich erlebt wird, dass ein Urlaub in der Natur nie mit absoluter Sicherheit zu garantieren ist. Zusammen mit anderen Problemen (BSE-Skandal, Skandale mit gepanschtem Wein oder Gentechnik) sollten die Lawinenkatastrophen eigentlich beim Verbraucher das Vertrauen in die Warenwelt mit ihren Werbeversprechungen der jederzeitigen, unmittelbaren Bedürfnisbefriedigung erschüttern.

Spontan geht die Entwicklung aber in die entgegengesetzte Richtung: Das von Lawinen betroffene Ischgl im Paznauntal/Tirol gehört alpenweit zu den Trendsettern im modischen Aktiv- oder Fun-Urlaub (»Ischgl garantiert das Glück«, »Spielzeug der Zukunft«), das seit Jahren mit »Mega-Events« (Elton-John- und Tina-Turner-Konzerte auf der Alm in 2300 Metern Höhe) auf sich aufmerksam macht. Hier versucht man sogar noch aus den Lawinenkatastrophen Kapital zu schlagen, indem man sich von einem Katastrophen- und Sensationstourismus (»no risk – no fun«) sogar positive Werbebotschaften verspricht.

Dem Verbraucherverhalten kommt deshalb eine große Bedeutung zu: Orte, die Erlebnisse »garantieren«, sind per se unglaubwürdig und sollten gemieden werden. Orte dagegen, die sich in Gefahrensituationen verantwortlich verhalten, wie zum Beispiel Hinterhornbach/Tirol, das seine Gäste früh- und rechtzeitig nach

Hause schickte, sollten bei der Urlaubswahl eine hohe Priorität genießen.

Üblicherweise ist das Spiel zwischen Angebot (»wir garantieren die Urlaubserlebnisse«) und Nachfrage (»wir wollen unseren Urlaub genau so, wie wir ihn gebucht haben«) ein geschlossenes System, das sich wechselseitig selbst verstärkt. Skandale und Katastrophen wie der diesjährige Lawinenwinter machen aber immer wieder unmittelbar erlebbar, dass dieses System (die jederzeitige unmittelbare Bedürfnisbefriedigung) eine Wunschwelt darstellt. Wenn »Störungen« dazu beitragen, dass sowohl bei den Anbietern wie bei den Nachfragern ein gewisses Umdenken einsetzt, dann wäre schon einiges erreicht, weil dann die Möglichkeit entstünde, dass sich zwischen beiden Seiten positive Wechselwirkungen entwickelten. Deshalb wäre es wichtig, dass der Lawinenwinter 1999 nicht schnell kollektiv verdrängt wird, sondern dass über ihn noch lange und intensiv diskutiert und nachgedacht wird.

Anmerkung

Dieser Text erschien in der Zeitschrift *Kommune – Forum für Politik – Ökonomie – Kultur* (Frankfurt), 17/1999, Heft 4, Seite 26–29. Die hier entwickelten Gedanken zur unmittelbaren Bedürfnisbefriedigung durch den Kauf von Waren vertieft W.B. später im Buch *Entgrenzte Welten* (zusammen mit Evelyn Hanzig-Bätzing, Rotpunktverlag 2005).

Vorreiter und Prüfstein einer nachhaltigen Regionalentwicklung

Die aktuelle Situation und Entwicklung im Alpenraum

Demografische Entwicklung

Im 19. und 20. Jahrhundert wächst die Bevölkerung der Industriestaaten oft um das Dreifache, während die Alpenbevölkerung nur sehr langsam wächst, nämlich nur um 65 Prozent. Das bedeutet, dass die Alpen eine benachteiligte Region in Europa sind. Aber seit 1970 liegen die Wachstumsraten in den Alpen über dem europäischen Durchschnitt: Zwischen 1970 und 1996 wächst die Alpenbevölkerung um 14,5 Prozent, die der EU dagegen nur um 7,0 Prozent.

Damit sind die Alpen nicht mehr per se eine benachteiligte Region. Aber nicht die gesamten Alpen partizipieren an diesem Aufschwung, sondern nur ausgewählte Teilräume in den Alpen: Ein Viertel aller Alpengemeinden verzeichnet seit 1980 einen Bevölkerungsrückgang. Da es flächengroße Gemeinden sind, fällt dies alpenweit ins Gewicht: 37 Prozent der Alpenfläche sind davon betroffen. Dabei handelt es sich zur einen Hälfte um Flächen mit wirtschaftlichen Problemen und zur anderen Hälfte um Räume, die sich total entsiedeln.

Allerdings muss man auf Gemeindeebene gehen, um diese räumlichen Gegensätze – hier sehr starkes Wachstum, dort extremer Rückgang – überhaupt wahrzunehmen.

Wenn man dies nicht berücksichtigt, so wie die EU in ihrer Analyse des »Alpenbogens« (1995), dann kommen völlig falsche Ergebnisse heraus, und man könnte meinen, es gebe in den Alpen nur Wachstum und nirgends Problemgebiete.

Verstädterung

Die Städte im Alpenraum waren lange Zeit der Teil der alpinen Realität, der am stärksten übersehen wurde, weil man vom romantischen Alpenbild des 18. Jahrhundert ausging, in dem die Alpen erst oberhalb von 1000 Höhenmetern begannen. Städte wie Aosta, Briançon, Brig, Chur, Gap, Innsbruck oder Klagenfurt sind aber seit jeher Teil der Alpen, und sie haben für die wirtschaftliche, kulturelle und politische Entwicklung der Alpen stets eine zentrale Rolle gespielt.

Insofern ist es zu begrüßen, dass es inzwischen eine »Arge Alpenstädte«, und eine Initiative »Alpenstadt des Jahres« gibt, und dass sich auch die Wissenschaft dieser Thematik angenommen hat, unter anderem mit der internationalen Tagung »Die Zukunft der Alpenstädte in Europa« 1998 in Villach.

Die Ergebnisse der jüngsten wissenschaftlichen Analysen sind jedoch ziemlich erschreckend: Die Alpen durchlaufen einen raschen Prozess der Verstädterung: Im Jahr 1991 leben 58 Prozent der Alpenbevölkerung in den Alpenstädten und in den von ihnen abhängigen Pendlergemeinden, hier konzentrieren sich sogar 66 Prozent aller Arbeitsplätze im Alpenraum, und das alles auf nur 23 Prozent der Alpenfläche.

Allerdings sind die meisten dieser Alpenstädte und -agglomerationen mit 10 000–50 000 Einwohnern im europäischen Kontext ziemlich klein. Die größte alpine Agglomeration ist Grenoble mit knapp einer halben Million Einwohnern, gefolgt von Innsbruck (250 000), Luzern/Innerschweiz (200 000), Annecy (knapp 180 000),

Maribor (170 000), Klagenfurt (165 000) und Trient (163 000), sodass nur sieben Agglomerationen mehr als 150 000 Einwohner zählen.

Damit handelt es sich um Peripherie-Agglomerationen, die im Kontext der Global Cities und der Eurocities bestenfalls regionale Bedeutung besitzen – trotz des überdurchschnittlichen Bevölkerungswachstums seit 1970 bleiben die Alpen wirtschaftliche Peripherie, und die zentralen Wirtschaftsentscheidungen, die die Alpen betreffen, fallen in den außeralpinen Metropolen.

Sieht man sich diese Verstädterung im Detail an, dann stellt man schnell fest, dass sie sich sehr stark auf die großen, breiten, gut erreichbaren Talböden bis maximal 700 Meter Höhe konzentriert – hier entwickeln sich flächenhafte Siedlungsbänder, während die unmittelbar benachbarten Seitentäler davon meist nicht berührt werden. Diese Verstädterung ist im Bereich der großen Transitstrecken besonders stark ausgeprägt, am stärksten entlang der Brenner-Route, aber auch entlang der Gotthard-, Montblanc-, Fréjus- und Tauernroute. Es ist heute bereits absehbar, wann hier die letzten Baulücken in den Talböden geschlossen sein werden.

Eine Entwicklung ist dabei jedoch besonders besorgniserregend: Es gibt zahlreiche große außeralpine Metropolen, die seit den 1970er-Jahren in die Alpen hineinwachsen und Alpentäler zu Pendlerwohngebieten machen. Dies ist im Umkreis des Städtebandes Varese-Como-Bergamo-Brescia in der Lombardei und im Umkreis von München und Wien heute sehr stark ausgebildet, findet sich aber auch im Umkreis von Zürich, Genf, Nizza, Ljubljana und Graz. In diesen Alpenräumen wohnen 1991 bereits 18,5 Prozent der gesamten Alpenbevölkerung (unmittelbar fremdbestimmter Alpenteil), und dies sind zugleich die Alpengebiete mit den allerhöchsten Wachstumsraten! Die Alpen werden damit allmählich zum direkten Hinterland der großen europäischen Metropolen.

Industrie im Alpenraum

Um das Jahr 1975 herum war der zweite Wirtschaftssektor mit Abstand der stärkste im Alpenraum und umfasste etwa 50 Prozent aller Erwerbstätigen. Stark vertreten waren dabei Industriebetriebe auf Wasserkraftbasis, auf der Basis der Nutzung von Bodenschätzen und auf der Basis des großen Angebots günstiger Arbeitskräfte. Diese Industriebetriebe konzentrierten sich hauptsächlich auf die gut erreichbaren großen Täler, waren aber teilweise auch dezentral in den Alpen verteilt.

Seit 1975 brechen diese industriellen Standorte im Kontext des Strukturwandels und der Globalisierung zusammen. Dies ist die Ursache für den größten Arbeitsplatzabbau in den Alpen in den letzten 25 Jahren, der aber in der Öffentlichkeit gar nicht wahrgenommen wurde. Alpenweite Zahlen gibt es dazu leider nicht. Für das Schweizer Berggebiet habe ich berechnet, dass die gut 300 Gemeinden, deren Einwohnerzahl zwischen 1980 und 1990 zurückgeht, zu 60 Prozent industriell monostrukturierte Gemeinden sind, deren Einwohner wegen des Arbeitsplatzverlustes wegziehen.

Dieser Arbeitsplatzabbau schwächt die Wirtschaftskraft der Alpen spürbar und erhöht den Druck für die Alpenbevölkerung, eine Arbeit in den benachbarten außeralpinen Metropolen anzunehmen.

Außerdem gehen dabei die so wichtigen qualifizierten Ganzjahresarbeitsplätze mit geregelten, gewerkschaftlich mitbestimmten Arbeitsbedingungen verloren, Bedingungen, die touristische Arbeitsplätze nicht bieten können, weshalb sie für die Alpenbewohner oft keine Alternative darstellen.

Tourismus

Der Tourismus ist nicht die wirtschaftliche Monostruktur in den Alpen:
Der Tourismus ist nur in Bayern, Vorarlberg, Tirol, Salzburg, Kärnten und Südtirol einigermaßen flächenhaft ausgebildet, genau-

er: Hier verstädtern die gut erreichbaren Tallagen, und fast alle Neben-/Seitentäler haben ein touristisches Angebot aufgebaut. Aber im übrigen Alpenraum (drei Viertel der Alpenfläche) gibt es Tourismus nur noch punktuell.

Die Tourismusgemeinden sind meist kleine Gemeinden mit 1000 bis 3000 Einwohnern, sehr geringe Zahlen im Verhältnis zu den großen Alpenstädten und ihren Pendlergemeinden.

Deshalb sind nur gut 10 Prozent aller 6000 Alpengemeinden, also etwa 600 Gemeinden, Tourismusgemeinden im Sinne einer touristischen Monofunktion. Und sie umfassen nur 8 Prozent der Alpenbevölkerung. Sie haben sich zu etwa 300 Skigebieten zusammengeschlossen.

Der Tourismusmarkt Alpen ist derzeit heftig umkämpft, weil im Rahmen der Globalisierung seit Mitte der 1980er-Jahre das touristische Wachstum in den Alpen stagnierte. Ergebnis ist ein Verdrängungswettbewerb zu Lasten der kleineren Betriebe im Besitz der Einheimischen und zulasten der kleineren Tourismusorte, mit Vorteilen für internationale Hotelketten und für große Tourismuszentren mit Komplettangeboten in allen modischen Freizeitbereichen. Gut fünfzehn Jahre lang hatte es in den Alpen keine größeren touristischen Neuerschließungen gegeben. Ursachen waren die Stagnation der Nachfrage einerseits und der Druck von NGOs und Landesregierungen andererseits. Mit dem immer schärferen Wettbewerb im globalisierten Tourismus ist aber jetzt eine neue Phase im Alpentourismus eingetreten: Eine riesige Welle von Neuerschließungsprojekten steht unmittelbar auf der Tagesordnung – die CIPRA hat alpenweit um die 70 Projekte gezählt – und begonnen wurde letztes Jahr bereits im Zillertal, und zwar mit der skitechnischen Erschließung des Gebiets »Wilde Krimml«, einem Naturschutzgebiet! (1)

Wohin geht die Entwicklung? Wirtschaftliche Analysen verweisen auf die Entwicklung in den USA, wo seit 1985 die Nachfrage ebenfalls stagniert, wo seitdem 22 Prozent der Skigebiete vom Markt verschwunden sind und heute vier börsenkotierte Großunternehmen den Skimarkt beherrschen.

Meinen Sie bitte nicht, so etwas gäbe es in den Alpen nicht: Die börsenkotierte »Compagnie des Alpes/CDA« (Paris) ist derzeit der größte Skiliftbetreiber in den Alpen (10 Millionen Tagesskikarten jährlich) mit Mehrheitsbeteiligungen an 10 französischen Skistationen (unter anderem Tignes, Les Arcs, La Plagne), einer italienischen Skistation (Courmayeur) und einer Schweizer Skistation (Verbier). (2)

Eine St. Galler Studie aus diesem Sommer (Bieger 2000) schätzt, dass im Rahmen dieser Marktveränderungen nur etwa 80 Skistationen mit internationaler Bedeutung in Europa übrig bleiben werden – alle anderen 220 Skigebiete der Alpen werden höchstens noch regionale Bedeutung haben oder ganz vom Markt verschwinden.

Transitverkehr

Trotz aller Absichtserklärungen und politischer Deklarationen steigt der LKW-Transitverkehr auf der Straße permanent an, während der Anteil der Eisenbahn ständig zurückgeht. Und ein Ende des Wachstums ist nicht abzusehen.

Besonders gravierend ist, dass sich der LKW-Transitverkehr zu 70 Prozent auf nur drei Routen konzentriert: Brenner, Gotthard, Montblanc, wobei nach dem Brand im Montblanc-Tunnel der Mont Cenis den meisten Verkehr übernahm. Diese hohen Konzentrationen führen dazu, dass die Transittäler zu monofunktionalen Verkehrsgassen umfunktioniert werden, in denen die Funktion als Lebens- und Wohnraum auf der Strecke bleibt! Und neu ist: Der Transitverkehr ist jetzt sogar so stark geworden, dass die an diesen Linien liegenden Agglomerationen vom Stau benachteiligt werden. Der Kanton Luzern will deshalb die Autobahn A2 (Gotthard-Linie) im Raum Luzern auf 30 Kilometern verdoppeln, um dieses Problem zu lösen! (Reussporttunnel A2 in Luzern: 85 000 Fahrzeuge täglich, Gotthardtunnel A2: 19 000 Fahrzeuge täglich). Aber durch mehr Straßen ist dieses Problem nicht zu lösen.

Die Bürgerinitiativen im Inntal haben deshalb völlig zu Recht im Juni 2000 wieder die Brennerautobahn blockiert – das österreichische Transitabkommen muss streng umgesetzt, notfalls neu verhandelt werden, und der LKW-Verkehr muss endlich auf die Schiene gezwungen werden.

Am Montblanc haben 120 000 Menschen ihre Unterschrift dafür gegeben, dass der Montblanc-Tunnel nur noch für PKW geöffnet werden solle – eine sensationell hohe Zahl. Und ich schließe mich dieser Forderung an: Kein LKW-Verkehr im renovierten Montblanc-Tunnel, kein Bau einer zweiten Röhre am Gotthard, und endlich ernsthafte Maßnahmen zur Verkehrsverlagerung auf die Schiene.

Landwirtschaft

Die Landwirtschaft im Alpenraum geht auf dramatische Weise zurück: In den französischen Alpen sind die traditionellen Bergbauernbetriebe bereits weitgehend verschwunden, in den italienischen Alpen sind die meisten Bergbauern alt und haben keine Nachfolger, in Slowenien haben wir besonders winzige Betriebsgrößen und nur in der Schweiz, Österreich und in Bayern steht die Landwirtschaft in den Alpen etwas besser da, geht aber auch hier kontinuierlich zurück.

Dabei werden die agrarischen Gunstflächen überall immer intensiver genutzt und übernutzt, während die Ungunstflächen überall aufgegeben werden. Beide Male ist damit ein Rückgang der Artenvielfalt und der ökologischen Stabilität verbunden.

Allerdings gibt es auch eine Menge von positiven Ansätzen: Hohe Anteile an Biobauern, neue Bedeutung der Qualität, neue Absatzwege und -märkte, neue Kooperationen und viele neue Ideen.

Wenn all diese Ansätze nicht vereinzelt nebeneinander stünden, sondern systematisch miteinander vernetzt würden, wäre bereits eine ganze Menge erreicht.

Entsiedelungsgebiete

Etwa 18 Prozent der Alpenfläche werden menschenleer und entsiedeln sich, vor allem im Südwesten, Süden und Südosten der Alpen (Drôme-Alpen, Cottische und Ligurische Alpen, Teile von Graubünden/Tessin, italienische Ostalpen, slowenische Westalpen).

Hier stellt sich die Grundsatzfrage: Soll man den Prozess der Entsiedelung noch fördern und hier Wildnisgebiete entstehen lassen, oder soll man versuchen, diese Regionen als menschliche Lebens- und Wirtschaftsräume zu erhalten?

Wenn man die Einheimischen fragt, ist deren Antwort sehr eindeutig: der Zerfall dieser Lebensräume wäre ein großer Verlust von Kultur und Tradition, aber auch von vielfältigen, artenreichen Kulturlandschaften. Ich persönlich sehe das genauso: Reine Wildnisgebiete ohne Menschen sind für mich keine nachhaltige Zukunft für die Alpen.

Zusammenfassung und Gewichtung

Wie kann man diese unterschiedlichen Entwicklungen von Verstädterung, Deindustrialisierung, touristischer Konzentration, Transitverkehrswachstum, Deagrarisierung und Entsiedelung zusammenfassen? Indem wir die gesamte Entwicklung im Alpenraum in vier Typen gliedern, die jeweils völlig unterschiedliche Situationen, Probleme und Möglichkeiten aufweisen:

1. Alpine Agglomerationen um eine Alpenstadt herum, sehr oft an einer Transitstrecke gelegen

2. Alpine Wohngebiete, die Teil einer außeralpinen Metropole sind, meist am Alpenrand gelegen

3. Ländliche Räume in den Alpen mit einer Vielzahl von unterschiedlichen Strukturen, meist im Alpeninnern gelegen
4. Entsiedelungsregionen, meist im Süden der Alpen gelegen.

Die Tendenz der aktuellen Entwicklung lässt sich so zusammenfassen: Die alpinen Agglomerationen wachsen, die alpinen Wohngebiete der außeralpinen Metropolen wachsen besonders stark, der Tourismus konzentriert sich immer mehr und der eigentliche Gebirgsraum der Alpen verliert massiv Arbeitsplätze und Einwohner – die Alpen zwischen Verstädterung und Entsiedlung!

Wenn sich nichts Wesentliches ändert, werden die Alpen in einer Generation, also im Jahr 2030, in die direkten Einzugsgebiete der Metropolen Wien, München, Zürich, Genf, Mailand und so weiter zerfallen; die Alpenstädte Innsbruck, Bozen, Trient und so weiter werden dabei zu Vororten dieser Metropolen umgewandelt, und die Alpen zwischen diesen Agglomerationen werden zum strukturschwachen Niemandsland, in dem bestenfalls einige Tourismuszentren zu finden sind: Im Kontext der Globalisierung »verschwinden« die Alpen!

Welches Leitbild für eine nachhaltige Alpenentwicklung?

Gibt es Alternativen zu dieser Entwicklung? Als Gegenidee zur Globalisierung wird oft die Stärkung der regionalen Wirtschaftskreisläufe mit dem Ziel einer regionalen Autarkie gefordert. Ich halte diese Idee jedoch nicht für sinnvoll, und zwar aus drei Gründen:

In den Alpen leben heute 14 Millionen Menschen. Um 1870, als alle endogenen Potenziale der Alpen intensivst genutzt wurden, lebten 7 Millionen Menschen in den Alpen, davon 1 Million in den großen Städten. Also beträgt die endogene Tragfähigkeit der Alpen gut gerechnet max. 6 Million Menschen. Autarkie kann deshalb keine Leitidee sein – wohin mit den 8 Millionen Menschen, die dann zuviel wären?

In der Geschichte gab es immer einen Austausch zwischen den Alpen und Europa über Emigranten, Wanderhändler, Transitverkehr und so weiter Die Alpen waren nie eine geschlossene oder gar abgeschlossene Region, und diese vielfältigen wirtschaftlichen und kulturellen Kontakte waren wichtig und bereichernd für die Alpen wie für Europa – Austausch und Handel sind ein belebendes Element.

In wichtigen Staaten mit Alpenanteil haben wir heute rechtsgerichtete Politiker, die politische Abgrenzung und Abschottung nach außen fordern oder realisieren: Haider in Österreich, Blocher in der Schweiz und Bossi in Italien. Dabei ist Umberto Bossi mit seiner »Lega Nord« für mich das offensichtlichste Beispiel für eine solche Politik: Die Lega Nord fordert zwar nach außen regionale Autarkie für die Padania, unterdrückt im Inneren aber die sprachlich-kulturellen Minderheiten der Okzitanier und der Frankoprovenzalen in den piemontesischen Alpen!

Das passt meines Erachtens systematisch zusammen: Wenn man sich nach außen abschottet und alle Probleme, alles Böse allein »den Fremden« zuschreibt, während alles Eigene pauschal gut ist, dann vergewaltigt man die komplexe Realität, die nie so schön einfach ist, und diese Vergewaltigung führt dann automatisch zur Vergewaltigung all jener, die solche pauschalen Patentrezepte für problematisch halten!

Aus diesen drei Gründen halte ich den Gedanken einer regionalen Autarkie für die Alpen als Leitidee der nachhaltigen Entwicklung für falsch. Natürlich ist die Gegenposition – die Aufhebung aller Grenzen durch die Globalisierung – genauso falsch. Deshalb habe ich die Idee der »ausgewogenen Doppelnutzung« formuliert: Die Alpen brauchen beides – wirtschaftliche Funktionen für Europa und die Welt wie Tourismus, Wasserkraft, Transitverkehr, globalisierte Arbeitsplätze *und* Nutzung der eigenen Wirtschaftspotenziale der Alpen wie Landwirtschaft, Handwerk, lokale/regionale Arbeitsplätze im Rahmen regionaler Wirtschaftskreisläufe. Zentrale Aufgabe ist es jedoch, diese beiden so unterschiedlichen Nutzungen so auszubalancieren, dass sie sich wechselseitig bereichern und stärken, anstatt sich – wie das heute der Fall ist – zu konkurrenzieren und zu beeinträchtigen.

Wie kann diese Leitidee der »ausgewogenen Doppelnutzung« umgesetzt werden? Ich sehe dabei zwei zentrale Punkte: Stärkung der Alpen nach außen und »regionsspezifische Strategien« im Innern.

Zum ersten Punkt: In der Vergangenheit wurden die Alpen dadurch geschwächt, dass eine Alpenregion gegen die andere ausgespielt wurde (besonders extrem beim Transitverkehr). Wenn die Alpen nach außen in Europa einheitlich auftreten könnten, dann wäre bereits viel gewonnen. Die politische Struktur dafür ist bereits vorhanden, die Alpenkonvention. Dies stellt einen großen Vorteil dar, auch wenn es sehr schwer ist, diese Alpenkonvention umzusetzen und mit Leben zu erfüllen.

Ich betone dies, weil in jüngster Zeit zwei Schweizer Kantone, Graubünden und Glarus, beschlossen haben, die Zusammenarbeit mit der Agglomeration Zürich zu intensivieren, anstatt die Zusammenarbeit mit ihren alpinen Nachbarregionen zu stärken! Auf diese Weise können die Alpenregionen auch in Zukunft weiter gegeneinander ausgespielt werden. (3)

Zum zweiten Punkt: Wir haben gesehen, dass die Verhältnisse im Alpenraum sehr verschieden sind; eine einheitliche Alpenpolitik ist deshalb zwangsläufig falsch. Folgende regionsspezifischen Strategien wären meiner Meinung nach sinnvoll:

Für alpine Agglomerationen: Alpenspezifische Agglomerationspolitik (Zersiedelung beenden, Reurbanisierung, Stärkung öffentlicher Verkehr, Intensivierung der Verflechtungen mit Umland).

Für alpine Wohngebiete außeralpiner Metropolen: Stärkung gegenüber Metropolen durch Schaffung von Arbeitsplätzen (gegen Wohn-Monofunktion), Stärkung kultureller Identität, Aktivierung

der landwirtschaftlichen Potenziale, Aufbau einer wertschöpfungs-
intensiven, umwelt- und sozialverträglichen Naherholung.

Für ländliche Räume: Stärkung der endogenen Potenziale durch
Intensivierung regionalwirtschaftlicher Kreisläufe (unter Einbezug
der nahegelegenen Alpenstädte).

Tourismuszentren: Kein weiterer quantitativer Ausbau der touristischen Infrastruktur, stattdessen Konzentration auf den »ökologischen Umbau«: gezielter Erhalt der klein- und mittelbetrieblichen
Struktur der Einheimischen durch gezielte Kooperation untereinander, und zwar in umwelt- und sozialverträglichen Formen – gegen die touristische Konzentration.

Deindustrialisierung: Gezielter Aufbau von EDV- und Internet-
Arbeitsplätzen in dezentraler Form (Pluriaktivität), aber auch in
konzentrierter Form in alpinen Kleinstädten; Förderung regionaler
Netzwerke von Produzenten und Dienstleistern im Sinne soge-
nannter »postfordistischer« Wirtschaftsstrukturen, für die es in
den italienischen Ostalpen wichtige Vorbilder gibt.

Für Entsiedlungsgebiete: Gezielte Aufwertung von umwelt- und
sozialverträglichen Nutzungsformen und ihre Förderung im Rahmen eines alpenweiten Finanzausgleichs.

Mit diesen regionsspezifischen Strategien lassen sich meines Erachtens die endogenen Potenziale im Alpenraum besser nutzen und
kann die notwendige Balance zwischen endogenen und exogenen
Nutzungen besser umgesetzt werden, um das »Verschwinden der
Alpen« zu verhindern.

Prioritäre Aufgaben

Politiker
Zentrale Aufgabe für die Politiker erscheint mir die politische Stärkung der Alpenkonvention zu sein, die seit Jahren in einer sehr

schwierigen Situation blockiert ist. Ich weiß, dass eine Deblockierung sehr schwer ist, aber es geht dabei nicht nur um die Alpen: Die Alpenkonvention ist eine integrative Politikstruktur, die die Bereiche Wirtschaft-Gesellschaft-Umwelt so ausbalancieren soll, dass eine dauerhaft-nachhaltige Entwicklung möglich wird. Und auch europaweit sind solche integrativen Politikstrukturen sehr schwach und werden durch Sektoralpolitiken in den Hintergrund gedrängt. Lösungen im Alpenraum zur Aufwertung der Alpenkonvention als integrativer Politikstruktur besitzen daher im Erfolgsfall eine Vorbildfunktion für ganz Europa.

Darüber hinaus gibt es für die Aufwertung der Alpenkonvention seit kurzem innerhalb der EU völlig neue Möglichkeiten: Das neue Europäische Raumentwicklungskonzept (EUREK) von 1999 benennt erstmals »Großregionen« als neue wichtige politische Ebene der EU-Regionalpolitik, und die Alpen könnten eine dieser neuen Großregionen sein. Der neue Entwurf für das Interreg-III-B-Programm sieht erstmals vor, dass der gesamte »Alpenbogen« Fördermittel für eine integrative Entwicklung enthalten soll, was bisher nicht möglich war.

Diese neuen Möglichkeiten sollten unbedingt genutzt werden, um die Alpenkonvention und eine nachhaltige Gesamtentwicklung der Alpen zu stärken. Dies wäre meines Erachtens die prioritäre Aufgabe der Politik auf Landes-, Bundes- und Europa-Ebene.

Nicht-Regierungs-Organisationen (NGOs)

Die verschiedenen NGOs im Alpenraum zeichneten sich schon bisher dadurch aus, dass sie selten rein sektorale Ziele verfolgten, sondern fast immer integrativ ausgerichtet waren: Umweltschutz in Verbindung mit angepasster Landwirtschaft, Transitpolitik und regionaler Wirtschaftsentwicklung und so weiter Meines Erachtens hat dies in der Vergangenheit die Stärke der NGOs in den Alpen ausgemacht und es verhindert, dass man sie nach dem St. Florians-Prinzip als bloß egoistische Interessenvertreter abwerten konnte. Dies halte ich für eine große Leistung.

Insofern gibt es an dieser Ausrichtung nichts Grundsätzliches zu verbessern. Ich möchte aber darauf hinweisen, dass diese in Zukunft noch sehr viel wichtiger werden wird: Mit der Deindustrialisierung, der Verstädterung und der touristischen Konzentration dürfte die Zahl der potenziellen Bündnispartner für die NGOs noch einmal sprunghaft wachsen und neue Gruppen einbeziehen: Die Zukunft vieler Klein- und Mittelbetriebe in den Alpen ist durch die Globalisierung bedroht und nur eine integrative, nachhaltige Regionalentwicklung kann diesen Betrieben eine Zukunft geben!

Insofern wachsen die Möglichkeiten für die NGOs gewaltig und zielen auf dezentral angelegte Gemeinde-, Tal- und Regionskonzepte oder Lokale-Agenda-21-Gruppen im gesamten Alpenraum. Allerdings besteht dabei die große Gefahr der persönlichen Überforderung der Protagonisten in den NGOs, weil diese Aufgaben in der Kommunal- und Regionalpolitik so selten wahrgenommen werden – deshalb wäre dies die prioritäre Aufgabe der Politik auf den unteren Ebenen, um die NGOs vor Überlastung zu schützen.

Integration Politiker – NGOs

Es stellt sich die Frage, ob man die informelle Zusammenarbeit zwischen Politikern und NGOs, wie sie auf dieser Konferenz intensiviert werden soll, nicht auch dadurch stärken könnte, dass man ihr eine gewisse Form verleiht. Ich denke dabei an einige zeitlich begrenzte, exemplarische Pilotprojekte, bei denen Politiker und NGOs gezielt zusammenarbeiten und ein konkretes Ergebnis erzielen könnten.

Ich denke dabei an Pilotprojekte zu repräsentativen Alpenproblemen, die in ihrer Gesamtheit die aktuellen Probleme der Alpen und wichtige Lösungen sichtbar werden lassen. Also zum Beispiel ein Agglomerations-, ein Transit-, ein Tourismus- und ein Entsiedelungspilotprojekt. Dabei könnten die Politiker der verschiedenen Länder sich jeweils federführend für ein Pilotprojekt einsetzen, das für ihren Alpenteil besonders wichtig ist.

Solche Pilotprojekte hätten auch den Vorteil, dass die Probleme und die Lösungsmöglichkeiten jeweils sehr anschaulich sichtbar werden würden und so leichter kommunizierbar wären.

Ich bin der Meinung, dass im Alpenraum die umfangreichsten und zahlreichsten Ansätze für eine nachhaltige Entwicklung in ganz Europa existieren – die Alpen sind Vorreiter einer nachhaltigen Entwicklung in Europa. Zugleich stellen sie einen Prüfstein dar, weil die Umweltbedingungen in den Alpen so extrem sind, dass bloße Scheinlösungen schnell offensichtlich werden und nicht verdeckt oder verdrängt werden können.

Und drittens sind die Alpen Vorreiter und Prüfstein einer nachhaltigen Entwicklung, indem sie sehr konkret deutlich machen, dass weder die Globalisierung noch die rechtsradikale Abschottung nach außen mit der Nachhaltigkeit vereinbar sind, sondern dass es dazu neue föderale und integrative Strukturen auf allen Ebenen braucht, die auf ein »Europa der Regionen« abzielen, bei dem die Alpen mit der Alpenkonvention einen wichtigen Baustein darstellen.

Anmerkungen

Bei diesem Text handelt es sich um den Vortrag auf der internationalen Alpenkonferenz »Nachhaltige Entwicklung im Alpenraum« am 30. Juni 2000 im Maximilianeum in München, die von der Arbeitsgemeinschaft Sozialdemokraten im Alpenraum (ASA) und der SPD-Landtagsfraktion Bayern initiiert und von der Georg-von-Vollmar-Akademie organisiert wurde. Publikation im *Jahrbuch des Vereins zum Schutz der Bergwelt* (München), 65/2000, Seite 199–205. Da sich diese Tagung gezielt an Politiker aus dem gesamten Alpenraum wandte, entwickelte W.B. hier stärker als sonst konkrete politische Umsetzungsvorschläge. Der rote Faden der Argumentation dieses Vortrages ist bereits sehr stark mit dem der dritten Ausgabe seines *Alpen*-Buches (2003) identisch.

(1) Trotz einer großen Zahl neuer Projekte wurden bislang (2008) davon nur sehr wenige realisiert. Im Jahr 2007/08 vervielfachen sich die neuen Projekte noch einmal, aber es bleibt abzuwarten, was davon wirklich gebaut wird.

(2) Inzwischen besitzt die Compagnie des Alpes Minderheitsbeteiligungen an drei Schweizer Skistationen. Das damals befürchtete Aufkaufen von Bahnen oder Skigebieten in den Ostalpen wurde dagegen nicht umgesetzt, stattdessen erwarb die Compagnie des Alpes eine europäische Freizeitparkkette (Diversifizierung des Angebots).

(3) Der Kanton Graubünden baut die Zusammenarbeit mit dem Raum Zürich seitdem weiter aus. Im »Wirtschaftsleitbild Graubünden 2010« werden die Einkommenseffekte der Auspendler aus dem Raum Chur in den Raum Zürich sehr positiv dargestellt. Daraus wird die Zielsetzung abgeleitet, durch eine Verbesserung der Erreichbarkeit diese Einkommenseffekte weiter zu erhöhen.

Nachhaltige Entwicklung des alpinen Tourismus

Einleitung

Auf dem Hintergrund einer langjährigen Beschäftigung mit dem Gasteiner Tal wurden im Herbst 2000 im Rahmen mehrwöchiger Feldarbeiten (Projektseminar Universität Erlangen und CIPRA-Sommerakademie) Leitlinien zur nachhaltigen Entwicklung des Gasteiner Tals erarbeitet, die im Juli 2001 vor Ort präsentiert und diskutiert wurden. Im Mittelpunkt der interdisziplinär ausgerichteten Analyse standen die komplizierten Wechselwirkungen zwischen den Bereichen Wirtschaft (vor allem Tourismus), Gesellschaft und Umwelt und die daraus erwachsenden Probleme. Die erarbeiteten Leitideen setzen genau an diesen Problemen an und rücken die nicht adäquat wahrgenommenen und zu wenig genutzten Potenziale Gasteins in den Mittelpunkt. Die konkreten Ergebnisse könnten auch anderen Tourismusregionen Anregungen für eine nachhaltige Entwicklung vermitteln.

Zielsetzung und Methode

Das Gasteiner Tal ist ein 35 Kilometer langes und 328 Quadratkilometer großes Alpental in den Hohen Tauern (Höhendifferenz: 800 Meter bis 3252 Meter), mit gut 14 000 Einwohnern, 16 000 Gästebetten und 2,2 Millionen Übernachtungen pro Jahr. Damit zählt Gastein zu den zehn größten Tourismusgebieten in Österreich und zu den großen Tourismuszentren im Alpenraum, die alle monofunktional vom Tourismus abhängig sind. Aus dieser Abhängigkeit erwachsen spezifische Probleme vor Ort, die in den letzten Jahren durch die unbefriedigende Nachfrageentwicklung im Alpentourismus noch zusätzlich verschärft wurden.

In dieser Situation stellt sich die Frage, wie eine »nachhaltige«, also eine dauerhaft-tragfähige Entwicklung in solchen Alpentälern aussehen könnte, die genügend Arbeitsplätze und Einkommen ermöglicht, eine vielfältige Umwelt sichert und erhält und eine kulturelle Lebendigkeit mit einer gemeinsamen Verantwortung für den eigenen Lebensraum gewährleistet (das sogenannte »Nachhaltigkeits-Dreieck«).

Diese Zielsetzung entspricht dem internationalen Vertragswerk der Alpenkonvention und der Lokale-Agenda-21-Bewegung (Folgeprozess des Erdgipfels von Rio de Janeiro 1992). Aber ebenso sind darin die langen und heftigen Diskussionen der 1970er- und 1980er-Jahre um die »Grenzen des Wachstums« und die »Umweltverträglichkeit des Massentourismus« enthalten, auch wenn die Akzente dabei heute etwas anders gesetzt werden (ausgewogene Balance zwischen Wirtschaft, Gesellschaft und Umwelt statt Dominanz des Umweltschutzes).

Aber obwohl diese Zielsetzung auf theoretischer Ebene heute breit akzeptiert ist, wird sie im Alpenraum bislang nur sehr wenig konkret umgesetzt: Es sind vor allem kleine Gemeinden und periphere Regionen, die sich explizit an der Leitidee der Nachhaltigkeit orientieren, während die großen Tourismuszentren unter Berufung auf zahlreiche »Sachzwänge« abseits stehen.

Die Analyse des Gasteiner Tals und die Erarbeitung von Leitideen für seine nachhaltige Entwicklung soll daher erstens deutlich machen, dass auch in solchen Tourismuszentren eine nachhaltige

Entwicklung möglich ist, und zweitens aufzeigen, wie diese konkret aussehen könnte.

Die zentrale Schwierigkeit einer solchen Aufgabe besteht in der Größe des Gasteiner Tales und in der Komplexität der Nachhaltigkeitsthematik, die sich jeder schnellen Analyse sperren. Zentrale Voraussetzung war deshalb eine lange Beschäftigung mit diesem Tal sowie die regelmäßige Durchführung von interdisziplinär angelegten Projektseminaren, aus denen eine Reihe von Examensarbeiten entstanden. Im Herbst 2000 wurde das Projektseminar der Universität Erlangen-Nürnberg zugleich als Praxisteil der »CIPRA-Sommerakademie« durchgeführt (Nachdiplomausbildung zum »Alpenspezialist«, die von der Internationalen Alpenschutzkommission CIPRA organisiert wird und die aus einem dreiwöchigen Theorie- und einem vierwöchigen Praxisteil besteht). Die hier präsentierten Leitideen für eine nachhaltige Entwicklung Gasteins wurden gemeinsam mit allen Teilnehmern entwickelt. Die Absolventen der CIPRA-Sommerakademie bearbeiteten darüber hinaus selbst gewählte Aufgaben, die wichtige Teilaspekte der Nachhaltigkeit vertieften und konkrete Umsetzungsprojekte im Tal initiierten.

Naturräumliche Verhältnisse, historische Entwicklung und aktuelle Situation

Das Gasteiner Tal ist ein typisches Hochgebirgstal in den Hohen Tauern (Dauersiedlungsbereich: 800 bis 1260 Meter, Almbereich bis etwa 2500 Meter, Ödland bis 3252 Meter). Die drei Quelltäler Kötschach-, Anlauf- und Naßfelder Tal entspringen direkt am Alpenhauptkamm und vereinigen sich bei Bad Gastein. Sie sind hochalpin geprägt (steiles Relief, hoher Ödlandanteil, größere Gletscherflächen) – Lokalbezeichnung »Keesberge« – und nur im Naßfelder Tal gibt es eine größere Verebnungsfläche. Nördlich von Bad Gastein dominieren dagegen sanftere Landschaftsformen (Schieferhülle des Tauernfensters, sehr starke eiszeitliche Überprägung der Hänge) – Lokalbezeichnung »Grasberge« –, die trotz der beachtlichen Seehöhe und Reliefunterschiede eine menschliche Nutzung begünstigen. Ganz im Norden, am Talausgang, wird das sanftere Relief wieder durch ein Steilrelief abgelöst (Klammkalke als äußerster Rand des Tauernfensters), das die Gasteiner Ache in Form einer tiefen Klamm zerschneidet. Auf diese Weise ist Gastein auf allen Seiten naturräumlich sehr deutlich abgegrenzt.

Auch wenn Gastein wie weite Teile der feuchten Alpennordseite nicht zum eigentlichen Altsiedelraum der Alpen gehört, sind erste Ansiedelungen und Rodungen am Oberen Bockhartsee in 2000 Meter Höhe bereits für 4000 v. u. Z. nachweisbar. Ursache dafür dürften die dortigen Goldvorkommen sein, die sehr frühe Bedeutung Gasteins als Transittal (an den Tauernpässen wurden neolithische Steinwerkzeuge gefunden) sowie die almwirtschaftlichen Potenziale. Diese drei Faktoren prägten die Geschichte Gasteins für sehr lange Zeit.

Alle heute noch erkenn- und erschließbaren Siedlungs- und Flurstrukturen gehen auf die bayerische Landnahme ab dem 7. Jahrhundert zurück. Siedlungskern und -mittelpunkt ist der »Hof zu Gastein« (Hofgastein), und bereits im hohen Mittelalter sind die späteren drei Gemeinden deutlich ausgebildet. Dank herrschaftlicher Neuregelung setzt ab 1342 der Goldbergbau in Gastein erneut ein und erreicht im 15. und 16. Jahrhundert seinen Höhepunkt, wodurch das Tal europaweit bekannt wird. Weil die Golderze im Tal verhüttet werden, gibt es auf dem Höhepunkt der Goldgewinnung keinen Wald mehr in Gastein, und giftige Dämpfe und Abwässer verursachen erhebliche Umweltschäden. Anschließend geht der Bergbau schnell wieder zurück; er wird ab 1800 nur noch in kleinem Rahmen betrieben und 1864 schließlich ganz eingestellt.

Diese Entwicklung führt zur Reruralisierung des Tales und zum Verlust seiner besonderen wirtschaftlichen Bedeutung. Praktisch zur gleichen Zeit (1731 bis 1745) findet die Protestantenvertreibung (sie sind vor allem unter den Knappen zahlreich) statt, die im Tal eine Atmosphäre der äußerlichen Frömmelei schafft. Das 18. Jahrhundert ist für Gastein daher durch von außen einwirkende traumatische Ereignisse geprägt, denen man im Tal hilflos gegenübersteht.

Mit einer gewissen Zeitverzögerung kommt dann aber im 19. Jahrhundert der Reichtum wieder zurück, und zwar genauso unverhofft, wie er gegangen war, nämlich in Form des Tourismus. Das Thermalwasser von Bad Gastein wird zwar seit dem 14. Jahrhundert genutzt und wegen seiner Heilkraft ab dem 16. und 17. Jahrhundert europaweit gerühmt, aber die wirtschaftlichen Auswirkungen sind lange Zeit völlig marginal. Mit dem ersten Steinbau von 1795 beginnt langsam die Erfolgsgeschichte, die sich ab 1852 stark beschleunigt und die ab 1869 zur Ausbildung der einzigartigen »Hotelstadt im Gebirge« führt, die weltweiten Ruhm genießt.

Mit dem Bau der (eingleisigen) Tauerneisenbahn von 1901 bis 1909 steigen die Gästezahlen in Bad Gastein noch einmal deutlich an, jetzt wird auch Bad Hofgastein, das seit 1830 über eine Thermalwasserleitung aus Bad Gastein verfügt, in die touristische Entwicklung einbezogen. Im Gegensatz zu anderen gründerzeitlichen Tourismuszentren stellen die 1920er und 1930er-Jahre in Gastein keine Krise dar, weil die Thermalquellen stets eine gute Auslastung garantieren. Daneben wird bereits seit 1912 eine Wintersaison aufgebaut, aber erst 1945 entstehen die ersten Skilifte in Bad und Hofgastein, ab 1959 dann auch in Dorfgastein.

Der große Aufschwung des Massentourismus ab 1955 trifft das Tal gut vorbereitet, das seine touristischen Infrastrukturen sofort verbessert: Bis Ende der 1970er-Jahre werden fünf Skigebiete im Tal gebaut (seitdem keine Neuerschließungen mehr, nur noch Komfortverbesserungen), in allen drei Gemeinden entstehen zu Beginn der 1970er-Jahre neue großzügige Badeanlagen, und Hotels und Pensionen werden überall aus- und neugebaut. Das größte Erschließungsprojekt wird jedoch nicht realisiert: Bad Gasteiner Planungen der 1970er-Jahre sehen vor, auf der Naßfeld-Alm – umbenannt in »Sportgastein« – eine Hotelsiedlung zu errichten, von dort aus mit einer Seilbahn den Schareck-Gipfel zum Gletscherskilauf zu erschließen und gleichzeitig die Gadauner Hochalm (mit Skischaukel ins Rauriser Tal) als weiteres Skigebiet zu öffnen. Dies hätte Gastein fundamental verändert; so jedoch bleiben trotz des starken touristischen Wachstums die traditionellen Siedlungsstrukturen noch einigermaßen erkennbar.

Im Rahmen dieser Entwicklung verschieben sich jedoch die Gewichte innerhalb der drei Gasteiner Gemeinden: Dorfgastein entwickelt ab 1959 einen eigenen Tourismus (heute knapp 10 Prozent der Übernachtungen); wie häufig bei solchen »Späteinsteigern« sind auch hier die Skilift-Kapazitäten wesentlich größer als die Betten-Kapazitäten. Die grandiose gründerzeitliche Hotelstruktur von Bad Gastein wird ab 1955 zum Strukturproblem, und in Verbindung mit einer mangelnden Innovationsbereitschaft führt dies dazu, dass Bad Gastein in der ersten Hälfte der 1970er-Jahre im Hinblick auf Übernachtungen, Betten- und Einwohnerzahlen von Bad Hofgastein überholt wird. Dies verschärft die »klassische« Konkurrenz zwischen den beiden Nachbarorten noch einmal.

Die Übernachtungszahlen sind ein gutes Spiegelbild der touristischen Entwicklung: 1950 gab es in Gastein 800 000 Übernachtungen pro Jahr (damals ein sehr hoher Wert), und diese Zahlen steigen kontinuierlich bis zum Maximum von 2,7 Millionen Übernachtungen im Jahr 1981; seitdem gibt es Rückgänge; derzeit werden etwa 2,2 Millionen Übernachtungen erreicht. Allerdings sind dabei wichtige saisonale Unterschiede festzustellen: Die Sommernächtigungen erreichen bereits 1973 mit 1,4 Millionen ihr Maximum, seitdem gehen sie kontinuierlich zurück und liegen heute nur noch bei 0,9 Millionen. Die Winternächtigungen überflügeln erstmals 1983 die Sommernächtigungen, sie erreichen ihr Maximum 1993 mit gut 1,4 Millionen Übernachtungen und pendeln seitdem je nach Schneesituation zwischen 1,1 und 1,36 Millionen Übernachtungen. (1)

Fasst man diese Entwicklung zusammen, so muss man feststellen, dass die einmalige Position Gasteins im alpinen Tourismusmarkt, die noch 1950 vorhanden war, inzwischen verschwunden ist: Aus dem weltberühmten »Wildbad in der Gastein« ist ein normales touristisches Alpental geworden!

Die aktuellen Probleme in Gastein

Auf den ersten Blick scheint Gastein wenig Probleme zu besitzen: Zahlreiche Gäste besuchen das Tal, überall wird neu gebaut und renoviert, die Bevölkerung wächst permanent (zwischen 1991 und 2001 zum Beispiel um 8 Prozent), verschiedene Vereine pflegen das Brauchtum, die alpine Umwelt wirkt intakt, und es finden sich sogar einige vorbildliche Pilotprojekte in den Bereichen Landwirtschaft, Siedlung, Verkehr und Kultur. Sieht man dagegen genauer hin, so zeigen sich doch eine ganze Reihe von problematischen Entwicklungen.

Wirtschaft

Während sich die Einwohnerzahl Gasteins seit 1869 fast vervierfacht hat und auch 2001 erneut ansteigt, geht die Zahl der Beschäftigten am Arbeitsort zwischen 1981 und 1991 um 8,5 Prozent oder 600 Personen zurück. Das Bevölkerungswachstum Gasteins zwischen 1981 und 1991 beruht allein auf dem Geburtenüberschuss, die Wanderungsbilanz ist negativ. Obwohl der Tourismus nicht quantitativ steigt, verstärkt sich die touristische Monostruktur zwischen 1981 und 1991, weil die übrigen Wirtschaftsbereiche (Landwirtschaft, Bauwirtschaft, Einzelhandel) stark zurückgehen. Dies sind wirtschaftliche Krisensymptome, die in den Zahlen der Volkszählung 2001 (derzeit noch nicht verfügbar) noch sehr viel deutlicher werden dürften. (2)

Im Tourismusbereich macht die Wintersaison relativ wenig Probleme, und das Winterangebot erscheint insgesamt als gut, auch wenn spezielle Attraktionen (Gletscherskigebiete) fehlen. Dagegen stellt die Sommersaison das zentrale Problem dar: Der Kurtourismus wird durch die Gesundheitsreform seit den 1980er-Jahren stark geschwächt; Gastein reagiert auf diesen Wandel passiv und langsam, was zu erheblichen Einbußen am Markt und zu einer schlechten Vermarktung dieses wichtigen Potenzials führt. Analoges läuft beim klassischen Sommerurlaub ab, wo das Gasteiner Angebot die im Tal vorhandenen Potenziale fast nicht nutzt. Insgesamt besteht der größte Mangel darin, dass Gastein insgesamt ein ziemlich austauschbares Angebot darstellt, das sich wenig von dem anderer Täler unterscheidet, und dass die Zusammenarbeit im Tal noch zu wünschen übrig lässt.

Gesellschaft

Die soziale Situation Gasteins ist durch zahlreiche Zuzüger und sehr hohe Gästezahlen geprägt. Die früher vorhandene gemeinsame Identität und Verantwortung für den eigenen Lebensraum ist zerfallen und durch zahllose Partikularinteressen ersetzt, was sich in mangelnder Kommunikation miteinander ausdrückt. Dabei besteht die Tendenz, dass das gesamte Leben im Tal dem Tourismus untergeordnet und für ihn inszeniert wird. Der geringe Stellenwert der Gasteiner Geschichte in der Öffentlichkeit, der Abriss wichtiger Baudenkmäler nach 1945, die schlechte Behandlung von Ausländern und Saisoniers, die besonders starke Belastung der Frauen, die hohe Abwanderungsbereitschaft der Jugendlichen sowie nächtlicher Vandalismus gegen touristische Einrichtungen sind kulturelle Warnzeichen – wenn kulturelle Probleme und Konflikte zunehmen, könnten sie schnell die weitere Talentwicklung blockieren.

Umwelt

Gastein ist ein Hochgebirgstal mit den charakteristischen Gefährdungen (Hochwasser, Muren, Lawinen). Diese werden derzeit auf doppelte Weise verstärkt: Erstens weicht der Mensch den Gefahren nicht mehr wie früher großräumig aus, sondern legt Siedlungen und Infrastrukturen in gefährdeten Bereichen an, und zweitens führt die Einstellung der traditionellen Landnutzung mit ihren Pflege- und Reparaturarbeiten zur Verstärkung der ökologischen Labilität. Die vieldiskutierten Skipisten machen dagegen in Gastein eher wenig ökologische Probleme, weil sie mit sehr hohem Aufwand gepflegt werden.

Im Umgang mit der alpinen Umwelt dominiert heute entweder eine ausgeprägte Übernutzung (auf dem ebenen Talboden, in den Skigebieten, auf den land- und almwirtschaftlichen Gunstflächen) oder eine – gern übersehene – ausgeprägte Unternutzung (Verbrachung, Verbuschung); beides führt zum starken Rückgang von Artenvielfalt und zum Verlust landschaftlicher Kleinräumigkeit.

Zentrale Umweltprobleme sind darüber hinaus die starke Zersiedelung des ebenen Talbodens sowie die hohe Belastung des Tales durch den Eisenbahn- und vor allem Straßenverkehr (Lärm, Luftbelastung), wobei letzterer fast ausschließlich aus »Eigenverkehr« besteht, denn der Transitverkehr via »Tauernschleuse« als Autoverlad spielt seit dem Bau der Tauernautobahn kaum noch eine Rolle. Maßnahmen zur Verkehrsberuhigung und –vermeidung wurden in Hofgastein modellhaft begonnen, aber es fehlt dabei ein talweites Konzept.

Synthese

Die genaue Analyse zeigt also, dass der Lebens- und Wirtschaftsraum Gastein keineswegs so unproblematisch funktioniert, wie es der erste Eindruck vermuten lässt und wie es der Selbstwahrnehmung vieler lokaler Akteure entspricht. Allerdings liegt das zentrale Nachhaltigkeitsproblem Gasteins nicht in einem oder zwei besonders negativen Sachverhalten (wie etwa in der schwachen Sommersaison), die man nur lösen müsste, um eine positive, nachhaltige Gesamtentwicklung zu erhalten, sondern darin, dass in *allen* Bereichen nichtnachhaltige Entwicklungen langsam immer stärker werden. Noch sind die negativen Effekte in Wirtschaft, Gesellschaft, Umwelt erst schwach und indirekt miteinander verknüpft, aber es besteht die große Gefahr, dass sie sich in nicht ferner Zukunft *direkt* miteinander verketten, sich gegenseitig hochschaukeln und dann das alltägliche Funktionieren Gasteins fundamental in Frage stellen.

Leitideen für eine nachhaltige Entwicklung Gasteins

Es gibt in Gastein wichtige Potenziale für eine nachhaltige Entwicklung, deren Aufwertung jedoch durch zahlreiche strukturelle Sachzwänge und sozio-kulturelle Blockaden verhindert wird. Die vorhandenen innovativen Einzelprojekte sind zwar wichtig, derzeit aber noch voneinander isoliert. Nur ein Gesamtkonzept, das *alle* Bereiche umfasst, kann aber eine nachhaltige Entwicklung voranbringen.

Leitidee 1: Alleinstellungsmerkmal

Der Tourismus als zentraler Wirtschaftsfaktor muss diejenigen Gasteiner Qualitäten und Potenziale ins Zentrum stellen, für die es anderswo nichts Vergleichbares gibt, nämlich die besonderen Thermalquellen mitten in einer Hochgebirgslandschaft. Daraus ist ein Urlaubs-/ Freizeitangebot mit Schwerpunkt Gesundheitsprävention plus körperliche Aktivitäten im Hochgebirge abzuleiten, das sich deutlich gegenüber der medizinischen Kur (Heilen), gegenüber Leistungs-/Extremsport, sowie gegenüber einer Fun-/Event-Orientierung abgrenzt.

Weiterhin ist zu beachten, dass sich dieses Konzept nicht mit einem Ausbau der Skigebiete verträgt, der immer wieder im Tal zur Diskussion steht (Schareck-Erschließung mit U-Bahn; Gadauner Hochalm mit »Skischaukel« ins Rauriser Tal) und der jüngst durch die allgemeinen Strukturprobleme der Seilbahnbranche erneut aufgeworfen wurde. Damit würde die touristische Monostruktur und vor allem die finanzielle Außenabhängigkeit des Tales noch einmal verstärkt und das bereits stark belastete Verhältnis Tourismus-Gesellschaft-Umwelt würde endgültig zerbrechen.

Das skizzierte nachhaltige Talkonzept muss dann jedoch für die drei Gemeinden unterschiedlich, aber komplementär ausgestaltet werden, um Konkurrenzen abzubauen und Synergien zu fördern. Dabei muss die einmalige gründerzeitliche Bausubstanz von Bad Gastein gesondert aufgewertet werden, weil von dessen Image das gesamte Tal profitieren kann.

Für diese Leitidee braucht es einen Markennamen, der der Doppelfunktion des Tales als Erholungs- *und* Lebensraum der Einheimischen gerecht wird. Unser Vorschlag: »Thermal-Bergwelt GASTEIN«.

Leitidee 2: Synergien beim Schwerpunkt Gesundheitsprävention

Gesundheitsprävention im Urlaub als freiwillige, selbst gestaltete und regenerative Betätigung bedeutet, Sensibilität für den eigenen Körper zu entwickeln. Dazu sind spezifische Angebote um den Bereich Thermalwasser herum auszubauen, die körperlich-aktive Betätigung in der Hochgebirgslandschaft zu fördern (daraus erwächst ein vertieftes Interesse für Landschaft, Natur und Umwelt) und dem

Bereich Ernährung (bäuerliche Qualitätsprodukte und Mineral-wasser aus Gastein) besondere Beachtung zu widmen, um daraus ein stimmiges Gesamtangebot zu entwickeln.

Die daraus erwachsenden Synergien können zusätzliche Arbeits-plätze im Bereich Gesundheitsprävention schaffen, das Profil der vorhandenen Winter- und Sommersportmöglichkeiten schärfen (das Sommerangebot muss erheblich verbessert werden: Aufwer-tung der Bergbaurelikte und der Almen, Reaktivierung traditionel-ler Wege, stärkerer Einbezug Naturpark Hohe Tauern und »Via Au-rea«) und positive Effekte für die Gasteiner Landwirtschaft auslösen, die für ihre Zukunft dringend erforderlich sind.

Leitidee 3: Aufbau nicht-touristischer Arbeitsplätze
Eine ausgeprägte touristische Monostruktur ist wirtschaftlich risi-kovoll und daher nicht nachhaltig. Deshalb ist eine Diversifizierung der Wirtschaftstruktur und vor allem die Schaffung von qualifi-zierten Ganzjahresarbeitsplätzen wichtig, die in Tourismustälern selten sind, übrigens auch aus kulturellen Gründen, weil diese Men-schen neue Impulse ins Tal bringen. Für Gastein wäre es sinnvoll, einen »Gesundheitscluster« im Bereich alternative Medizin/Natur-heilverfahren/Sportmedizin aufzubauen (diese Idee wurde vom ehemaligen Kurdirektor Franz Hochwarter entwickelt), der auch die Bereiche Analyse/Forschung (»Forschungsinstitut Bad Gastein« ausbauen), Therapie, Aus- und Weiterbildung, Entwicklung techni-scher Hilfen und Gesundheitspolitik (mit »European Health Forum Gastein« erfolgreich begonnen) umfasst. Damit könnte sich Gastein international zusätzlich profilieren.

Leitidee 4: Gesellschaft und Kultur
Leitgedanke in diesem Bereich ist es, die Lebensqualität in Gastein für die Einheimischen dauerhaft zu erhöhen und die Gäste einzula-

den, an dieser Lebensqualität teilzuhaben. Nicht nachhaltig wäre es dagegen, wenn die Einheimischen ihr Leben für die Gäste »inszenierten«, also eine falsche Realität vorspielten; dies würde bei den Gasteinern zu sozialen und kulturellen Spannungen führen und bei den Gästen Misstrauen erwecken.

Es braucht deshalb den Aufbau eines anspruchsvollen Kulturprogramms für die Gasteiner Bevölkerung, das die gesamte Breite heutiger Kultur thematisieren müsste und das es den Gasteinern ermöglicht, sich selbst und ihr Tal im Kontext der Welt zu reflektieren. Nur wenn ein solches Kulturprogramm bei den Einheimischen erfolgreich ist, hat es eine dauerhafte Existenzmöglichkeit und ist dann auch für die Gäste attraktiv (der Verein in Hofgastein »Musik + Kunst + Literatur im Sägewerk« ist dafür ein gutes Beispiel).

Daneben müsste die Kommunikation im Tal aktiv gefördert werden, um überhaupt erst einmal die Voraussetzung zu schaffen, dass so etwas wie eine gemeinsame Talidentität und eine gemeinsame Verantwortung für die Talentwicklung – also die sozio-kulturelle Basis der nachhaltigen Entwicklung – entstehen kann.

Leitidee 5: Umweltentwicklung

Die Umwelt im Gasteiner Tal ist überall vom Menschen sehr stark verändert worden, dies hatte keineswegs nur negative Auswirkungen. Eine nachhaltige Umweltentwicklung wird in erster Linie von einer nachhaltigen und angepassten Umweltnutzung im Rahmen der skizzierten Ausrichtung gewährleistet, die für Stabilität, Biodiversität und landschaftliche Vielfalt Sorge trägt, in zweiter Linie von einer kulturellen Identität im Tal, die weiß, dass die alpine Natur stets bedrohlich ist und nie technisch vollständig beherrscht werden kann. Erst in dritter Linie besitzt dann auch der Natur- und Umweltschutz eine Bedeutung, aber in den beiden Schutzgebieten (Nationalpark Hohe Tauern im Süden und Naturschutzgebiet Paarseen-Heukareck ganz im Norden) verzahnen sich Natur- und Kulturlandschaftsflächen so eng miteinander, dass eine reine Schutzstrategie nicht sinnvoll wäre.

Leitidee 6: Nachhaltige Energie-, Verkehrs-, Siedlungsentwicklung
Diese drei Bereiche erfordern jeweils spezifische Nachhaltigkeitskonzeptionen, weil sie Ursache für erhebliche Nachhaltigkeitsprobleme sind. Der Hausbrand (Ölheizung) trägt stark zur Luftverschmutzung bei und erfordert neue, innovative Lösungen. Die Verkehrsprobleme können im Rahmen einer nachhaltigen Entwicklung nicht durch einige technische Großprojekte gelöst werden (U-Bahn in Bad Hofgastein und in Serfaus, Untertunnelung Bundesstraße Bad Hofgastein West), sondern man braucht dazu ein integrales Talkonzept und spezifische Lösungen für die einzelnen Problembereiche. Die im Rahmen des Ausbaus der Tauernbahn gefundene umweltverträgliche Lösung bietet für Gastein große Möglichkeiten; optimale Effekte können aber nur erreicht werden, wenn die Maßnahmen (besonders die Neugestaltung des Bahnhofareals in Bad Gastein) systematisch mit den anderen Bereichen vernetzt werden. (3) Die Utopie eines »autofreien Gastein« von 1996 – dank Bahnerschließung nicht völlig illusionär – provoziert noch immer sehr stark. Die Probleme der starken Zersiedlung der Talaue sind mit dem neuen Salzburger Raumordnungsgesetz von 1992 zwar etwas leichter zu bewältigen, aber auch hier braucht es noch – über die bestehenden »Räumlichen Entwicklungskonzepte« der Gemeinden hinaus – spezifische Konzepte.

Entscheidend für diese drei Bereiche ist es, dass keine sektoralen Konzepte entwickelt werden, sondern dass sie eng mit den anderen Leitideen vernetzt werden. Nur dann entsteht ein überzeugendes Gesamtkonzept, das nicht vorschnell als touristischer »Werbegag« abgetan werden kann.

Leitidee 7: Politische Vernetzung

Die mangelnde Zusammenarbeit in Gastein in allen Bereichen stellt eine starke Blockade für eine nachhaltige Entwicklung dar. Während in den 1990er-Jahren mit der Gründung der GTG (Gasteiner Tal Tourismus GmbH) erstmals mit großen Mühen eine talweite touristische Vermarktungsstruktur aufgebaut wurde, ist die vom Land Salzburg gesetzlich geforderte »Planungsregion Gastein« wegen des Widerstandes der Gasteiner Gemeinden nicht realisiert worden.(4) Auch wenn sich die kommunale Zusammenarbeit im Tal deutlich verbessert hat, so kann eine nachhaltige Talentwicklung nur realisiert werden, wenn dazu entsprechende talweite, verbindliche Strukturen aufgebaut werden, und zwar von Seiten der Politik (Vorbild dafür könnten Lokale-Agenda-21-Gruppen sein), keinesfalls von Seiten des Tourismus.

Aber alle Einzelmaßnahmen machen nur Sinn, wenn sie im Rahmen eines vernetzten Gesamtkonzeptes umgesetzt werden und sich so wechselseitig stärken und unterstützen können.

Nachwort: Reaktionen im Tal

Unsere Ergebnisse wurden im Frühjahr 2001 an alle Gesprächspartner in Gastein in schriftlicher Form verschickt und dann am 12. Juli 2001 in einer Veranstaltung in Bad Hofgastein öffentlich präsentiert und diskutiert. Diese Veranstaltung war außergewöhnlich gut besucht, es waren fast alle lokalen Verantwortungsträger, einige Experten aus dem Bundesland Salzburg sowie ein sehr breiter Querschnitt der Gasteiner Bevölkerung anwesend. Während die drei Bürgermeister davon sprachen, dass ihnen ein »sehr kritischer Spiegel vorgehalten worden sei« und dass es doch mehr positive Entwicklungen gebe als von uns dargestellt (die *Pongauer Nachrichten* titelten: »Professor für Kulturgeografie heizte Gasteinern ein«), gab es im Publikum eine Reihe von Stimmen, die an unsere Analyse anknüpften und konkrete Konsequenzen forderten. Grundsätzlich hat unser Beitrag keinen *direkten* Impuls für eine nachhaltige Talentwicklung ausgelöst – eine solche Erwartung wäre jedoch auch unrealistisch gewesen –, aber es bleibt abzuwarten, ob dadurch nicht mittel- und langfristig gewisse positive Entwicklungen im Tal gestärkt und gefördert werden.

Sehr viele öffentliche Diskussionen gab es um das nachhaltige Energiekonzept, weil im Frühsommer die drei Gasteiner Gemeinden beschlossen, eine Gasleitung ins Tal legen zu lassen. Damit wurden die Ideen einer dezentralen Energienutzung nicht realisiert, für die in Gastein besonders gute Voraussetzungen bestanden hätten; es wurde erneut ein wichtiger Nachhaltigkeitsschritt ausgelassen. Allerdings muss man erwähnen, dass die gewählte Lösung für das Tal einen Fortschritt bedeutet (Verbesserung der Luftqualität); er hätte allerdings wesentlich gewichtiger ausfallen können.

Grundsätzlich stehen die Fragen einer nachhaltigen Entwicklung permanent zur Diskussion und Entscheidung an, sei es bei »großen« Entscheidungen wie der Neuerschließung von Skigebieten (im Sommer 2001 tauchten wieder Gerüchte über eine »Skischaukel« ins Rauriser Tal und eine Bahn auf den Schareckgipfel auf), sei es bei den tagtäglichen Entscheidungen der lokalen Akteure. Und es besteht die Hoffnung, dass sich dabei allmählich die Position einer nachhaltigen Entwicklung verstärkt, weil die Probleme einer nicht-nachhaltigen Entwicklung für die Betroffenen immer deutlicher sichtbar werden.

Anmerkungen

Dieser Text wurde in der Fachzeitschrift *Tourismus Journal* (Stuttgart), 5/2001, Seite 301–331 veröffentlicht. W.B. ist zwar seit 1984 regelmäßig in Gastein, er publiziert aber erst jetzt, zum ersten Mal seit 1988, (siehe in diesem Band »Ökologische und ökonomische Probleme alpiner Tourismuszentren«, S. 43) wieder einen Artikel über dieses Tal. Als Ergebnis eines Projektseminars und der Projektarbeiten im Rahmen der CIPRA-Sommerakademie 2000 umfasst dieser Text Abschnitte von mehreren Autoren (Jürgen Böhmer vom Institut für Geografie der Universität Erlangen-Nürnberg, die Absolventen der Sommerakademie Andreas Gschöpf, Henning Meumann, Thomas Probst, Brigitte Tassenbacher, Zig Zidan sowie Franz Herrmann aus München als externer Gast). Hier werden nur die Texte von W.B. (Seiten 301–312 und 328) ohne die Literaturverweise und die zwei Karten abgedruckt.

(1) An dieser Situation ändert sich bis zum Jahr 2008 nichts Wesentliches; der Sommertourismus verbessert sich jüngst wieder leicht und erreicht 2008 gut eine Million Übernachtungen, der Wintertourismus erreicht 2007/08 erneut das historische Maximum des Jahres 1993.

(2) Die Daten der Volkszählung 2001 fallen nicht ganz so negativ aus, wie damals erwartet, aber deshalb verlieren die wirtschaftlichen Strukturprobleme keineswegs an Bedeutung. Die etwas positivere Entwicklung vor allem in der jüngsten Zeit ist in erster Linie auf die sehr aufwendige Renovierung, Neugestaltung und Vergrößerung der drei Badeanlagen (Thermalbäder in Bad Gastein und Bad Hofgastein, Freibad in Dorfgastein) nach 2000 zurückzuführen, die das Tal deutlich aufgewertet haben.

(3) Die nach sehr langen Verhandlungen zwischen den Österreichischen Bundesbahnen, Politikern und Bürgerinitiativen aus dem Tal mittels einer »Mediation« gefundene Lösung ist zwar für Gastein sehr positiv, dürfte aber wohl erst nach 2020 realisiert werden (wenn überhaupt).

(4) Während sich die Zusammenarbeit der drei Gasteiner Gemeinden im Bereich des Tourismus seit dem Jahr 2001 spürbar verbessert hat – wobei die Analysen von W.B. eventuell eine Rolle gespielt haben –, ist die Zusammenarbeit in den Bereichen Gemeindepolitik, Raumordnung und Regionalplanung nach wie vor äußerst unbefriedigend. Durch die Asymmetrie zwischen touristischer Zusammenarbeit (die gut läuft) und politischer Zusammenarbeit (die schlecht läuft) erhält der Tourismus zusätzlich ein noch größeres politisches Gewicht als vorher.

Ein zentrales politisches Thema der Alpenkonvention

Einleitung

Obwohl das Thema »Bevölkerung und Kultur« in der Alpenkonvention von Anfang an an prominenter Stelle erwähnt wird (zuerst in der Resolution von Berchtesgaden 1989 und dann als erstes von zwölf Schwerpunktthemen in der Rahmenkonvention von 1991), gibt es ein solches »Protokoll« (»Protokoll« ist der Fachbegriff der Alpenkonvention für gemeinsam beschlossene Umsetzungsmaßnahmen in bestimmten Bereichen) bis heute nicht. Allerdings richtete der Ständige Ausschuss der Alpenkonvention im September 2001 eine Arbeitsgruppe ein, die Materialien zu dieser Thematik zusammentragen und prüfen sollte, ob ein solches »Protokoll« sinnvoll ist oder nicht. Allein an dieser Vorgehensweise zeigt sich deutlich, dass es sich um eine heikle und umstrittene Thematik handelt, für die es derzeit keine klaren politischen Antworten gibt. Weil sich die Probleme im Themenfeld »Bevölkerung und Kultur« unmittelbar auf die Umwelt auswirken und daher für eine Umweltpolitik im Sinne einer nachhaltigen Entwicklung sehr relevant sind, erteilte das Umweltbundesamt in Berlin dem Autor dieses Beitrages den Auftrag, dieses Thema wissenschaftlich zu untersuchen und daraus Vorschläge und Empfehlungen für eine mögliche politische Umsetzung zu erarbeiten. Diese werden im folgenden Text auszugsweise vorgestellt.

Die Analyse der Dokumente der Alpenkonvention zeigt sehr eindeutig, dass das Themenfeld »Bevölkerung« eines möglichen Protokolls »Bevölkerung und Kultur« relativ klar umschrieben wird, dass dagegen beim Themenfeld »Kultur« sehr große Unklarheiten und Unsicherheiten vorherrschen. Eine Expertenbefragung in allen sieben Staaten mit Alpenanteil vertiefte diesen ersten Eindruck nachhaltig: Es gibt wohl kaum einen Bereich innerhalb der Alpenkonvention, der so unklar und so umstritten ist wie »Kultur« und »Alpenkultur«.

Auch der Rückgriff auf die umfangreiche Nachhaltigkeitsdiskussion und hier vor allem auf die existierenden Indikatorensysteme brachte keine Klärung: Zwar wird auf der grundsätzlichen Ebene immer wieder das sogenannte »Nachhaltigkeitsdreieck« Umwelt-Wirtschaft-Gesellschaft in seiner Gleichwertigkeit beschworen, aber der Bereich »Gesellschaft« oder »Kultur« – bereits die Bezeichnungen dafür differieren sehr stark – bleibt fast immer merkwürdig blass und unbestimmt, oder er wird auf einen kleinen Ausschnitt reduziert. Auch hier ist letztlich die gleiche konzeptionelle Unsicherheit wie bei der Alpenkonvention festzustellen, was sich negativ auf eine nachhaltige Entwicklung auswirkt.

Was ist unter »Kultur« zu verstehen?

In der traditionellen europäischen Kulturdiskussion wurde lange Zeit praktisch überall zwischen »Hochkultur« und »Volkskultur« (dafür existieren in den europäischen Sprachen jeweils sehr unterschiedliche Begriffe) unterschieden, aber diese normative Unterscheidung gilt heute als überholt. Trotzdem bleibt die Frage bestehen, wie weit Kultur jetzt gefasst werden darf: Gehören Schlagermusik, Sport, Disco- und Kneipenkultur dazu, wird also der gesamte Alltag zur Kultur?

Die Beantwortung dieser Frage kann aber nicht wertneutral gegeben werden, sondern sie ist abhängig vom Kontext, aus dem heraus diese Frage überhaupt erst gestellt wird. Dieser Kontext ist die Gestaltung der nachhaltigen Entwicklung durch die Bevölkerung des Alpenraumes, vor allem im Zusammenhang mit der Erhöhung der Lebensqualität, der Stärkung der regionalen Identität und der Ausbildung von Verantwortung für die zukünftige Alpenentwicklung. In diesem Kontext ist es zwingend notwendig, einen integrativen oder »erweiterten Kulturbegriff« zu verwenden, weil die nachhaltige Ausgestaltung von Wirtschaft, Gesellschaft und Alltagsleben *alle* Lebensbereiche im Alpenraum ohne Ausnahme betrifft. Würde man den Kulturbegriff zu eng fassen (nur Hoch- und Volkskultur), bestünde die Gefahr, dass relevante Aspekte der Nachhaltigkeit ausgeklammert würden und dann gäbe es Ungleichgewichte im Nachhaltigkeitsdreieck, die zu Umsetzungslücken führen müssten.

Wenn man also von einem solchen »integrativen« oder »erweiterten Kulturbegriff« ausgeht, dann ist Kultur wesentlich mehr als Hochkultur plus traditionell verstandene Volkskultur. Sie kann folgendermaßen definiert werden:

»Kultur ist ein historisch konstituierter und konkret sozialisierter Bezugs- und Reflexionsrahmen, durch den Menschen ihre Umwelt wahrnehmen, gestalten und bewerten« (Kammerhofer-Aggermann 2000, S. 64). Oder anders formuliert: »Alle Menschen sind Mitglieder einer spezifischen Gruppe, der eine bestimmte Lebensweise (Kultur) in facettenreichen Ausprägungen mehr oder weniger gemeinsam ist [...]. Ihre jeweiligen Besonderheiten (auch kulturelle Identität genannt) gründen in historischen, geografischen und sozialen Rahmenbedingungen. Sie prägen sich aus in Sprache, Religion, Rechtsnormen, Werten, Standards und Symbolen [...]. Diese symbolischen Ordnungen des gemeinschaftlichen Lebens [...] können als ihre Kultur bezeichnet werden [...]. Die symbolische Ordnung der Kultur bedeutet für die handelnden Individuen eine unerlässliche Orientierung bei der Gestaltung ihres gemeinschaftlichen Lebens. Zur Natur des Menschen gehört es, sich kulturell zu definieren« (Museum für Völkerkunde 2000, S. 96).

Wenn man Kultur also so weit fasst, dann fallen auch jene Menschen mit ihren Kulturformen darunter, die immer wieder aus der alpinen Kultur ausgeklammert werden, nämlich Ausländer, Aussteiger, Alternative, Asylanten, Gastarbeiter, Saisonarbeiter, Zuzüger oder allgemein »Fremde«. Sie sind ein Teil der Realität des heutigen Alpenraums, der bei der Frage der nachhaltigen Entwicklung berücksichtigt werden muss (so fordert es zu Recht die CIPRA), denn sonst erwachsen aus den »blinden Flecken« oder den »verdrängten Realitäten« gravierende Störungen für die nachhaltige Entwicklung.

Weiterhin ist gegenüber allen ethnozentrischen oder rassistischen Positionen (»Du bist nichts, Dein Volk ist alles«) zu betonen, dass Kulturen, Kulturgruppen oder Ethnien »nie homogene Gebilde sind. Die in ihnen lebenden Individuen haben je nach Geschlechts-, Klassen-, Schichten-, Altersgruppenzugehörigkeit stets besondere Interessen und Motive […]. Es gibt daher auch keine homogenen ethnischen Gemeinschaften, mögen sie auch noch so klein sein […]. Auch innerhalb vermeintlich einheitlicher Ethnien ist so die Herausforderung des Umgangs mit dem Anderen beständig gegeben« (Museum für Völkerkunde 2000, S. 96). Diese Charakterisierung ist ausgesprochen wichtig, um von vornherein eine klare Grenze gegenüber allen Versuchen zu errichten, die den Rückgriff auf die alpine Kultur dazu nutzen wollen, um sich nach außen beziehungsweise gegen alles Fremde abzuschotten – das Fremde ist immer Bestandteil der eigenen Kultur. Die Rahmenkonvention fordert daher sehr eindeutig in den Aussagen zum Thema Bevölkerung und Kultur die »Förderung des gegenseitigen Verständnisses und partnerschaftlichen Verhaltens zwischen alpiner und außeralpiner

Bevölkerung« (Artikel 2, 2a), und dies muss sich in einem spezifischen Verständnis von Kultur – Kulturen sind nie homogen – niederschlagen.

Eine weitere zentral wichtige Dimension stellt ihre Dynamik dar. »Kultur ist ein steter, lebendiger Prozess von Aneignung, Auseinandersetzung, Wertsetzung, Verknüpfung, Verbreitung, Kommunikation und Entwicklung. Kultur vollzieht sich […] in Räumen, Zeiten und Gruppen als wesentliche Strategie der Aneignung von […] Umwelt […]. Kultur ist und war immer Erneuerung und Weiterentwicklung im Dialog mit Neuem, mit Anderem, mit Überholtem […]. So ist im Idealfall jede kulturelle Entwicklung das Ende einer vorhergehenden mit dem Ziel, den zeitgemäßen Bedürfnissen gerecht zu werden« (Kammerhofer-Aggermann 2000, S. 65).

Diese permanente Dynamik der Kultur ist Quelle für Kreativität und für Innovationen, was gerade in Hinblick auf die großen Herausforderungen einer nachhaltigen Entwicklung von fundamentaler Bedeutung ist – ohne sie kann die Umsetzung von Nachhaltigkeit gar nicht gelingen. Zugleich ist die Anerkennung dieser Dynamik ausgesprochen wichtig, um sich von allen statischen und musealen Kultur-Vorstellungen abzusetzen, die weitreichende negative Wirkungen auslösen können.

Wenn Kultur als dynamische Kultur sich stets wandelt, dann gibt es keinen »Urzustand«, der eine besonders »klare«, »echte« und »reine« Form der Kultur repräsentiert, und der deshalb eine Norm darstellt, die man bewahren oder zu der man zurückkehren müsse. Viele Traditionen und Brauchtumsveranstaltungen in den Alpen aber gehen davon aus, dass sie »echte« Überlieferungen in »reiner« Form fortführen und nicht verändern, und sie gewinnen gerade aus diesem Faktum ihre besondere Achtung und Wertschätzung.

Untersucht man dies wissenschaftlich, dann stellt man fest, dass diese Position falsch ist. Die heute als »echt« beziehungsweise »alt«

geltenden Traditionen im Alpenraum wurden zum größeren Teil im 19. und 20. Jahrhundert neu geschaffen, zum kleineren Teil wurden historische Traditionen – das sogenannte »spontane und ungeordnete Treiben« – in dieser Zeit neu gestaltet, neu geregelt und teilweise als »Schaubräuche« neu inszeniert. Exemplarische Einzelbeispiele dafür sind die Veränderungen beim Perchtenlauf in Salzburg (Kammerhofer-Aggermann 2001) und beim Funken- und Holepfannsonntag in den westlichen Ostalpen (Johler 2000), die Neuinszenierung einer vereinheitlichten Gebirgskultur bayerischer Prägung im alemannischen Raum Vorarlbergs durch die Sektion Tübingen des Alpenvereins (Scharfe 1984) oder die Neuerfindung der in Bayern weit verbreiteten Marterln als »fingierte Volkskultur« (Dickenberger 1999). Zahlreiche weitere Beispiele ließen sich anführen, allerdings fehlt dazu bislang noch eine alpenweite Übersichtsdarstellung; am ehesten erfüllt der materialreiche Aufsatz des Zürcher Volkskundlers Arnold Niederer »Die alpine Alltagskultur zwischen Routine und der Adoption von Neuerungen« (1979) diesen Anspruch (Abdruck in: Niederer 1993).

Auf dem Hintergrund der fundamentalen materiellen und immateriellen Umgestaltung des Alpenraums durch die Auswirkungen der Industrialisierung entstand in der zweiten Hälfte des 19. Jahrhunderts – quasi als Opposition gegen den industriellen Wandel – die Bewegung des Naturschutzes und des Heimatschutzes, die ideologisch eng miteinander verflochten waren. Daraus entwickelte sich in vielen Alpenregionen (vor allem im deutschsprachigen Raum) eine organisierte Traditions- und Brauchtumspflege. Ulrike Kammerhofer-Aggermann beschreibt die Entwicklung im Land Salzburg mit folgenden Worten (2001, S. 7): »Ab dem Jahr 1842 wurde die neue Salzburger Identität auf die Säulen ›Tourismus und Mozart‹ gestellt. Die Bewahrung der Salzburger Altstadt, der Landschaft und der Volkskultur wurde erstmalig beschlossen. 1911 wurde im Zusammenhang mit der Heimatschutzbewegung – die Denkmalschutz, Brauchtumspflege und neomerkantile Förderung der Kleingewerbe zum Ziel hatte – ein Landesausschuss ›betreffend Förderung und Hebung der Salzburger Eigenart in Tracht, Sitten und Gebräuchen‹ gegründet.«

Damit wird die lebendige Dynamik der Kultur unterbrochen und in eine feste, unwandelbare Form gegossen, indem die »ursprüngliche«, »authentische« oder »echte« Form gesucht und dann normativ festgelegt wird. Da dabei in der Regel Wissenschaftler, Politiker, Journalisten und Beamte führend beteiligt sind, werden die ursprünglichen Akteure in den Hintergrund gedrängt und zu bloßen Ausführenden degradiert. Reinhard Johler spricht deshalb zu Recht davon, dass die Fähigkeit des Wissenschaftlers, kulturellen Handlungen einen Sinngehalt zu verleihen, eine »Quelle der Macht« darstellt (Johler 2000, S. 17). Auf diese Weise wird eine lebendige Alltagskultur in eine starre, museale Brauchtumstradition umgewandelt, die exogen geleitet ist. Und da viele öffentliche Leistungen (in erster Linie finanzielle Unterstützung) und Anerkennungen (Medienrepräsentanz) untrennbar mit diesen Formen verbunden sind, setzen sie sich in der Alltagsrealität relativ bald durch und werden dominant (Kramer 2000).

Diese spezifische Form der Brauchtumspflege ist auch heute noch in zahlreichen Alpenregionen in unterschiedlichster Ausgestaltung anzutreffen und die Möglichkeit besteht, dass gerade ihre museale Form die lebendige Weiterentwicklung der Alltagskultur behindert, was sich für die Umsetzung der Nachhaltigkeit nachteilig auswirken könnte.

Die noch größere Gefahr besteht jedoch darin, dass diese spezifische Form der Brauchtumspflege, die sich im Zeitalter der Industriegesellschaft herausgebildet hat, heute im Kontext der Diskussion um ein Protokoll »Bevölkerung und Kultur« ganz spontan als die einzig vorstellbare und denkbare Form von »Kultur« angesehen wird. Am Beginn der Beschäftigung mit der Kultur im Alpenraum steht dann eine Bestandsaufnahme, die das »Echte« und »Authentische« erfasst und das »Unechte« und »Falsche« aussondert, und dieser Positivkatalog dient dann als Grundlage späterer Maßnahmen und Förderungen. Diese Leitidee steckte ursprünglich hinter dem Pro-Vita-Alpina-Entwurf für ein Protokoll »Bevölkerung und Kultur«, sie ist implizit im Entwurf der Angelini-Stiftung (Forderung nach einem Alpen-Observatorium, das positive Fälle kultureller Entwicklung erfassen solle) enthalten, wird völlig selbstverständlich im EU-Interreg-III-B-Programm für den Alpenraum vertreten (»Der Schutz und die Verbesserung des kulturellen Erbes erfordert zuallererst die Katalogisierung zur Erstellung einer gemeinsamen Datenbank«), und sie stellt in unserer heutigen postmodernen Gesellschaft eine Standard-Denkfigur dar, wenn es darum geht, eine regionale Kultur gegen die Überfremdung durch die Globalisierung zu verteidigen. Aber die UNESCO formuliert in ihrem »Aktionsplan Kulturpolitik für Entwicklung« zu Recht: »Die Verteidigung lokaler und regionaler Kulturen, die von Kulturen mit einem globalen Einflussbereich bedroht sind, darf nicht dazu führen, dass die betroffenen Kulturen zu historischen Relikten ohne eigene Entwicklungsdynamik werden« (UNESCO 1998, S. 13).

Hier liegt meines Erachtens derzeit das zentrale Problem im Umgang mit alpiner Kultur, und hier liegt auch die Ursache für die erheblichen Unklarheiten und Unsicherheiten, die derzeit im Kontext von Politik und Verwaltung anzutreffen sind. Es scheint auf den ersten Blick paradox zu sein, dass sich Brauchtum und Tradition verändern müssen, damit sie lebendig bleiben – im Piemont wird häufig der provokante Satz gebraucht: »Es gibt keine Zukunft für die Tradition ohne einen Bruch mit ihr« (Luigi Dematteis) –, weil darunter heute in einer Zeit extremer gesellschaftlicher Dynamik automatisch ihre Entwertung und Auflösung verstanden wird, aber man muss sich bewusst diesen Schwierigkeiten stellen, weil man andernfalls keine überzeugende und umsetzungsgeeignete Konzeption für den Bereich »Kultur« innerhalb der Alpenkonvention entwickeln kann.

Natürlich bedeutet eine lebendige Weiterentwicklung der Tradition andererseits auch nicht ihre beliebige Veränderung oder die bedingungslose Integration modischer Elemente (zum Beispiel die Übernahme von »Halloween«-Elementen oder Gruselfilm-Vorlagen beim Krampuslauf im Land Salzburg durch sogenannte »wilde« Gruppen), sondern es geht darum, eine lebendige Dynamik von einer vordergründigen Effekthascherei und einer bloßen Selbstzweck-Dynamik mit beliebigen Veränderungen abzugrenzen. Diese Unterscheidung kann im Einzelfall sehr schwer fallen; sie kann jedoch nicht durch externe Spezialisten gefällt werden, sondern hängt von den direkt Beteiligten und Betroffenen ab.

Welche Alternative gibt es nun gegenüber einem positiven Kulturwertekatalog, die sich andererseits zugleich deutlich gegen eine postmoderne Beliebigkeit abgrenzt? Dieter Kramer formuliert das pointiert so: »Ursprünglichkeit und Authentizität sind die falschen Begriffe – bekennen wir uns zu den lebendigen Gestaltungen!« (Kramer 2000, S. 5); »Maßstab für eine Regionalkultur ist nicht eine konstruierte Reinheit oder Ursprünglichkeit, sondern die Integration in die Lebenswelt und ihr Anteil an der Sicherung einer Zukunft mit Rücksicht auf die humanen, kulturellen, sozialen, ökonomischen und ökologischen Ressourcen. Dieses Ziel zu setzen ermöglicht den souveränen Umgang mit dem kulturellen Erbe und die Wahrung der eigenen Würde ebenso wie die Wahrnehmung einer Verpflichtung der Zukunft gegenüber« (Kramer 2000, S. 11).

Ulrike Kammerhofer-Aggermann und Alexander Keul formulieren diese zentrale Aufgabe folgendermaßen (im Protokoll-Entwurf von Pro Vita Alpina): »Daher kann es nicht Aufgabe der Identitätsforschung sein, konkrete Kataloge von Identifikatoren für eine ›Alpenidentität‹ aufzulisten und so die stete Weiterentwicklung spezifischer, eigenständiger Leistungen der Kultur in statischen Musteridentitäten zu kanalisieren […]. Kultur und damit die Ausbildung kultureller Identitäten ist ein Prozess mit offenem Ausgang, der insofern der steten Stützung und Begleitung bedarf, als er in Gang bleiben muss. Kulturindikatoren absolut zu setzen hieße, diesen Prozess zu unterbrechen, ihn für eine gewisse Zeit stagnieren zu lassen, so lange, bis er abrupt abbricht. Im konkreten Fall hieße das, die Bewohner des Alpenraums zu Statisten und Reproduzenten fremdbestimmter Alpenklischees werden zu lassen. So erscheint es den Autoren wichtig, Identitätsbildungsprozesse, nicht aber konkretisierte Identifikatoren zu fordern.«

Diese Überlegungen, die aus langjährigen konkreten Auseinandersetzungen mit kultureller Identität im Alpenraum heraus entstanden sind, machen – meines Erachtens sehr eindeutig – deutlich, dass ein Protokoll »Bevölkerung und Kultur« sich auf die Förderung von »Identifikations-Bildungsprozessen« und nicht auf die Erarbeitung von positiven Kulturwertekatalogen konzentrieren müsste. Nur so kann man der Situation gerecht werden, dass Kulturen stets veränderlich, vielgestaltig und mehrdeutig sind.

Was ist »Alpenkultur«?

Lange Zeit waren die Forschungen zum Thema »Alpenkultur« dadurch geprägt, dass sich fast alle Geistes-, Sozial- und Kulturwissenschaften sowie die Geschichtswissenschaften kaum mit den Alpen beschäftigten – die Alpen waren eben nicht nur wirtschaftlich, sondern auch wissenschaftlich eine Peripherie. Lediglich die »Volkskunde« (in den Staaten mit Alpenanteil sehr unterschiedlich benannt: Europäische Ethnologie, Anthropologie, Empirische Kulturwissenschaft) beschäftigte sich relativ intensiv mit den Alpen, teilweise in enger Zusammenarbeit mit den Sprachwissenschaften beziehungsweise der Sprachgeografie (Konzept der »Wörter und Sachen«, das in mehrere große Atlaswerke mündete). Die Phase des Nationalsozialismus beziehungsweise des Faschismus in den Alpen, in der die alpine Kultur für deren politische Ziele direkt instrumentalisiert wurde, führte dann zu einem großen Bruch bei diesen volkskundlichen Forschungen nach 1945 – wegen der nicht aufgearbeiteten Nähe zum rassistischen Gedankengut konzentrierten sich die Volkskundler lange Zeit auf unverfängliche Themen der Brauchtumsforschung und mieden grundsätzliche Fragen wie die nach einer einheitlichen Alpenkultur. Lediglich in der Schweiz gab es diesen Bruch nicht, was dazu führte, dass Schweizer Volkskundler (in erster Linie Richard Weiss und Arnold Niederer) nach 1945 alpenweit eine führende Position einnahmen.

Es ist kein Zufall, dass allein schon die Frage nach einer gemeinsamen Alpenkultur sehr voraussetzungsträchtig ist und oft im Kontext bestimmter politischer Ereignisse Konjunktur hat. Sie wurde im Zeitalter des Faschismus intensiver diskutiert, als Adolf Günther mit seiner umfangreichen Monografie *Die Alpenländische Gesellschaft* (Jena 1930) einen rassistisch ausgerichteten Entwurf einer einheitlichen Alpenkultur vorlegte. Dagegen betonte der Schweizer Kulturgeograf Emil Egli im Jahr 1939 in bewusster Entgegensetzung, dass es diese rassische Einheit in der Schweiz nicht gebe, dass im Gegenteil die rassische Vielfalt am Anfang stehe, die dann aber verändert werde: »Was auf Schweizer Boden tritt, wird umgeformt«, weil »das Zuwandernde in der Schweiz sich einer Alpinisierung zu unterziehen hat.« (Egli 1939, S. 43). Wie ungeklärt diese Grundsatzfragen heute noch sind, zeigt sich daran, dass der Schweizer Geschichtswissenschaftler Georg Kreis (im Magazin der *Basler Zei-*

tung vom 21.März 1992) diesen Aufsatz von Emil Egli zum Anlass nahm, ihm »rassistisches Denken« zu unterstellen, obwohl dessen Text gegen diese Ideologie argumentierte.

Da es offensichtlich ist, dass der Alpenraum von Menschen mit romanischer, germanischer und slawischer Sprache und Kultur besiedelt wurden und dass die seit dem Mittelalter entstehenden territorialen Strukturen (von kleinen inneralpinen Grundherrschaften bis hin zu den Nationalstaaten des 19. Jahrhunderts) mit ihrer je unterschiedlichen Geschichte und Kultur zusätzlich noch weitere kulturelle Unterschiede hervorgebracht haben, stellt sich die Grundsatzfrage, ob der »alpine Boden«, die alpine Natur und Umwelt so stark und so bedeutend sind, dass sie diese Vielfalt zu einer einheitlichen Alpenkultur (mit großer regionaler Vielfalt) umformen konnten.

In der wissenschaftlichen Literatur wird diese Grundsatzfrage heute selten aufgeworfen und in der Regel negativ beantwortet: Es gibt *keine* gemeinsame alpine Kultur. Trotzdem finden wir im Bereich der traditionellen Alltagskultur alpenweit verblüffende Gemeinsamkeiten, wie bestimmte alpenspezifische Werkzeuge, Arbeitsgänge, Gemeinschaftsarbeiten, Gemeinsamkeiten in der Almwirtschaft, reproduktive Arbeiten oder alpenweit verbreitete Sagen. Solche *sekundären alpinen Gemeinsamkeiten* basieren auf bestimmten Anpassungsleistungen der romanischen, germanischen und slawischen Kulturen an die besonderen Bedingungen im Alpenraum, die jedoch keineswegs zu einer gemeinsamen alpinen Kultur geführt haben – die Unterschiede sind größer als die Gemeinsamkeiten.

Diese Fragen um die Existenz einer gemeinsamen alpinen Kultur spielen in der aktuellen Diskussion um das Protokoll »Bevölkerung und Kultur« eine erhebliche Rolle. Der Protokoll-Entwurf der Angelini-Stiftung beginnt emphatisch mit der Feststellung »Esiste un'identità alpina«, und verschiedene Gesprächspartner betonten diese gesamtalpine Identität beziehungsweise Kultur explizit, weil sie der Meinung sind, dass diese die Basis für das Protokoll »Bevölkerung und Kultur« darstelle und dass ein solches Protokoll wenig sinnvoll wäre, wenn es diese gesamtalpine Kultur nicht gäbe.

Die radikale Gegenposition dazu lautet: »Die Alpen gibt es nicht« beziehungsweise präziser ausgedrückt: Die Alpen gibt es nicht als einen Raum, der durch eine *gemeinsame* Kultur, Situation, Problemstellung und so weiter geprägt ist, sondern die Alpen zerfallen in unterschiedlichste Teilräume, die meist mehr Gemeinsamkeiten mit außeralpinen Regionen aufweisen, als mit ihren alpinen Nachbarregionen. In letzter Konsequenz führt diese Position zur Ablehnung der Alpenkonvention und zur Förderung von Fachpolitiken, die jeweils bestimmte alpine und außeralpine Gebiete zusammenfassen; aber sie wird durchaus auch im Kontext der Alpenkonvention vertreten und zeigt sich hier dann in einer deutlichen Zurückhaltung gegenüber allen neuen Protokollen und inhaltlichen Erweiterungen.

Diese Fragestellung, die derzeit wenig geklärt ist, stellt meines Erachtens nach der Frage nach dem Verständnis und der Definition von »Kultur« das zweite große inhaltliche Problem beim Themenfeld »Bevölkerung und Kultur« dar, an dem gezielt gearbeitet werden müsste.

Mein Vorschlag zur Lösung geht in folgende Richtung: Als Grundlage für ein Protokoll »Bevölkerung und Kultur« braucht es keine gemeinsame Alpenkultur und nicht einmal ein gemeinsames Alpenbewusstsein, sondern eine gemeinsame Problemstellung und den *Aufbau* einer gemeinsamen Verantwortung für die Alpenentwicklung, die derzeit noch nicht gegeben ist (das Resultat einer gemeinsamen Verantwortung kann nie am Anfang stehen, sondern ist selbst erst das Ergebnis einer langen nachhaltigen Entwicklung).

Zentrales Argument für den notwendigen Aufbau einer gemeinsamen alpenweiten Verantwortung ist nicht ein positiver Katalog von Gemeinsamkeiten, sondern ein negatives Argument, nämlich die Verhinderung, dass Alpenregionen im Konkurrenzkampf gegeneinander ausgespielt werden (klassische Beispiele: Transitverkehr, Ausbau der touristischen Infrastruktur) und sie dadurch nahezu alle Bedingungen akzeptieren müssen, die ihnen von außen diktiert werden, sodass sie keine nachhaltige Entwicklung realisieren können. Auch wenn in manchen Bereichen Fachpolitiken sinnvoll sind, die alpine und außeralpine Regionen zusammenfassen – dies ist meines Erachtens kein Argument gegen die Alpenkonvention und kann parallel stattfinden –, so verhindert diese politische Strategie nicht, dass Alpenregionen weiterhin gegeneinander ausgespielt werden können. Daher braucht es in jedem Fall eine integrative Gesamtpolitik, die Alpenkonvention, die als gemeinsames »Dach« die Alpen nach außen – in Europa, in der Welt – politisch vertritt. Nur durch ein solches gemeinsames Auftreten nach außen können die Alpen ihre Nachhaltigkeitsinteressen überhaupt durchsetzen. Nach innen allerdings ist das gemeinsame Auftreten der Alpen sofort mit der Berücksichtigung der regionsspezifischen Probleme verbunden und führt zur räumlichen Differenzierung aller Maßnahmen der Alpenkonvention.

Bei dieser Nachhaltigkeitsstrategie, die zugleich integrativ *und* regional differenziert strukturiert ist, muss der Aufbau einer Verantwortung für den gesamten Alpenraum kulturell gestützt und gefördert werden. Aufgrund der regionsspezifischen Differenzierung im Alpeninnern ist es aber keineswegs erforderlich, dass dafür ein gemeinsames positives Alpenbewusstsein vorliegen muss, sondern es reicht dafür der gemeinsame Problemdruck und die gemeinsame Abwehr und Umgestaltung exogener Projekte beziehungsweise Strukturwandelprozesse völlig aus.

Zur Bedeutung der Sprachen und Dialekte in den Alpen

In der heutigen Gesellschaft setzt sich immer mehr die Auffassung durch, dass eine Sprache in erster Linie der Informationsweitergabe diene und es eine große Erleichterung, Effektivitätssteigerung und Kostenreduktion bedeute, wenn man auf Englisch miteinander kommuniziere.

Lange Zeit war die Schweiz derjenige Staat in Europa, der diese Position am vehementesten ablehnte, und der im Innern das »Schweizer Modell« (jeder spricht in seiner eigenen Muttersprache und alle Gesprächspartner besitzen so viel Sprachkenntnisse, dass sie die andere Sprache gut verstehen, auch wenn sie in ihrer eigenen antworten) erfolgreich praktizierte.

In der jüngsten Zeit wurde aber auf einmal gerade in der Schweizer Alpenforschung an exponierter Stelle zweimal die englische Sprache verwendet, nämlich bei der Vorbereitung des internationalen »AlpenForum« im September 2002 und bei der Vorbereitung des neuen »Alpen-Schwerpunktprogramms NFP 48«. Damit wächst die Gefahr, dass in Zukunft die inneralpine Kommunikation immer öfter auf Englisch geführt wird, um so die alpenweite Kommunikation zu vereinfachen und die sehr hohen Übersetzungskosten einzusparen.

Diese Entwicklung wäre aber für die kulturelle Vielfalt im Alpenraum ausgesprochen schädlich und sie würde sich darüber hinaus auch für die nachhaltige Entwicklung der Alpen sehr negativ auswirken.

Sprache ist erheblich mehr als ein Instrument zur Informationsweitergabe und zur Kommunikation von Fakten und Sachverhalten. Sprache ist zugleich Produkt und Produktion von Sinn, der in der und durch die Sprache hergestellt und gelebt wird und mit dem Individuen und Gruppen ihr Weltverständnis formulieren, gestalten, überprüfen und verändern. Insofern sind in einer lebendigen Sprache zahlreiche normative Werte (»Sinn«) enthalten, die den Sprechern oft nicht oder nur teilweise bewusst sind und die auf geschichtliche Erfahrungen zurückgehen. Übersetzungen haben sehr große Mühe, diese normativen Implikationen zu berücksichtigen, weshalb der Gedankengang in einer anderen Sprache oft nicht mehr »logisch« und »stimmig« erscheint.

Diese Bedeutung von Sprache als Interpretation und Gestaltung von Welt betrifft aber nicht nur die Sprachen im linguistischen Sinn, sondern – in abgeschwächter Form – auch alle Dialekte, Mundarten und sonstige sprachlichen Ausdrucksformen, die sich von der Schriftsprache unterscheiden.

Die sprachliche Situation der Alpen ist durch eine große Vielfalt geprägt: Neben den großen europäischen Sprachen Deutsch, Französisch, Italienisch und Slowenisch, die schriftlich kodifiziert und als Hochsprachen ausgebildet sind, im Alpenraum aber sehr häufig in Dialektform gebraucht werden, werden in den Alpen die Minderheitensprachen Okzitanisch, Franko-Provenzalisch und Rätoromanisch-Ladinisch gesprochen. Diese sind meist nicht schriftlich kodifiziert und existieren nur in einer Vielzahl von Dialekten. Hinzu kommen die Sprachen, die von Zuwanderern, Gastarbeitern und Asylanten gesprochen werden.

Diese Vielfalt führt dazu, dass viele Alpenregionen zwei- oder mehrsprachig geprägt sind und dass in den einsprachigen Regionen in der Regel ausgeprägte Differenzen zwischen Hochsprache und Dialekt bestehen. Aus diesen Gründen ist die lokal oder regional gebrauchte Sprache (oder Sprachkombination je nach Situation) häufig das markanteste Merkmal lokaler oder regionaler Identität, dem eine besondere Bedeutung zukommt.

Es ist deshalb von besonderer Bedeutung, bei der Förderung der kulturellen Identität im Alpenraum diese Sprach- und Dialektvielfalt sowie die Mehrsprachigkeit ebenfalls zu fördern und jede Nivellierung durch den Gebrauch des Englischen zurückzuweisen. Gerade im Hinblick auf »die Förderung des gegenseitigen Verständnisses [...] zwischen alpiner und außeralpiner Bevölkerung« (Rahmenkonvention Art. 2, 2a) kommt der sprachlichen Kompetenz und Vermittlung (Mehrsprachigkeit) ein hoher Stellenwert zu. Der Alpenraum könnte hier eine wichtige Aufgabe für Europa übernehmen, indem er zeigt und vorlebt, dass gegenseitiges Verständnis in Europa nur auf der Grundlage wechselseitiger sprachlicher Kompetenz und nicht über den gemeinsamen Gebrauch des Englischen wirklich möglich ist.

Eine ganz besondere Bedeutung erhält diese Thematik aber für die Frage der nachhaltigen Entwicklung. Wie der Bündner Romanist und Publizist Iso Camartin immer wieder betont, beinhalten gerade die kleinen Sprachen eine Weltinterpretation und Weltsicht, die sich von der der großen europäischen Sprachen unterscheidet. Dies beinhaltet nicht nur eine sprachliche, sondern zugleich eine inhaltliche und normative Vielfalt in der Auseinandersetzung mit der Welt.

Dieses Argument wird durch die »großen« Sprachen im Alpenraum noch zusätzlich unterstützt. Jeder, der deutsche, französische oder italienische Texte über die Alpen gelesen und versucht hat, diese in die jeweils andere Sprache zu übersetzen, hat festgestellt, wie schwierig dies ist, weil diese Sprachen jeweils unterschiedliche normative Sichtweisen der Alpen verkörpern, die in der anderen Sprache oft nicht – oder nur mit sehr großem kommentierenden Aufwand – auszudrücken sind.

Sprachliche Vielfalt beinhaltet also auch unterschiedliche Wahrnehmungen der Alpen, ihrer Geschichte, Kultur, ihrer Probleme und Möglichkeiten und ihrer Zukunft. Würde man in den Alpen aus Kostengründen auf Englisch miteinander kommunizieren, dann ginge gerade diese mit dem sprachlichen Ausdruck unmittelbar verbundene Vielfalt verloren. Damit würde bereits die Wahrnehmung der Alpen und ihrer aktuellen Probleme ein Stück weit homogenisiert und es bestünde die Gefahr, dass auch die Problemlösungen diese Vielfalt nicht mehr berücksichtigen und überall anwendbare Patentrezepte entwickeln, die den Alpen nicht angemessen sind.

Diese sprachliche und inhaltlich-normative Vielfalt ist aber – trotz der sehr hohen Übersetzungskosten bei der alpenweiten Kommunikation und trotz der Gefahr der Unübersichtlichkeit im Alpenraum – keineswegs negativ, sondern darin steckt ein zentral wichtiges Potenzial für die nachhaltige Entwicklung der Alpen. Nachhaltigkeit erfordert zu ihrer konkreten Umsetzung und Realisierung ein hohes Maß an Innovation, Kreativität und Fantasie, weil völlig neue Wege beschritten werden müssen. Und Innovationen entstehen umso leichter, je vielfältig-kleinräumiger die Ausgangssituation geprägt ist (ich greife hier einen Gedanken von Max Weber auf, der die Entstehung des »Kapitalismus« neben anderen Faktoren auf die hohe Innovationsfähigkeit des kleinräumigen mittelalterlichen Europas ohne dominantes Machtzentrum zurückführt): Wenn in räumlicher Nähe unterschiedliche Weltsichten nebeneinander existieren, so ist die Wahrscheinlichkeit gering, eine bestimmte Sichtweise als unveränderlich und ewig anzusehen, und es entsteht gerade aus dem Widerspruch entgegengesetzter Sichtweisen heraus eine Motivation, etwas Neues, etwas Drittes zu entwickeln. Aus diesem Grund ist gerade die sprachliche Vielfalt im Alpenraum eine sehr wichtige Voraussetzung, um Innovationen für eine nachhaltige Entwicklung nutzen zu können. Und deshalb kommt den entsprechenden Maßnahmen im Rahmen der Alpenkonvention eine hohe Priorität zu. Dieser Punkt ist deshalb so wichtig, weil der heutige Zeitgeist ihm entgegensteht.

Literatur

Udo Dickenberger, »Hundert Jahre Marterl. Ein Beitrag zur Geschichte der fingierten Volkskultur«, in: *Alpenvereinsjahrbuch Berg 2000*, 1999, S. 138–147

Emil Egli, »Das Schweizervolk – eine Gesamtschau seiner ethnischen Eigenart«, in: *Zeitschrift für Erdkunde*, 7, 1939, S. 40–44

Reinhard Johler, *Die Formierung eines Brauches. Der Funken- und Holepfannsonntag*, Wien 2000

Ulrike Kammerhofer-Aggermann, »Regionale Salzburger Bräuche. Ein Prozess sinnstiftender Identifikation zwischen territorialer und globaler Heimat«, in: *Die Gasteiner Perchten*, St. Johann/Pongau 2001, S. 6–17

Ulrike Kammerhofer-Aggermann, »Für einen prozesshaften, integrativen Kulturbegriff«, in: *Land-Kultur – 29 Positionen zu Kunst und Kultur im Land Salzburg*, Salzburg 2000, S. 64–67

Dieter Kramer, »Das eigene Gesicht. Kulturelles Erbe, Tradition und Event«, in: *Brauchtum und Tourismus – ein Leitfaden für ein erfolgreiches Marketing*, Berlin 2000, S. 1–13

Museum für Völkerkunde, »Kriege sind nicht ethnisch. Ethnos-Papier des Museums für Völkerkunde Frankfurt am Main«, in: *Berliner Blätter – ethnographische und ethnologische Beiträge*, 21, 2000, S. 95–97

Arnold Niederer, *Alpine Alltagskultur zwischen Beharrung und Wandel*, Bern/Stuttgart/Wien 1993

Martin Scharfe, »Der akademische Wurzelsepp. Schwäbisch-vorarlbergische Kulturkontakte und -missverständnisse«, in: *Allmende – eine alemannische Zeitschrift*, 9, 1984, S. 53–74

UNESCO, »The Power of Culture. Aktionsplan Kulturpolitik für Entwicklung«, in: Reinhard Bernecker (Hrsg.), *Kultur und Entwicklung*, Bonn 1998, S. 11–15

Anmerkung

Dieser Text stammt aus W.B.s Monografie *Ökologische und sozioökonomische Anforderungen an das Schwerpunktthema der Alpenkonvention »Bevölkerung und Kultur«*, herausgegeben vom Umweltbundesamt, Berlin 2002 (UBA-Texte 61/02, Forschungsbericht 200 11 226). Aus diesem Text werden hier leicht gekürzt die Abschnitte 5.1. bis 5.3. (Seite 66–78) wiedergegeben. Die Abschnitte 5.1. und 5.2. wurden im Buch *Welt der Alpen –*

Alpen der Welt, hrsg. von François Jeanneret, Doris Wastl-Walter, Urs Wiesmann, Markus Schwyn (Haupt Verlag, Bern/Stuttgart/Wien 2003) auf den Seiten 255–261 nachgedruckt.

Bei der Erarbeitung dieses Forschungsprojektes setzt sich W.B. erstmalig mit der Bedeutung der Kultur im Kontext der Industrie- und Dienstleistungsgesellschaft auseinander, was bei ihm zu neuen Erkenntnissen führt (vergleiche dazu in diesem Band «Zwischen Erstarrung und Verdrängung«, S. 141), die später sowohl in die dritte Fassung seines *Alpen*-Buches als auch in seine Vorlesung *Ländlicher Raum* Eingang finden.

Das damals skizzierte Protokoll »Bevölkerung und Kultur« existiert bis heute nicht. Stattdessen verabschiedete die 9. Tagung der Alpenkonferenz im November 2006 eine »Deklaration« zum gleichen Thema (vom politischen Gewicht her steht diese »Deklaration« sehr deutlich unter einem »Protokoll«) und legte dabei fest, dass vier Jahre nach der Annahme der Deklaration im Lichte der gewonnenen Erfahrungen überprüft werden soll, ob noch ein »Protokoll« zu diesem Thema erarbeitet werden soll.

Die Schweiz und Österreich als »Alpenländer«?

Die beiden Kleinstaaten Schweiz und Österreich werden aufgrund ihrer Größe, ihrer Lage im Zentrum Europas und ihres großen Alpenanteils oft als »Alpenstaaten« bezeichnet, wobei fast immer die Gemeinsamkeiten herausgestellt werden. Der genaue Blick macht jedoch deutlich, dass die Unterschiede klar dominieren: Österreich ist doppelt so groß und nur halb so dicht besiedelt wie die Schweiz, und seine Bevölkerungsdynamik ist auf nationaler Ebene spürbar geringer als in der Schweiz; obwohl der Alpenanteil in beiden Staaten 65 Prozent der Fläche beträgt, ist der Anteil der Alpenbevölkerung in Österreich mit 41 Prozent signifikant höher als in der Schweiz (nur 28 Prozent), die Alpenbevölkerung wächst in Österreich stärker als im nationalen Mittel, während es in der Schweiz genau umgekehrt ist, und der Alpentourismus ist in der Schweiz stärker räumlich konzentriert als in Österreich. Hinzu kommen fundamentale kulturelle und mentale Unterschiede, die aus deutscher Sicht meist übersehen werden. Galt bislang die Schweiz als idealer Repräsentant der Alpen in Europa, so verschiebt sich seit 1989 diese Funktion immer stärker nach Österreich.

Territoriale Entwicklung und Alpen-Identität

Obwohl beide heutige Kleinstaaten wenigstens teilweise auf mittelalterliche Pass-Staaten zurückgehen – Schweizerische Eidgenossenschaft, Alt Fry Rätien (Graubünden), Tirol sowie Salzburg als »unvollendeter Pass-Staat« – verläuft ihre territoriale Entwicklung völlig unterschiedlich. Dies betrifft ebenso die Bedeutung der Alpen für die nationale Identität.

Schweizerische Eidgenossenschaft

Der Ursprung der Schweizerischen Eidgenossenschaft liegt nicht im Jahr 1291, also im Bundesschluss der drei Urkantone Uri, Schwyz und Unterwalden, sondern in der Mitte des 14. Jahrhunderts, als sich die drei Urkantone mit den Städten Zürich, Bern und Luzern sowie mit Zug und Glarus zur »Eidgenossenschaft der acht Alten Orte« verbünden. Erst aus dem Zusammenschluss von kleinen Alpengebieten auf der Nordseite des Gotthardpasses mit größeren Städten im Alpenvorland entsteht eine langfristig überlebensfähige Territorialstruktur, bei der die politischen Gewichte der einzelnen »Orte« (Kantone) sorgfältig ausbalanciert sind, sodass zwischen Stadt und Land und zwischen Alpen und Mittelland ein Gleichgewicht besteht. Die folgende territoriale Expansion, die die Eidgenossenschaft schnell auf »13 Orte« und feste Verbündete (»zugewandte Orte«) erweitert, endet abrupt im Jahr 1515 mit der Niederlage von Marignano (bei Mailand). Zu diesem Zeitpunkt zeichnet sich bereits die heutige Territorialstruktur der Schweiz ab.

Kennzeichnend für die Schweiz in der frühen Neuzeit ist die allmähliche Schwächung der Grundherrschaft, was mit der engen Zusammenarbeit zwischen Stadt und Land und der Balance zwischen den »Orten« zusammenhängt, sowie der Aufbau von genossenschaftlichen Strukturen mit einem sehr kleinen (»schlanken«) Staatsapparat. Dies führt dazu, dass sich der Absolutismus in der

Schweiz nicht ausbilden kann und dass sich ein »republikanischer Geist« entwickelt.

Im Jahr 1848 wandelt sich der lockere Staatenbund zu einem Bundesstaat mit stark föderalistischer Ausgestaltung. Zugleich gerät die Schweiz mit ihrer vormodernen Staatsstruktur (mehrere Sprachen, Religionen, Kulturen) in einen Gegensatz zu den neu entstehenden Nationalstaaten, worauf sie mit der Betonung ihres Staates als »Willensnation« und mit der Stärkung ihrer alpinen Identität (als geschichtlicher Einmaligkeit) reagiert – erst jetzt wird der Bund der drei Urkantone von 1291 zum schweizerischen Gründungsmythos erhoben. In den 1920er- und 1930er-Jahren werden dann – in Abwehr faschistischer Ideologien – die Elemente der Schweiz als »Willensnation« und als »Alpenstaat« weiter ausgebaut, was seinen Höhepunkt auf der Landesausstellung im Jahr 1939 findet (»Landi 39« und »Landi-Geist«), auf der »Schweiz« und »Alpen« zu einem Synonym werden.

Obwohl nach 1945 die faschistische Bedrohung entfällt, bleibt der »Landi-Geist« noch sehr lange lebendig, und er verhindert, dass die 1968er-Bewegung zu einer gesellschaftlichen Modernisierung der Schweiz führt. Erst in den 1990er-Jahren schwächen sich die damit verbundenen kulturellen Werte und Sozialstrukturen allmählich ab, und damit verlieren auch gleichzeitig die Alpen ihre privilegierte Position, die sie seit 1848 und besonders seit den 1930er-Jahren innehatten.

Mit der Entwicklung ab 1848 und dem »Landi-Geist« ist auch die Selbstwahrnehmung der Schweiz als »Sonderfall« in Europa verbunden, was eine Mitgliedschaft der Schweiz in der EU derzeit undenkbar macht. In der aktuellen Diskussion sind die Kräfte, die die Schweiz gegenüber Europa öffnen wollen, und jene, die für eine bewusste kulturelle und politische Abschottung plädieren, ähnlich stark, was immer wieder zu blockierenden Patt-Situationen führt.

Österreich und das Habsburger Reich

Der Ursprung des heutigen Österreich liegt im Gebiet »Ostarrichi« (im Alpenvorland in Niederösterreich), das im Jahr 996 erstmals genannt wird. Daraus entwickelt sich im 11. und 12. Jahrhundert das »Herzogtum Österreich« (Gebiet etwa: Nieder-/Oberösterreich, Steiermark), das im 14. Jahrhundert größere Alpengebiete (Tirol, Vorarlberg, Kärnten, Krain) erwirbt. Ab dem 15. Jahrhundert transformiert sich dank geschickter Heiraten und Erbfolgeverträge dieses Herzogtum in kurzer Zeit zur Habsburger Monarchie (ab 1526 Erwerb von Böhmen und Ungarn, 1516 wird Karl V. König von Spanien), die eine Weltmacht darstellt und die bis 1918 Bestand hat.

Kennzeichnend für Österreich ist die starke Stellung der Grundherrschaft, die sich zum Absolutismus weiterentwickelt. Dank der jahrhundertelangen engen dynastischen Verbindungen mit Spanien ist der österreichische Absolutismus stark durch spanische Elemente geprägt (spanisches Hofzeremoniell in Wien, spanische Hofreitschule), ebenso wie der österreichische Katholizismus (starke Position der Gegenreformation und spanisch geprägter Orden), was bis heute die österreichische Mentalität signifikant prägt, zum Beispiel beim hohen Stellenwert von Titeln im Alltagsleben.

Die Alpen spielen im habsburgischen Österreich nur eine marginale Rolle, und der wirtschaftliche, kulturelle und politische Schwerpunkt liegt im Gebiet zwischen Wien, Budapest und Prag. Dies zeigt sich exemplarisch im Zimmer mit Alpenlandschaften im Schloss Schönbrunn in Wien, das um 1790 mit Schweizer Alpenmotiven ausgemalt wurde, weil die »eigenen« Alpenlandschaften als nicht abbildungswürdig galten.

Im Jahr 1919 wird das Habsburger Reich zerschlagen, und es entsteht quasi als »Staat wider Willen« das kleine »Rumpfösterreich« ohne territoriale Identität mit einer völlig überdimensionierten Hauptstadt Wien.

Das moderne Österreich beginnt erst 1955 (Abzug der russischen Truppen aus Ostösterreich), und es baut – auf Ansätze der 1920er- und 1930er-Jahre zurückgreifend – sehr gezielt eine Alpenidentität als »Land der Berge« (Nationalhymne, Briefmarken, Heimatfilme und Ähnliches) auf, die es zuvor auf der staatlichen Ebene nie gegeben hatte. Dabei kommt der Großglockner-Hochalpenstraße und den Wasserkraftanlagen von Kaprun eine besonders große Bedeutung im nationalen Rahmen zu, weil sie den technischen und sozialen Fortschritt symbolisieren, sodass die Alpen bewusst mit einem »modernen« Image besetzt werden.

Mit der Entstehung des »Eisernen Vorhangs« gerät Österreich nach 1945 plötzlich in eine Randlage, die zur Abwertung der östlichen und zur starken Aufwertung der westlichen Landesteile führt. Nach 1989 ändert sich dies erneut – Österreich als der »zweimal gedrehte Staat« (Elisabeth Lichtenberger) –, und ab 1995 nutzt Österreich seine EU-Mitgliedschaft, um unter Rückgriff auf die historischen Beziehungen seine wirtschaftlichen und kulturellen Verflechtungen mit den Staaten Ostmitteleuropas wieder gezielt auszubauen. Damit schwächt sich die Identität als »Alpen-Staat« wieder etwas ab.

Der österreichische Sozialstaat, der ab 1955 aufgebaut wird, gründet im aufgeklärten Absolutismus von Maria Theresa und Joseph II., und er ist deshalb durch eine sehr starke Stellung des Staates (»Staatskapitalismus«) und der mit ihm eng verbundenen Parteien und Verbände geprägt. Auch wenn sich diese für die österreichische Mentalität zentralen Besonderheiten ab 1989 und besonders ab 1995 deutlich abschwächen, sind sie heute immer noch von Bedeutung.

Zentrale Unterschiede beim Alpenbezug

Die Unterschiede zwischen beiden Staaten könnten kaum größer sein: Hier eine »Willensnation«, dort ein »Staat wider Willen«, hier ein stark föderalistischer Staat mit einer »schlanken« Staatsstruktur und einer betont republikanisch-liberalen Gesinnung, dort ein stark zentralistischer Staat mit autoritärem Charakter, großem Staatsapparat und »ständischer« Gesinnung. Und hier ein Staat mit einer traditionellen Alpenidentität, dort ein Staat mit einer erst jüngst aufgebauten Alpenidentität. Die einzige Gemeinsamkeit besteht darin, dass der Stellenwert der Alpen für die nationale Identität in beiden Staaten seit etwa 1995 leicht abnimmt.

Wirtschaftsentwicklung im europäischen Kontext

Sowohl die Schweiz wie auch Österreich schlagen als rohstoffarme Binnenländer Entwicklungswege ein, die sich deutlich von der »normalen« Entwicklung der europäischen Industriestaaten unterscheiden.

Die Schweiz als wirtschaftlicher Vorreiter

Die Schweiz bietet aufgrund ihrer liberalen Gesinnung und ihrer neuen Staatsstruktur von 1848 sehr günstige Bedingungen für die Industrialisierung, die hier vergleichsweise früh einsetzt. Der Mangel an Kohle wird durch Nutzung der Wasserkraft ersetzt, der Mangel an Eisenerz wird dadurch kompensiert, dass die Schweiz als neutrales Land keine große Rüstungs- beziehungsweise Schwerindustrie aufbauen muss, und die Industrie konzentriert sich früh weniger auf Massenproduktion und mehr auf spezialisierte Produkte, um die Standortnachteile auszugleichen. Dadurch entsteht eine dezentrale Verteilung der Industriebetriebe ohne hohe räumliche Konzentrationen, sodass die industrielle Entwicklung die föderale Struktur der Schweiz nicht nur nicht schwächt, sondern sogar aufwertet!

Nach 1945 wird aus der zuvor eher armen Schweiz schnell ein reiches Land, weil die neutrale und »sichere« Schweiz in der Zeit des

Kalten Krieges als Finanzdrehscheibe, Bankenzentrum und Sitz internationaler Organisationen eine globale Bedeutung erhält. Dadurch wird der Übergang zur Dienstleistungsgesellschaft beschleunigt. Dieser Wandel führt zu neuen Raumstrukturen, indem jetzt die großen Zentren – in erster Linie Zürich, in zweiter Linie Basel und Genf/Lausanne – sehr stark an Bedeutung gewinnen. Die damit wachsenden räumlichen Disparitäten und der Aufstieg von Zürich zur dominanten Metropole der Schweiz gefährden die komplizierte Balance der Kantone und Regionen untereinander und stellen damit einen zentralen Bestandteil der eidgenössischen Identität in Frage.

Da die Schweiz nicht der EU beitreten kann, sichert sie sich den wichtigen Zugang zum europäischen Binnenmarkt seit den 1990er-Jahren durch eine Reihe von »bilateralen Verträgen« mit der EU, die auf Schweizer Seite sehr stark auf ihre exportorientierten Wirtschaftsbranchen ausgerichtet sind, sodass die Alpen dabei keine relevante Rolle spielen. Mit diesen Verträgen übernimmt die Schweiz »freiwillig« zentrale EU-Rahmenbedingungen (Öffnung gegenüber ausländischen Arbeitnehmern und Investoren), was die Wirtschaftsstruktur und das Alltagsleben erheblich verändert.

Mit der Herausbildung des europäischen Binnenmarktes und dem Ende des Kalten Krieges verliert die Schweiz zentrale Standortvorteile, was zur zeitweiligen Schwächung ihrer wirtschaftlichen Dynamik und zur »Normalisierung« ihrer Wirtschaftsstruktur führt.

Österreich und der »Staatskapitalismus«

Das Habsburger Reich gehört zu den Staaten der europäischen Peripherie (von den industriellen Zentren aus gesehen), die sich aufgrund ihrer inneren Struktur gegenüber der Industrialisierung sperren und die erst spät (ab 1880) eine industrielle Dynamik entfalten. Der Kleinstaat Österreich stellt ab 1919 einen schwach industri-

ell geprägten Staat dar, weil die wichtigen habsburgischen Indust-
riegebiete außerhalb seiner Grenzen liegen (Ausnahme nur die
Schwerindustrie im Mur-Mürz-Gebiet). Erst mit dem Aufbau einer
Kriegswirtschaft ab 1938 entstehen neue Industriestandorte, die jedoch von Deutschland aus kontrolliert werden.

1955 werden alle Schlüsselindustrien und die beiden wichtigsten
Großbanken verstaatlicht, und die gesamte Privatwirtschaft wird
sehr stark durch staatliche Rahmenbedingungen geprägt. Dies hat
wichtige räumliche Auswirkungen (Erhalt und Ausbau dezentraler
Arbeitsplätze, Aufbau eines dezentralen Tourismus), und dadurch
wird die Entwicklung räumlicher Disparitäten stark gedämpft und
der Strukturwandel zur Dienstleistungsgesellschaft verzögert. Dies
führt zur scheinbar paradoxen Situation, dass Österreich als Indus-
triestaat bis heute die Wirtschaftsstruktur eines Schwellenlandes
aufweist (hoher Anteil Grundstoffindustrie, hoher Anteil Halb-
waren beim Export, geringer Anteil High-Tech-Produkte, niedrige
Quote von Forschung und Entwicklung, hoher Anteil Fremdfinan-
zierung), aber trotzdem wirtschaftlich erfolgreich ist. Nach 1989
wird die Verstaatlichung der Wirtschaft abgebaut, was zu einem be-
schleunigten Strukturwandel führt. Zugleich konzentriert sich
Österreich auf seine wirtschaftliche Funktion als Drehscheibe und
Vermittler für die ostmitteleuropäischen Staaten, was seit 1995 (EU-
Beitritt) mit einem kontinuierlichen und starken Wirtschaftswachs-
tum verbunden ist. War die Kaufkraft pro Kopf im Jahr 1950 in
Österreich nur halb so groß wie in der Schweiz, so hat sich diese
Differenz seitdem immer mehr verringert (besonders stark seit
1995), ist 2002 nahezu identisch, und wenn sich diese Entwicklung
in Zukunft weiter fortsetzt, wird Österreich die Schweiz bei der
Kaufkraft pro Kopf bald überflügelt haben.

Zwei Sonderfälle auf dem Weg zur Normalität

Beide Staaten stellen einen jeweils sehr unterschiedlichen Sonderfall im Kontext der europäischen Wirtschaftsentwicklung dar, wobei sich beidemale eine gewisse »Normalisierung« seit den 1990er-Jahren herausbildet. Dabei verliert die »reiche« Schweiz immer mehr ihren Vorsprung gegenüber Österreich, was derzeit sehr genau auf den Wirtschaftsseiten der Schweizer Tageszeitungen analysiert wird und was für einige Verunsicherung in der Schweiz sorgt.

Zur Abgrenzung und Ausweisung der Alpen- und Berggebiete

Sowohl Österreich wie auch die Schweiz weisen nach 1955 ein »Berggebiet« aus und legen im Jahr 1991 den Geltungsbereich der Alpenkonvention (»Alpengebiet«) fest. Allerdings gibt es dabei wichtige Unterschiede, auch wenn das Ergebnis durchaus vergleichbar ausfällt.

Die Schweiz und die IHG-Regionen

Die Schweiz weist 1975 auf der Ebene des Bundes ein »Berggebiet« zur Förderung der Regionalentwicklung aus. Dazu müssen auf Gemeindeebene bestimmte naturräumliche (Seehöhe und Relief) und zugleich bestimmte sozioökonomische Faktoren erfüllt sein. Auf dieser Grundlage werden in den Alpen und im Jura 54 IHG- oder Berggebietsregionen (IHG = Investitionshilfegesetz für die Berggebiete von 1975) bestimmt, die bis zum 31. Dezember 2007 Gültigkeit haben. Ausgenommen sind dabei folgende Regionen beziehungsweise Gemeinden, die aus wirtschaftlichen Gründen nicht als förderungswürdig gelten: Teile des Kantons Glarus (Industrie), das St. Galler und das Bündner Rheintal (Industrie, Städte), Davos und das Oberengadin (Tourismus), Bellinzona, Lugano und das Mendrisiotto (Städte), wodurch »Löcher« im Berggebiet entstehen. Bei der Bestimmung des Geltungsbereiches der Alpenkonvention orientiert sich die Schweiz im Süden (Tessin) an der geomorphologischen Alpengrenze, im Norden jedoch werden die vor- oder randalpinen IHG-Regionen – im Gegensatz zur Praxis aller anderer Alpenstaaten – unverständlicherweise aus den Alpen ausgeschlossen, obwohl sie ähnlich große Benachteiligungen wie die Alpenregionen aufweisen.

Mit der »Neuen Regionalpolitik«, die am 1. Januar 2008 in der Schweiz in Kraft tritt, wird die Ausweisung des Berggebietes vom Bund den Kantonen übertragen. Da die Kantone hierbei sehr unterschiedlich vorgehen (von der Beibehaltung der IHG-Regionen bis zu ihrer Veränderung und Abschaffung), wird die Situation jetzt unübersichtlich.

Österreich und das »Bergbauerngebiet«

Österreich erarbeitet ab 1953 einen »Berghöfekataster« (einzelbetriebliche Klassifikation eines Hofes nach Klima, Erreichbarkeit, Höhenlage, Hangneigung), der 1974 überarbeitet wird (Einteilung jedes Hofes in drei Erschwerniszonen, ab 1984 in vier Zonen), und dieser wird die Grundlage für die kartografische Darstellung des »Bergbauerngebietes« auf Gemeindeebene. Ein eigentliches »Berggebiet« wird dagegen nicht ausgewiesen, weil die staatliche Wirtschaftspolitik bereits stark dezentral ausgerichtet ist und es daher keines zusätzlichen Instrumentes bedarf. An dieser Abgrenzung des »Bergbauerngebietes« orientiert sich die Alpenabgrenzung für die Alpenkonvention. Mit dem Beitritt zur Europäischen Union muss Österreich nach den EU-Normen ein »Berggebiet« auf der Maßstabsebene der Gemeinden ausweisen, was 1999 vorgelegt wird und was räumlich weitgehend mit dem früheren »Bergbauerngebiet« identisch ist. Deshalb gibt es heute keine relevanten Differenzen mit der Alpenabgrenzung der Alpenkonvention aus dem Jahr

1991. Dieses Alpengebiet umfasst nur wenige Gemeinden, die nicht als »Berggebiet« klassifiziert werden (13 im Rheintal, eine im Klagenfurter Becken, zwei im Salzburger Becken, zehn im Wienerwald), die aber eindeutig zu den Alpen gerechnet werden können.

Berggebiete im Vergleich

In beiden Staaten liegen die Alpen im Zentrum und im Süden des Landes, und sie nehmen 65 Prozent des Territoriums ein. Darüber hinaus sind weitere 10 Prozent der Fläche im Norden beider Staaten als »Berggebiete« ausgewiesen, wobei es sich um Mittelgebirge handelt.

Diese erstaunlichen Ähnlichkeiten verstellen jedoch leicht den Blick auf die Unterschiede.

Der Stellenwert der Alpen als Wirtschaftsraum

Üblicherweise geht man davon aus, dass der gleich große Flächenanteil der Alpen am Staatsgebiet auch mit einer ähnlichen Wirtschaftsbedeutung einhergehe. Dies ist jedoch nicht der Fall, weil die zuvor dargestellten Unterschiede eine zentrale Rolle spielen.

Die Lage der Großstädte zu den Alpen

Da die Großstädte mit ihren Stadtregionen im Rahmen der wirtschaftlichen Entwicklung im 19. und 20. Jahrhundert eine herausgehobene Rolle spielen, ist ihre Lage in Bezug auf die Alpen von zentraler Bedeutung.

Für Österreich gilt, dass die großen Städte – hier die Hauptstädte der Bundesländer – eine sehr große Nähe zu den Alpen besitzen. Nur zwei dieser Städte, nämlich Linz und Eisenstadt sind von den Alpen etwas weiter entfernt. Die große Metropole Wien und die Städte Salzburg, Graz und St. Pölten liegen unmittelbar am Alpenrand (die Stadtgrenze ist mit der Alpengrenze identisch, und große Teile der Stadtregionen liegen in den Alpen), während Klagenfurt, Innsbruck und Bregenz eine inneralpine Lage aufweisen. Damit besitzt die übergroße Mehrzahl der großen österreichischen Städte einen sehr engen Alpenbezug, und das außeralpine Österreich ist nicht besonders städtereich.

In der Schweiz sieht dies anders aus: Mit Ausnahme von Lugano-Locarno-Bellinzona liegen alle Großstädte in etwas größerer Entfernung zu den Alpen (die Stadtregionen reichen nicht oder nur sehr randlich ins Alpengebiet hinein), und Alpenstädte wie Chur, Interlaken oder Sion sind im Schweizer Kontext relativ kleine und unbedeutende Städte. Der Gegensatz zwischen dem städtereichen und stark zersiedelten Mittelland und dem städtearmen Alpenraum ist hier sehr ausgeprägt.

Da die städtischen Regionen heute eine große Bedeutung als Wirtschaftsstandort haben, bedeutet der enge räumliche Bezug zwischen ihnen und den Alpen, dass die Alpen in Österreich einen deutlich größeren Stellenwert als Wirtschaftsstandort besitzen als in der Schweiz. Dies wird beim direkten statistischen Vergleich nicht sichtbar, weil die Stadtregionen in beiden Alpenräumen eine ähnliche Größenordnung in Bezug auf Flächen- und Bevölkerungsanteil aufweisen, aber es zeigt sich deutlich am Anteil der Alpenbevölkerung, der in Österreich 41 Prozent der Gesamtbevölkerung, in der Schweiz jedoch nur 28 Prozent beträgt – das außeralpine Österreich ist nur schwach, die außeralpine Schweiz dagegen sehr stark verstädtert.

Ländliche Gewerbe- und Industriegebiete

Die dezentrale Industrieentwicklung erfasste im 19. und 20. Jahrhundert in der Schweiz eine Reihe von Alpentälern, aber fast alle diese Betriebe haben in den letzten 20 Jahren zahlreiche Arbeitsplätze abgebaut, und viele von ihnen sind heute in wirtschaftlichen Schwierigkeiten oder haben geschlossen. Die verbleibenden Arbeitsplätze konzentrieren sich immer stärker auf die städtischen Regionen und auf die Kleinzentren im Alpenraum.

In den österreichischen Ostalpen gibt es eine ähnliche Entwicklung, wobei hier die Krise in der Schwerindustrie in der Mur-Mürz-Furche nach 1989 eine zentrale Rolle spielt. Die österreichischen Westalpen dagegen zeigen eine ganz andere Entwicklung: Mit der Ost-West-Verschiebung Österreichs nach 1955 wurde der gesamte Westen Österreichs wirtschaftlich aufgewertet, und da dieser vollständig in den Alpen liegt, partizipierten diese Alpengebiete voll an dieser Entwicklung, auch außerhalb der städtischen Regionen, wobei sich die österreichische Wirtschaftspolitik zusätzlich positiv auswirkte. Bis heute hat sich trotz der erneuten »Drehung« Österreichs an dieser Situation wenig geändert, wobei diese Standorte derzeit zusätzlich von ihrer sehr guten überregionalen Erreichbarkeit und ihrer Lage im Zentrum Europas profitieren.

Tourismus

Die Entdeckung der Alpen als »schöner Landschaft« spielt sich im Raum Luzern-Grindelwald-Zermatt-Chamonix ab, und lange Zeit sind die Schweizer Alpen in der touristischen Perspektive identisch mit »den Alpen«. Der Belle-Epoque-Tourismus der Gründerzeit in den Alpen konzentriert sich zu etwa 80 Prozent in den Schweizer Alpen in etwa 80 Tourismuszentren, und es dauert sehr lange, bis Österreich hier nachziehen kann. Da diese räumlich hoch konzentrierten Tourismusstrukturen nach 1914 in die Krise geraten und teilweise staatlich gestützt werden müssen, entwickelt die Schweiz nie eine Politik der dezentralen Tourismusförderung. 1965 wird das »Stockwerkeigentum« (Eigentumswohnungen) juristisch zugelassen, was zu hohen Privatinvestitionen (Banken, Versicherungen, Bauwirtschaft) im Alpenraum führt, die sich jedoch aus Gründen der Rentabilität stark in den bekannten Orten ballen. Dadurch ist der Tourismus in den Schweizer Alpen räumlich hoch konzentriert.

Österreich steigt erst ab 1955 in großem Umfang in den Alpentourismus ein, wovon jedoch aus vielfältigen Gründen lediglich die österreichischen Westalpen betroffen sind. Die österreichischen Ostalpen dagegen bleiben bis heute fast ohne Tourismus, und lediglich im Einzugsbereich von Wien gibt es einen gewissen Zweitwohnungstourismus. Die österreichischen Westalpen werden ab 1955 dank staatlicher Rahmenbedingungen so dezentral-flächenhaft wie nirgends sonst im Alpenraum (außer in Südtirol) erschlossen, weshalb die meisten Tourismusorte auch heute noch relativ klein sind.

Obwohl beide Staaten jeweils etwa eine Million touristische Betten in ihrem Alpenraum zählen, dominieren auch hier die Unterschiede: Die Alpen sind in der Schweiz sehr viel stärker touristisch erschlossen als in Österreich (37 zu 18 Betten/Quadratkilometer), der Tourismus ist in der Schweiz wesentlich stärker konzentriert als in Österreich, und hier spielen auch Zweitwohnungen eine viel größere Rolle als in Österreich.

Benachteiligte und bevorzugte Alpen

Fasst man diese Ergebnisse zusammen, so kann man feststellen, dass die Schweizer Alpen- und Berggebiete im nationalen Rahmen heute ein strukturschwaches Gebiet darstellen: Geringe Präsenz größerer Zentren, zu hoher Anteil von Erwerbstätigen im I. und II. Sektor, negative Pendlerbilanz. Die österreichischen Alpen stehen im nationalen Kontext dagegen bei diesen Indikatoren durchschnittlich beziehungsweise sogar leicht überdurchschnittlich da.

Damit sind die Alpen in Österreich ein integraler Bestandteil des nationalen Wirtschaftsraumes, während sie in der Schweiz eher eine Rolle als Ergänzungsraum spielen.

Die Alpen im öffentlichen Diskurs

Die Grundsatzdiskussionen zur Schweizer Identität und zur Stellung der Schweiz in Europa und in der Welt, die ab den 1990er-Jahren in der Schweiz immer heftiger aufbrechen, betreffen auch zentrale Aspekte der Schweizer Raumstruktur: Mit der Ausweisung von »Metropolitanräumen« und der Diskussion über eine Neugliederung der Schweiz in »Großregionen« steht die föderalistische Staatsstruktur in der Diskussion; mit der Forderung nach einer Agglomerationspolitik des Bundes und der Anerkennung der Realität der Schweiz als »Stadtland« wird das bisherige Verhältnis zwischen Stadt und Land in Frage gestellt; und die neuen Auseinandersetzungen um den »Mythos Alpen« werfen die Frage nach dem Alpenbezug der Schweiz völlig neu auf. Alle diese Themen werden in der Schweizer Öffentlichkeit breit diskutiert.

Kürzlich wurde in zwei großen Publikationen der Stadt-Diskurs direkt mit dem Alpen-Diskurs verbunden, was in die politische Forderung mündete, das Schweizer Mittelland endlich als »Stadtland« anzuerkennen und die teuren Subventionen für das Berggebiet – provokant als »alpine Brache« (unter Ausschluss der kleinen Tourismusgebiete) bezeichnet – einzustellen, um die Schweiz als eine einzige große Stadtregion global konkurrenzfähig zu machen. Seitdem tobt in der Schweiz eine heftige Diskussion über diese Grundsatzfragen, deren Ausgang noch offen ist.

In Österreich gibt es derzeit keine vergleichbare öffentliche Diskussion: Der EU-Beitritt und vor allem die EU-Osterweiterung im Jahr 2004 haben die traditionellen Beziehungen zu Mittelosteuropa wieder sehr stark in den Mittelpunkt des öffentlichen Interesses gerückt. Dadurch tritt die »Alpenidentität« Österreichs zwar etwas in den Hintergrund, aber dies führt zu keiner Abwertungsdiskussion wie in der Schweiz, sondern die Alpen werden dadurch eher etwas realistischer als früher gesehen (ohne zusätzliche ideologische

Überhöhung). Dabei spielt die Funktion der Alpen als integraler Teil des Wirtschaftsraumes Österreich eine wichtige Rolle, was Diskussionen über eine »alpine Brache« wenig Spielraum ermöglicht.

Obwohl in beiden Staaten die Bedeutung als »Alpenstaat« seit 1989/1995 zurückgeht, wird darüber in der jeweiligen Öffentlichkeit völlig unterschiedlich diskutiert.

Alpenkonvention und Alpenpolitik

Erst mit der 1991 verabschiedeten Alpenkonvention entsteht neben den (nationalen) Berggebietspolitiken eine (internationale) Alpenpolitik, bei der die Schweiz und Österreich von Beginn an unterschiedliche Rollen spielen.

Die Schweiz unterstützt auf der Ebene der Bundespolitik zwar die Alpenkonvention, aber die Konferenz der Berggebiets- beziehungsweise Alpenkantone übt von Anfang an sehr heftige Kritik an ihr, weil sie durch sie eine starke wirtschaftliche Blockade befürchtet (»Ballenbergisierung« der Schweizer Alpen – nach dem großen Freilichtmuseum Ballenberg). Dies gründet in einer dezidiert liberalen Haltung (»So wenig staatliche Regelungen wie möglich!«), aber diese Ablehnung wird noch verstärkt durch den schleichenden Bedeutungsverlust der Alpenkantone gegenüber dem Schweizer Mittelland durch den Prozess der Tertiarisierung und Globalisierung seit 1945, gegen den man mit der Ablehnung der Alpenkonvention zugleich auch ein Zeichen setzen möchte. Erst nach langjährigen und sehr mühsamen Verhandlungen kann die Bundesregierung die Opposition der Alpenkantone in eine Art »Duldung« umwandeln.

Eigentlich wäre die Schweiz aufgrund ihres langen und intensiven Alpenbezuges, ihrer starken Tradition als neutraler Kleinstaat und als weltweit anerkannter Vermittler, ihrer lebendigen Mehrsprachigkeit, ihrer föderalistischen Struktur sowie aufgrund der Tatsache, dass sich in ihrem Alpengebiet alle nationalen Entwicklungsrichtungen der Alpen wie in einem Brennglas auf kleinem Raum bündeln, prädestiniert dafür gewesen, beim Prozess der Alpenkonvention die führende Rolle zu spielen, was durch diese internen Konflikte jedoch verunmöglicht wird.

Stattdessen übernimmt Österreich die Rolle des führenden Staates bei der Alpenkonvention, was auch hier anfangs mit schwierigen Diskussionen mit den Bundesländern verbunden ist, die jedoch zu einem positiven Ergebnis geführt werden. Österreich gelingt es beim Diskurs über die Umsetzung der Alpenkonvention alle politischen Ebenen und alle wichtigen Interessengruppen einzubeziehen, was anderswo höchstens ansatzweise gelingt.

Als dann die Alpenkonvention im Jahr 2002 beschließt, ein ständiges Sekretariat der Alpenkonvention einzurichten, wird als Standort nicht zufällig Innsbruck gewählt, wodurch die führende Rolle Österreichs jetzt auch nach außen deutlich dokumentiert wird.

Damit ist eine relevante Verschiebung beim Thema »Alpen« eingetreten: Bis 1919 symbolisiert die Schweiz den »typischen Alpenstaat« in Europa. Zwischen 1919 und 1955 entwickeln sich erste Ansätze hierfür auch in Österreich, die zwischen 1955 und 1989 stark ausgebaut werden, auch wenn die Schweiz dabei weiterhin die Dominanz behält. Zeitgleich mit dem Ende des Kalten Krieges, der Entstehung der Alpenkonvention, dem EU-Beitritt Österreichs und der EU-Osterweiterung wird der Alpenbezug der Schweiz geschwächt und teilweise sogar in Frage gestellt, sodass Österreich jetzt sehr deutlich die führende Position als Alpenstaat in Europa einnehmen kann. Wie aber die weitere Zukunft aussehen wird, ist derzeit ziemlich offen, weil wichtige gesellschaftliche Diskurse noch nicht abgeschlossen sind.

Anmerkung

Dieser Text erschien in der Zeitschrift *Geographische Rundschau* (Braunschweig), 60/2008, Heft 3, Seite 4–13, und stellte den Einführungstext in ein Themenheft »Alpen« dar. Der Wiederabdruck erfolgt hier ohne die vier Farbkarten, die umfangreiche Tabelle, die Farbfotos und die Literaturangaben.

Die Zukunft der Alpen in einer globalisierten Welt

Damit Aussagen zur Zukunft der Alpen nicht zu »kurzatmig« ausfallen und in den blinden Selbstverständlichkeiten unserer Gegenwart stecken bleiben, ist es notwendig, zuerst kurz die veränderte Stellung der Alpen in Europa und in der Welt seit der Industriellen Revolution anzusprechen. Erst auf dieser Grundlage kann anschließend die Zukunft der Alpen thematisiert werden, wobei die zentrale Frage lautet, ob sich die Entwicklungen der jüngeren Vergangenheit auch im nächsten Jahrzehnt fortsetzen werden oder nicht, und ob ein Trendbruch möglich werden könnte.

Die veränderte Stellung der Alpen in Europa und in der Welt seit 1850

In der vorindustriellen Welt waren die Alpen ein dezentral-flächenhaft genutzter Lebens- und Wirtschaftsraum, dessen Nutzung – mit Ausnahme von Erzabbau und Erzverhüttung und Salzgewinnung – fast überall unter Berücksichtigung der nachfolgenden Generationen, also »nachhaltig«, ausgeübt wurde. Die damit verbundene flächenhafte Umwandlung der Naturlandschaften der Alpen in Kulturlandschaften führte zu orts- und regionstypischen Landschafts- und Siedlungsformen: Da die Kulturmuster der Bevölkerungsgruppen, die im Laufe der Geschichte in die Alpen einwanderten, je nach vorgefundenen naturräumlichen Bedingungen und unter Berücksichtigung bereits vor Ort gemachter und tradierter Erfahrungen im Umgang mit dieser Natur jeweils auf eine spezifische Weise abgewandelt und modifiziert wurden – andernfalls wäre eine dauerhafte oder nachhaltige Nutzung gar nicht möglich gewesen –, entstand eine Vielzahl unterschiedlichster Kulturlandschaftsformen, die sich von Tal zu Tal änderten. Dieser sehr kleinräumig geprägte Alpenraum war jedoch keineswegs autark, sondern auf verschiedene Weise wirtschaftlich und kulturell mit anderen Regionen vernetzt, er stellte jedoch trotzdem einen relativ eigenständigen und gleichberechtigten Lebens- und Wirtschaftsraum in Europa dar.

Diese Aussage gilt in vollem Umfang aber nur für das Mittelalter. Ab der Renaissance setzt in Europa diejenige Entwicklung ein, die später zur Industriellen Revolution führt, und im Rahmen dieser neuen Entwicklung werden die Alpen in Europa erstmals benachteiligt: Die Intensivierungen und Produktivitätssteigerungen der Landwirtschaft, die Modernisierungen und der Ausbau von Gewerbe und Handel – und damit verbunden ein generelles Bevölkerungswachstum – können in den Alpen nur die tiefen Tal- und Beckenlagen mitvollziehen, und die höher und hoch gelegenen Orte und Gemeinden bleiben dabei ausgeschlossen. Das bedeutet eine gewisse wirtschaftliche Schwächung der Alpen.

Noch gravierender sind jedoch die politischen Veränderungen: Ab dem Ende des Mittelalters entstehen in Europa Territorialmächte, die immer größer werden und die sich zu großen absolutistischen Flächenstaaten wandeln. Die neuen Grenzen zwischen diesen Staaten werden in den Alpen aus militärischen Gründen bevorzugt auf hohe Grate und Wasserscheiden gelegt, wodurch die Alpen politisch geteilt und zerschnitten werden. Auf diese Weise wird aus dem mitten in Europa gelegenen Alpenraum eine periphere Region.

Beide Prozesse schwächen zwar die Stellung der Alpen als Lebens- und Wirtschaftsraum in Europa, verändern aber noch nicht die eingangs skizzierten Charakteristika.

Dies ändert sich erst mit der Industriellen Revolution, deren Auswirkungen zwischen 1800 und 1850 bereits überall auf indirekte Weise spürbar werden und die ab 1880 dann mittels Eisenbahnen, Industriebetrieben, Tourismus und Städtewachstum ganz direkt in die Alpen vordringen. Der Übergang von der Industrie- zur Dienstleistungsgesellschaft, der in den 1970er-Jahren abläuft und der gleichzeitig die Öffnung der nationalen Wirtschaftsräume zugunsten weltweiter Verflechtungen (Globalisierung) bedeutet, beschleunigt die mit der Industriellen Revolution begonnene Entwicklung in den Alpen und sorgt für ihre flächenhafte Ausbreitung bis hinein ins hinterste Alpental.

Damit ist ein fundamentaler Wandel der Alpen verbunden: Die dezentral-flächenhafte Nutzung ist unter den neuen Rahmenbedingungen nicht mehr konkurrenzfähig, und die traditionellen Nutzflächen werden entweder auf moderne Weise immer intensiver (über)nutzt (was nur kleinere Flächen betrifft), oder sie fallen allmählich brach (was die Mehrzahl der Flächen betrifft). Als Ergebnis finden wir auf der einen Seite sehr hohe räumliche Konzentrationen an wenigen Gunststandorten (inneralpine Becken und ebene Talböden in tiefer Lage), und auf der anderen Seite den Rückzug des Menschen und aller Nutzungen aus der Fläche.

Dies ist verbunden mit einer völlig neuen Bewertung der Ressourcen des Alpenraumes: Im Kontext einer industrialisierten Land- und Forstwirtschaft werden die agrarischen und forstlichen Ressourcen der Alpen – die jahrtausendelang einen hohen Wert besaßen – bis auf wenige Ausnahmen entwertet. Gleiches gilt für Bodenschätze (die Alpen sind reich an armen Lagerstätten), Steinbrüche und andere Rohstoffe, deren Abbau jetzt nicht mehr rentabel ist. Damit werden die zentralen Ressourcen der Alpen entwertet und nicht mehr benötigt. Die einzige Ausnahme dabei stellt das Wasser dar – die Alpen als »Wasserschloss Europas« –, das jedoch in nahezu allen Fällen durch außeralpine Unternehmen genutzt wird, sodass die ökonomischen Effekte für den Alpenraum sehr gering bleiben.

Ökonomisch wichtiger werden dagegen in dieser Zeit die indirekten Ressourcen der Alpen, nämlich die Nutzung der »schönen Landschaft« durch den Tourismus und die Bedeutung der Alpen als »weicher« Standortfaktor für Betriebsansiedlungen. Allerdings betreffen diese Auswirkungen nicht die gesamten Alpen: Der Tourismus erfasst auf dem Höhepunkt seiner flächenhaften Ausbreitung in den 1970er-Jahren maximal 60 Prozent der Alpengemeinden und zieht sich seitdem immer stärker auf die großen Tourismuszentren zurück, und die Alpen als »weicher« Standortfaktor spielen nur in den Alpenstädten, Tourismuszentren und entlang der Transitachsen eine relevante Rolle.

Schließlich gibt es seit den 1970er- und 1980er-Jahren ein Wachstum von sogenannten ubiquitären Wirtschaftsbetrieben: Dies sind Betriebe, die funktional sehr eng mit den europäischen oder globalen Wirtschaftszentren verflochten sind, die aber kaum einen direkten Bezug zu ihrer direkten Umgebung, also zu den Alpen, besitzen. Solche »ortlosen« Strukturen verdanken sich der zentralen Lage der Alpen mitten in Europa zwischen dynamischen Wirtschaftszentren, und sie entstehen entlang der Transitautobahnen an den Abfahrten nur deshalb so zahlreich, weil sie hier – neben günstigen Grundstückspreisen – über eine hervorragende Erreichbarkeit verfügen. Ähnliche Entwicklungen gibt es in den Alpenstädten selbst, in den Wohnregionen im Umkreis größerer Städte (Wohnen im ländlichen Alpenraum, Arbeiten in der Stadt) sowie in den Tourismuszentren, deren Angebote international immer ähnlicher werden – überall werden die Verflechtungen mit der globalisierten Welt ausgebaut und gestärkt, während die Bezüge zu den Alpen, also zur »eigenen« Natur und Geschichte, immer unwichtiger werden.

Mit dieser Entwertung der direkten Ressourcen der Alpen, der Aufwertung der indirekten Ressourcen und der Ausbreitung ubiquitärer Standorte werden die Alpen wirtschaftlich zur Peripherie gemacht, die jetzt fast vollständig von außen dominiert und beherrscht wird.

Mit dieser Entwicklung ist untrennbar der Verlust der gemeinsamen Umweltverantwortung aus der vorindustriellen Zeit verbunden: Das moderne Wirtschaften ist nicht mehr langfristig (nachfolgende Generationen), sondern kurzfristig (Abschreibungszeiträume) ausgerichtet und minimiert aus Kostengründen seine Produktionsaufwendungen, sodass die ökologische Reproduktion der menschlich genutzten und veränderten Natur nicht mehr gegeben ist. Da alle Nutzer direkt miteinander konkurrieren, führt dies überall zu einem erhöhten Flächenbedarf infolge chaotischer Zersiedlung, womit grosse zusätzliche ökologische Belastungen verbunden sind. Und da der Bezug zur »eigenen« Umwelt immer mehr verlorengeht, werden Umweltprobleme nur noch dann wahrgenommen, wenn sie als »Naturkatastrophen« eine Störung des modernen Wirtschaftens oder Lebens bedeuten.

Das moderne Wirtschafts- und Gesellschaftssystem ist also nicht mehr nachhaltig – dies gilt für die globalisierte Welt genauso wie für den Alpenraum. Allerdings zeigen sich die daraus entstehenden Umweltprobleme in den Alpen aufgrund ihrer naturräumlichen Eigenschaften schneller, deutlicher und dramatischer als in vielen anderen Regionen Europas.

Die Zukunft der Alpen: Trendszenario

Wenn die Entwicklung auch in Zukunft so weitergeht, wie sie in den vergangenen fünfzig Jahren, besonders aber in den letzten zwanzig Jahren abgelaufen ist, dann kann man für die nächsten zwanzig Jahre folgendes prognostizieren:

Die globale Wirtschaft wird sehr stark von den großen Zentren (Global- und Eurocities), und ihrem jeweils mit ihnen verflochtenen Umland (Metropolregionen) geprägt sein, weil hier weiterhin die besten Voraussetzungen für wirtschaftliche Innovationen (Schlüsselfaktor im Konkurrenzkampf) bestehen und weil sich hier die wirtschaftlichen Tätigkeiten mit der höchsten Wertschöpfung und die zentralen Leitungs- und Kontrollfunktionen konzentrieren. Da der wirtschaftliche (Neo-)Liberalismus weiterhin das Grundprinzip bleiben wird (nur in Krisenzeiten erhält der Staat vorübergehend einen größeren Einfluss, um privatwirtschaftliche Verluste zu verstaatlichen), stehen diese Wirtschaftszentren in einem scharfen Wettbewerb untereinander. Die Nationalstaaten bleiben demgegenüber weiter schwach, und sie können oder wollen diese Konzentrationen mit Hilfe staatlicher Förderungen und Finanzhilfen für periphere Räume nicht ändern, im Gegenteil: Sie sehen es als die einzige Chance an, »ihre« Metropolregionen in diesem globalen Konkurrenzkampf zu unterstützen.

Die Alpen stehen in diesem Szenario schlecht da, weil keine einzige Alpenstadt als Wirtschaftszentrum eine europäische Bedeutung erlangt, und weil die staatlichen Berggebietsförderungen, die heute noch für die Alpen sehr wichtig sind, in Zukunft stark reduziert werden dürften, weil sich die Staaten mit Alpenanteil auf die Förderung ihrer Metropolregionen konzentrieren werden. Diese Entwicklung wird derzeit in der Schweiz bereits sehr heftig diskutiert: »Avenir Suisse« der »Think tank for economic and social issues« (im Auftrag der Schweizer Wirtschaft) fordert seit 2005, dass die schweizerische Berggebietsförderung eingestellt und mit diesem Geld stattdessen die städtischen Wirtschaftszentren der Schweiz unterstützt werden, damit sie im globalen Wettbewerb bestehen können. Und es ist wahrscheinlich, dass auch die anderen Staaten mit Alpenanteil diese Ideen mittelfristig aufgreifen und umsetzen werden.

Der Rückgang der staatlichen Förderungen betrifft nicht nur die Land- und Forstwirtschaft in den Alpen, deren Existenz heute sehr stark davon abhängig ist. Mindestens gleich wichtig ist die Aufrechterhaltung der öffentlichen Infrastrukturen in dezentralen Formen (Schulen, Krankenhäuser, Verwaltung, Straßenunterhalt, öffentlicher Verkehr, technischer Schutz vor Naturgefahren). Zieht sich der Staat aus diesen Aufgabenbereichen zurück, dann wird der ländliche Raum in den Alpen als Wirtschafts- und Lebensraum sehr stark entwertet, und zahlreiche Betriebsaufgaben und hohe Abwanderungsraten der Wohnbevölkerung wären die zwangsläufige Folge. Die derzeitigen Entsiedlungsregionen, die heute 20 Prozent der Alpenfläche umfassen, würden vollständig menschenleer werden, und die derzeitigen ländlichen Regionen mit Wirtschaftsproblemen, die heute knapp 30 Prozent der Alpenfläche umfassen, würden sehr stark zu Entsiedlungsregionen werden. (1)

Im Rahmen der globalisierten Wirtschaft wird gleichzeitig die weltweite Arbeitsteilung und Spezialisierung weiter zunehmen, was den Verkehr auf den Transitstrecken – trotz des Baues neuer Eisenbahnbasistunnel in erster Linie den LKW-Verkehr – weiter stark anwachsen lässt. Damit verbunden ist eine weitere Aufwertung von Gewerbeflächen in der Nähe der Autobahnauffahrten, was zu einem bandartigen Wirtschafts- und Bevölkerungswachstum entlang dieser Transitkorridore führen wird.

Für die nächsten zwanzig Jahre wird fast allen Metropolen in Alpennähe noch ein deutliches Bevölkerungs- und Arbeitsplatzwachstum prognostiziert. Für die Alpen bedeutet dies, dass die Alpenstädte und diejenigen Gebiete, die zu diesen außeralpinen Metropolen gehören, ebenfalls mitwachsen werden. Am Ende dürften etwa 35 Prozent der Alpenfläche zu diesen verstädterten Regionen (Transitkorridore, Alpenstädte, alpine Teile der Metropolregionen) zählen.

Alle Prognosen für den Alpentourismus gehen davon aus, dass seine Zukunft aufgrund des geringen Images des Alpensommers, der Schneeabhängigkeit des Wintertourismus (Problem Klimaerwärmung) und der demografischen Entwicklung Europas (abnehmende Bevölkerung bedeutet sinkende Nachfrage) ziemlich schwierig werden wird, und es wäre bereits ein großer Erfolg, wenn die aktuellen Übernachtungszahlen und touristischen Wertschöpfungen mittel- bis langfristig gehalten werden können.

Die Vorstellung einer bevorstehenden neuen touristischen »Gründerzeit« in den Alpen, die seit etwa zwei Jahren zu vielen neuen touristischen Großprojekten (neue Bergbahnen, neue Großhotels, neue Resorts) geführt hat, scheint eher eine Spekulationsblase zu sein als Realität werden zu können. Die Wahrscheinlichkeit ist groß, dass der Alpentourismus in Zukunft mindestens leichte Rückgänge bei den Übernachtungen verzeichnen wird. Allerdings dürften die großen Tourismuszentren ihre Position am Markt halten können, und hier schreitet auch die touristisch geprägte Verstädterung weiter voran (in einigen Ausnahmefällen ist hier sogar noch ein leichtes Wachstum vorstellbar), während sehr viele kleine Tourismusorte vom Markt verschwinden und viele mittelgroße in eine Krise geraten werden. Dies führt dazu, dass die Fläche aller Tourismusgemeinden von derzeit 20 Prozent auf 15 Prozent der gesamten Alpenfläche sinken dürfte.

Damit verstärken sich die Gegensätze zwischen dem Teil der Alpen, der am Prozess der Globalisierung (als Peripherie) teilnimmt, und dem Teil der Alpen, der davon ganz abgeschnitten ist: Im ersten Fall dominiert die Verstädterung (als periphere Verstädterung), was mit dem Wachstum ubiquitärer Strukturen verbunden ist, im zweiten Fall dominiert die Entsiedlung, was mit dem Rückzug des Menschen und dem Wachstum der Wildnis verbunden ist – in beiden Fällen verschwinden die Alpen als ein spezifischer Lebens- und Wirtschaftsraum in Europa.

In dieser Situation haben sich einige Alpenregionen (zum Beispiel die Kantone Graubünden und Glarus) dazu entschlossen, enger mit der nächstgelegenen Metropole (in diesem Fall Zürich) zusammenzuarbeiten, weil das die einzige Möglichkeit sei, die wirtschaftliche Zukunft zu sichern. Ihre Hoffnung besteht darin, durch einen Ausbau der Straßenverbindungen (seltener: Eisenbahnstrecken) die Fahrtzeiten zwischen Peripherie und Metropole zu verkürzen und dadurch sowie mittels weiterer Maßnahmen mehr Menschen als bisher dazu zu motivieren, in der Peripherie (in den Alpen) zu wohnen und in der außeralpinen Metropole zu arbeiten. Und man hofft zusätzlich darauf, dass dank dieser Zusammenarbeit vielleicht einige Zentrumsfunktionen aus der Metropole in die Peripherie verlagert werden könnten. Es ist zu erwarten, dass viele andere Alpenregionen diesem Beispiel folgen werden.

Indem sich so die Beziehungen zwischen einzelnen Alpengebieten und ihren benachbarten außeralpinen Metropolen in Zukunft vervielfältigen und intensivieren, dürfte die Raumentwicklung in den Alpen eine neue Dynamik erhalten. Bis zum Jahr 2030, also innerhalb von zwanzig Jahren, dürfte sich folgende Raumstruktur in den Alpen herausgebildet haben:

Diejenigen Alpengebiete, die noch Wohn- und/oder Wirtschaftsraum sind, sind dies nur noch dank ihrer engen Verflechtung mit einer außeralpinen Metropole, denn die Alpenstädte – selbst die größten wie Grenoble oder Innsbruck – sind auf die Dauer zu klein, um eigenständig neben den großen europäischen Metropolen bestehen zu können. Damit zerfallen die Alpen in zehn unterschiedliche metropolitane Einzugsgebiete, die jeweils räumlich voneinander deutlich getrennt sind, nämlich in diejenigen von Wien, München, Zürich, Genf, Lyon, Marseille-Nizza, Turin, Mailand, Venedig und Ljubljana, und zwischen diesen Gebieten und jenseits von ihnen werden die Alpen zum »Niemandsland«, aus dem sich die Menschen zurückziehen. Innerhalb dieser Entsiedlungsregionen liegen inselhaft und räumlich isoliert einige große Tourismuszentren wie St. Moritz, Davos, Zermatt oder Sölden, die ihre Umgebung aber nur sehr wenig ökonomisch beeinflussen.

Die im Alpenraum gelegenen Teilgebiete der zehn europäischen Metropolregionen zeichnen sich dadurch aus, dass es sich bei ihnen aus der Sicht der Metropole um vergleichsweise kleine Flächen mit einer geringen wirtschaftlichen Wertschöpfung, aber einem großen Freizeit- und Erholungspotenzial handelt. Für alle zehn Metropolen sind die Alpengebiete als Wirtschaftsstandorte mit Ausnahme der Transitachsen uninteressant, jedoch für die Funktionen Erholung, Sport, Freizeit unverzichtbar, da es dafür innerhalb der Metropoleregionen meist keine attraktiveren Standorte gibt.

Die Verflechtung eines Alpengebietes mit einer großen außeralpinen Metropole, in dessen Metropolregion sie einbezogen wird, dürfte mit sehr großer Wahrscheinlichkeit zu ihrer völligen Umstrukturierung führen, die über verschärfte Nutzungskonkurrenzen und steigende Bodenpreise durchgesetzt wird: Land- und Forstwirtschaft und Gewerbe werden verdrängt, städtische Wohn- und Freizeitfunktionen werden den gesamten Raum dominieren. Damit es dabei nicht zu Nutzungskonflikten kommt, dürfte eine von der Metropole dominierte Raumordnung dafür sorgen, dass die einzelnen städtischen Funktionen wie Wohnen, Sport, Naherholung, Events, Wellness, Bildung räumlich deutlich voneinander getrennt werden und als monofunktionale Nutzungszellen im Raum verteilt werden, was viel Verkehr erzeugt.

Dabei entstehen völlig neue Landschaftsstrukturen (Monofunktionen an Stelle der früheren Multifunktionalitäten), die entweder rein sachlich-funktional geprägt sind (als ubiquitäre oder ortlose Strukturen), oder bei denen aus städtisch-nostalgischen Gründen traditionelle Strukturen museal erhalten oder als fingierte Vergangenheit neu erfunden und neu inszeniert werden (»Heidiland« auch dort, wo es nie einen Bezug zu »Heidi« gab).

Andererseits dürften die Entsiedlungsgebiete außerhalb der Metropolregionen ein großes Interesse der Metropolen als ökologische Ausgleichsräume auf sich ziehen: Da innerhalb der Metropolregionen die Nutzungsdichte sehr hoch ist und kaum Raum für Natur- und Umweltschutz vorhanden ist, bietet es sich an, die alpinen Entsiedlungsgebiete aus Sicht der Städte ökologisch »aufzuwerten«, indem sie in Naturschutz- und Wildnisgebiete umgewandelt werden (was von einer forcierten Absiedlung der vorhandenen Restbevölkerung begleitet sein dürfte). So kann man teure und schwierige Umweltschutzmaßnahmen innerhalb der Metropolregionen selbst vermeiden und diese Aufgabe stattdessen anderen Räumen zuweisen.

Auf diese Weise wird der gesamte Alpenraum städtischen Interessen *direkt* unterworfen und erhält so im Kontext Europas eine neue Funktion: Er ist nicht mehr als Großregion ein spezifischer Lebens- und Wirtschaftsraum in Europa, der durch eine gewisse Eigenständigkeit und Eigenverantwortung geprägt ist, sondern er wird jetzt zum Ergänzungsraum der europäischen Metropolen, in den diejenigen sekundären Funktionen mit geringerer Wertschöpfung (Wohnen, Freizeit, Naturschutz) verlegt werden, für die in den Zentren der Metropolen nicht mehr genügend Platz ist. Diese neue Funktion der Alpen in Europa hatte sich zwar bereits seit der Industriellen Revolution angekündigt und war mit dem Übergang zur Dienstleistungsgesellschaft noch einmal verstärkt worden, aber ihre endgültige Realisierung ist erst im Verlauf der nächsten zwanzig Jahre zu erwarten.

Die Zukunft der Alpen: Trendbrüche

Wir gehen heute fast selbstverständlich davon aus, dass sich die Entwicklung der letzten Jahrzehnte auch in Zukunft so fortsetzen werde. Dies ist allerdings eher unwahrscheinlich, wenn man sich die großen Trendbrüche in den vergangenen hundert Jahren vor Augen hält: Der Erste Weltkrieg, die Weltwirtschaftskrise 1929 und der Zweite Weltkrieg stellten markante Zäsuren dar, nach denen die Zukunft jeweils völlig anders aussah als vorher. Und die schwere Finanz- und Wirtschaftskrise im Herbst 2008, die so überraschend einsetzte, macht erneut sehr eindrücklich deutlich, dass von einer einfachen Trendfortsetzung kaum ausgegangen werden kann.

Da die Alpen in nahezu allen Aspekten sehr intensiv mit Europa und der Welt verflochten sind, wirken sich Änderungen in den globalen wirtschaftlichen, sozialen, ökologischen oder politischen Rahmenbedingungen sofort auf die Zukunft der Alpen aus.

Energiekrise: Die hohe Effizienz der heutigen Arbeits- und Funktionsteilungen beruht auf der billigen Energie, die quasi unbeschränkt zur Verfügung steht. Wenn sich dies ändert und Energie teuer wird (wofür es viele Anzeichen gibt), dann werden diejenigen Alpengebiete, die derzeit als Peripherie von der Globalisierung profitieren, wieder entwertet, weil sie zu peripher liegen. Zwar wird in diesem Fall die Nutzung der direkten Ressourcen wieder aufgewertet (teure Transporte als Distanzschutz für die lokale Produktion), aber es ist unklar, inwieweit die Nutzung der traditionellen Ressourcen wieder aktiviert werden kann und ob dadurch der Wegfall ubiquitärer Arbeitsplätze überhaupt kompensiert werden kann.

Wirtschaftskrise: Im Fall einer tief greifenden Wirtschaftskrise sind die Alpen besonders benachteiligt, weil viele in die Alpen ausgelagerte Funktionen wie Naherholung, Tourismus, Sportveranstaltungen, Umweltschutz ein hohes Wohlstandsniveau voraussetzen und andere Funktionen wie Wohnen in attraktiver Landschaft wegen der langen Pendelwege unbezahlbar teuer werden.

Krise der sozialen Sicherheit: Wenn die gegenwärtige Weltordnung instabil wird und Millionen von Emigranten die »Festung Europa« zu stürmen versuchen, könnte den Tourismuszentren der Alpen eine völlig neue Aufgabe als Asylantenauffanglager zukommen, weil hier Hunderttausende oder gar Millionen von Menschen leicht und auf kleinstem Raum untergebracht und dank des alpinen Reliefs durch zahlenmäßig geringe Wachkräfte kontrolliert werden könnten.

Krise Wasserknappheit: Wenn mit zunehmender Klimaerwärmung die Niederschläge in Süd-, West-, Mittel- und Osteuropa dramatisch zurückgehen sollten, dann wäre es nicht ausgeschlossen, dass die betroffenen Staaten gemeinsam die Alpen zum riesigen Wasserspeicher umbauen (Anlage von Stauseen in *jedem* Alpental), um sich auf diese Weise eine Mindestwasserversorgung zu sichern.

Bürgerkriegssituation: Betrachtet man die Geschichte Europas, dann stellt die Zeit seit 1945, in der es in Europa keine Kriege mehr gab, eine absolute Ausnahmeperiode dar, und das plötzliche Aufflammen von kriegerischer Gewalt nach 1989 auf dem Balkan verdeutlicht auf beklemmende Weise, dass die heutige Friedenssituation keineswegs selbstverständlich ist. Sollten in Zukunft erneut Kriege oder Bürgerkriege in Europa ausbrechen, dann wären die Alpen davon wohl sehr direkt betroffen, weil ihre Transitlinien mitten im Zentrum Europas eine hohe militärstrategische Bedeutung besitzen.

Die genannten Trendbrüche, die die Alpen jeweils tief greifend verändern würden, sind vom gegenwärtigen Zeitpunkt aus überhaupt nicht zu prognostizieren, aber sie liegen andererseits auch nicht außerhalb jeder Vorstellungskraft.

Welche Zukunft wäre für die Alpen wünschenswert?

Die Zukunft der Alpen wäre beim Trendszenario, aber auch bei den meisten Trendbrüchen mit fundamentalen Verlusten verbunden: Die vielfältigen Kulturlandschaften mit ihrer hohen Biodiversität, ihrem Charakter als »Heimat« und ihrer ökologischen Stabilität würden verbuschen, verwalden oder überbaut werden, die wirtschaftlichen Ressourcen blieben ungenutzt und wären entwertet, die alpenspezifischen Lebensstile, die sich in der Auseinandersetzung mit diesem Naturraum und seiner Geschichte herausgebildet haben, würden zerfallen, und die Alpen würden als Großregion, die einen spezifischen Lebens- und Wirtschaftsraum in Europa darstellt, verschwinden.

Alle diese Verluste verweisen darauf, dass diese Entwicklung nicht nachhaltig wäre – die Alpen wären ökologisch instabil, hätten keine tragfähige wirtschaftliche Grundlage und würden auch kein lebens*wertes* Leben ermöglichen. Deshalb wäre es unbedingt wünschenswert, dass sich diese Entwicklung nicht durchsetzt.

Da die Alpen aber so intensiv mit der europäischen und globalen Entwicklung verbunden sind, können Alternativen nicht allein für die Alpen überlegt werden, sondern müssen die europäische Ebene mit einbeziehen: Die Probleme, die sich in den Alpen zeigen, sind keineswegs alpenspezifische Probleme, die ausschließlich hier auftreten, sondern es sind die charakteristischen und zentralen Probleme unserer globalisierten Wirtschaft und Gesellschaft, die die Zukunft der Menschheit insgesamt bedrohen. In dieser Perspektive sind Aussagen über die wünschenswerte Zukunft der Alpen zugleich Aussagen über die wünschenswerte Zukunft Europas und der Welt.

Um eine nachhaltige Entwicklung zu gewährleisten, müssten die Alpen – entgegen dem Trendszenario – bewusst als ein dezentraler Lebens- und Wirtschaftsraum erhalten werden, weil nur auf diese Weise langfristig eine wirtschaftliche Tragfähigkeit mit einer ökologischen Stabilität der Umwelt und einer vielfältigen und lebendigen kulturellen Identität verbunden werden könnte. Die gleiche Zielsetzung gilt für alle anderen ländlichen Regionen in Europa, die ebensowenig wie die Alpen zur Peripherie der Metropolregionen werden dürfen. Stattdessen sollten städtische und ländliche Regionen gleichberechtigt und komplementär zusammenarbeiten, um eine nachhaltige Entwicklung Gesamteuropas zu ermöglichen.

Die Alpen können nur dann als ein dezentraler Lebens- und Wirtschaftsraum erhalten werden, wenn es dafür eine entsprechende wirtschaftliche Grundlage gibt: Die zahlreichen direkten Ressourcen der Alpen (Land-/Forstwirtschaft, Rohstoffe, Wasser, Energie) sind viel zu wertvoll, um sie ungenutzt zu lassen, allerdings haben sie nur als Regionalprodukte mit sehr hoher Qualität eine Marktchance, und nur in dieser Form ist es möglich, sie umwelt- und sozialverträglich herzustellen. Darüber hinaus müssen die indirekten Ressourcen der Alpen (schöne Landschaft, hoher Freizeitwert, weiche Standortfaktoren) sowie die Möglichkeiten für ubiquitäre Arbeitsplätze ebenfalls genutzt werden, um in den Alpen eine tragfähige Wirtschaftsbasis aufzubauen; hierbei muss es jedoch die zentrale Aufgabe sein, diese Aktivitäten so zu gestalten, dass die Nutzung der direkten Ressourcen dadurch nicht zerstört wird (wie es heute oft der Fall ist) und dass alle diese Tätigkeiten in umwelt- und sozialverträglichen Formen ausgeführt werden. Und alle wirtschaftlichen Aktivitäten müssen im Rahmen des Konzeptes der »ausgewogenen Doppelnutzung« so aufeinander abgestimmt werden, dass eine gemeinsame Umweltverantwortung möglich wird, ohne dass die Alpen von außen fremdbestimmt werden.

Diese utopische Leitidee verlangt von den Alpen eine gezielte Modernisierung in nachhaltiger Perspektive: Ein Zurück zur Vergangenheit ist heute nicht mehr möglich und auch gar nicht sinnvoll, aber die Ausrichtung an den liberalen Werten unserer globalisierten Welt (»städtische Perspektive«) wäre ebenfalls kontraproduktiv. Stattdessen müsste es darum gehen, traditionelle Erfahrungen im Umgang mit den Alpen so mit den heutigen Herausforderungen und Ansprüchen zu verbinden, dass etwas Neues entsteht, das ökologische Stabilität mit kultureller Lebendigkeit auf neue Weise in dezentralen Strukturen verbindet.

Da dieses Neue so völlig quer zu den Selbstverständlichkeiten unserer globalisierten Welt steht, braucht es einen Raum, in dem es sich entfalten kann. Wenn die Alpen in die Einzugsgebiete von zehn Metropolregionen sowie in die dazwischen liegenden Entsiedlungsregionen zerfallen, dann sind die Alpen geteilt, und jede Teilregion ist abhängig und schwach, sodass in ihnen wenig Interesse an dieser neuen Entwicklung besteht; die Metropolregionen sind daran schon gar nicht interessiert. Nur wenn die Alpen als europäische Großregion organisiert sind – so wie es mit der internationalen »Alpenkonvention« bereits politisch realisiert wurde –, dann sind sie als ländliche Region fundamental an einer dezentralen Entwicklung interessiert, dann sind sie groß genug, um bei zahlreichen Problemfeldern diejenige »kritische Masse« zu erreichen, die für innovative Lösungen erforderlich ist, und dann sind sie in der Lage, regional unterschiedliche Initiativen so miteinander zu vernetzen, dass dadurch relevante Innovationen für eine nachhaltige Entwicklung entstehen.

Entgegen vieler Befürchtungen, dass es mit den Alpen seit langem immer nur »bergab« gehe, möchte ich explizit darauf hinweisen, dass es in den letzten zwanzig Jahren (konkret: seit Beginn des Alpenkonventionsprozesses) eine große Vielfalt von neuen Projekten, Initiativen, Strukturen und Netzwerken gibt, die die Alpen als dezentralen Lebens- und Wirtschaftsraum systematisch aufzuwerten versuchen. Diese erstrecken sich über alle Teile der Wirtschaft und der Kultur, betreffen den Umweltschutz inner- und außerhalb der Schutzgebiete sowie den politischen Bereich von der Gemeindepolitik über die Ebenen der Regionen, der Kantone/Bundesländer und der Staaten bis hin zur supranationalen Ebene (Alpenkonvention, Europäisches Raumentwicklungskonzept).

Dass diese sehr relevanten und wichtigen Innovationen aber sowohl von den Betroffenen als auch von der Öffentlichkeit nicht angemessen wahrgenommen werden, liegt daran, dass in unserem Denken die Selbstverständlichkeiten unserer globalisierten Lebenswelt (städtische Perspektive) so stark präsent sind, dass wir diese Innovationen nur als »Sonderfälle« werten, die für unsere Welt nicht repräsentativ seien, und dass wir auf diese Weise ihren Innovationscharakter übersehen. Und genau diese falsche Wahrnehmung stellt eine fundamentale mentale Blockade für eine nachhaltige Entwicklung dar.

Darüber hinaus haben es diese neuen Entwicklungen auch noch zusätzlich schwer, weil sie quer zu allen räumlichen und funktionalen Strukturen unserer globalisierten Welt stehen und daher nicht zu unserer Realität »passen«, was zu zahlreichen konkreten Benachteiligungen führt. Und diese mentalen und strukturellen Blockaden sind so groß, dass es oft scheint, als bewege sich gar nichts, auch wenn wichtige Innovationen bereits stattgefunden haben.

Aber dies sind keine alpenspezifischen Schwierigkeiten, sondern diese Schwierigkeiten treten überall auf, wo wirkliche Alternativen in Richtung auf eine nachhaltige Entwicklung umzusetzen versucht werden. Allein in den Alpen können diese nicht umgesetzt werden, sondern dies geht nur gemeinsam mit anderen, ähnlichen Ansätzen, von denen es viele in Europa gibt. Und dabei können die Alpen einen besonders relevanten Beitrag leisten: Weil die Alpen in der europäischen Kulturgeschichte das zentrale Symbol für fremde, bedrohliche Natur darstellen, können sie besser als andere europäische Regionen klären, wie heute eine nachhaltige Entwicklung in Europa aussehen kann, die gerade in einer extrem schwierigen Umwelt ökologische Stabilität mit kultureller Lebendigkeit dauerhaft verbinden kann.

Anmerkungen

Dieser Text wurde im Dezember 2008 als Schlussbeitrag für diesen Band geschrieben.

(1) Die Aussagen zu den Flächenanteilen basieren auf der Auswertung von Gemeindedaten, stellen also jeweils eine Addition von Gemeindeflächen dar. Diese Angaben dürfen nicht mit der Siedlungsfläche oder der touristisch genutzten Fläche verwechselt werden, die stets sehr viel kleiner als die Gemeindeflächen sind. Da aber die Entwicklung der Gemeindeflächen jenseits der Siedlungsflächen und der touristischen Flächen politisch von den jeweiligen Gemeinden gesteuert wird, macht diese Auswertung Sinn.

Anhang

Bücher und Monografien über die Alpen von Werner Bätzing

Bei den folgenden Publikationen ist – sofern nichts Anderes vermerkt – W.B. der alleinige Autor. Seine vollständige Publikationsliste umfasst derzeit etwa 350 Titel, darunter zahlreiche Besprechungen und kurze journalistische Texte. Auf seiner Internetseite (www.geographie.uni-erlangen.de/wbaetzing/) steht eine gekürzte Fassung dieser Liste, die derzeit etwa 200 Titel umfasst und in deren Rahmen seit 1998 eine Reihe von Artikeln als Volltext (mit download) ins Netz gestellt werden.

1. Alpen-Buch (1. Fassung):

Die Alpen – Naturbearbeitung und Umweltzerstörung. Eine ökologisch-geographische Untersuchung, Sendler-Verlag Frankfurt 1984, 180 S., 2., unveränderte Auflage 1985, 3., unveränderte Auflage 1986.

Die Alpen – Naturbearbeitung und Umweltzerstörung. Ein ökologisch-geographischer Essay, Edition Sendler im Vervuert-Verlag, Frankfurt 1988, 193 S., 4., um Nachwort und Literaturnachtrag erweiterte Auflage.

Italienische Ausgabe: *L'ambiente alpino. Trasformazione – distruzione – conservazione. Una ricerca ecologico-geografica.* Melograno Edizioni, Milano 1987, 187 S.

2. Hofgastein-Monografie:

Bad Hofgastein – Gemeindeentwicklung zwischen Ökologie und Tourismus. Perspektiven für eine Gemeinde im Brennpunkt des alpinen Fremdenverkehrs, Hrsg.: Institut für Stadt- und Regionalplanung (ISR) der TU Berlin, Berlin 1985, 202 S., 2., unveränderte Auflage 1986 (ISR-Diskussionsbeitrag Nr. 20).

3. GTA-Wanderführer:

Die GTA – der große Weitwanderweg durch die piemontesischen Alpen. Teil 1: Der Norden, Verlag Buchhandlung in der Ludwigstraße, Friedberg (Bayern) 1986, 100 S., *Teil 2: Der Süden*, Verlag der Weitwanderer, Oldenburg 1989, 167 S.

2. und 3., aktualisierte Auflage im Verlag der Weitwanderer, Oldenburg:

- Teil 1: *Der Norden*. 1992, 162 S.; Teil 2: *Der Süden*. 1993, 258 S.
- Teil 1: *Der Norden*. 1994, 166 S.; Teil 2: *Der Süden*. 1995, 262 S.

4. und 5., aktualisierte Auflage im Rotpunktverlag Zürich, Reihe »Naturpunkt«:

Grande Traversata delle Alpi, Der große Weitwanderweg durch die Alpen des Piemont.

- Teil 1: Der Norden. 2003, 184 S.; Teil 2: Der Süden. 2003, 288 S.
- Teil 1: Der Norden. 2006, 224 S.; Teil 2: Der Süden. 2006, 304 S.

4. Stura-Monografie (Examensarbeit):

Die unbewältigte Gegenwart als Zerfall einer traditionsträchtigen Alpenregion. Sozio-kulturelle und ökonomische Probleme der Valle Stura di Demonte (Piemont) und Perspektiven für ihre Zukunftsorientierung, Geographisches Institut der Universität Bern, Bern 1988, 351 S. (Geographica Bernensia P 17).

5. Neraissa-Monografie (Dissertation):

Welche Zukunft für strukturschwache, nicht-touristische Alpentäler? Eine geographische Mikroanalyse des Neraissa-Tals in den Cottischen Alpen (Prov. Cuneo/Piemont/Italien), Geographisches Institut der Universität Bern, Bern 1990, 335 S. (Geographica Bernensia P 21).

6. Alpen-Sammelband 1991:

Werner Bätzing und Paul Messerli (Hrsg.), *Die Alpen im Europa der neunziger Jahre – ein ökologisch gefährdeter Raum im Zentrum Europas zwischen Eigenständigkeit und Abhängigkeit*, Geographisches Institut der Bern, Bern 1991, 315 S. (Geographica Bernensia P 22).

7. Alpen-Buch (2. Fassung):

Die Alpen – Entstehung und Gefährdung einer europäischen Kulturlandschaft, Verlag C.H. Beck, München 1991, 286 S.; Sonderausgabe für die Büchergilde Gutenberg, Frankfurt/Wien 1991 (unveränderter Nachdruck).

8. Strukturwandel-Monografie:

Werner Bätzing unter Mitarbeit von K. Bennet Cadola, T. Buser, H. Gerhardinger, C. Hess, M. Kasper, Manfred Perlik, P. Schichan, Matthias Stremlow, S. Süess, *Der sozio-ökonomische Strukturwandel des Alpenraumes im 20. Jahrhundert. Eine Analyse von »Entwicklungstypen« auf Gemeinde-Ebene im Kontext der europäischen Tertiarisierung*, Geographisches Institut der Universität Bern, Bern 1993, 156 S. plus drei Beilagekarten (= Geographica Bernensia P 26).

9. Arnold-Niederer-Sammelband:

Arnold Niederer, *Alpine Alltagskultur zwischen Beharrung und Wandel. Ausgewählte Arbeiten aus den Jahren 1956 bis 1991*, hrsg. von Klaus Anderegg und Werner Bätzing, Haupt Verlag, Bern/Stuttgart/Wien 1993, 518 S., 2., durchgesehene Auflage 1996.

10. ZRW-Monografie:

Werner Bätzing, Paul Messerli, Manfred Perlik, *Regionale Entwicklungstypen. Analyse und Gliederung des schweizerischen Berggebietes*, hrsg. von der Zentralstelle für regionale Wirtschaftsförderung im Bundesamt für Industrie, Gewerbe und Arbeit, Bern 1995, 98 S. plus drei Karten (Beiträge zur Regionalpolitik Nr. 3).

11. Landwirtschaft im Alpenraum:

Werner Bätzing (Schriftleitung), *Landwirtschaft im Alpenraum – unverzichtbar, aber zukunftslos? Eine alpenweite Bilanz der aktuellen Probleme und der möglichen Lösungen*, hrsg. von der Europäischen Akademie Bozen, Fachbereich Alpine Umwelt, Blackwell-Wissenschaftsverlag, Berlin/Wien 1996, 266 S.

Italienische Ausgabe: Werner Bätzing (responsabile scientifico), *Agricoltura nell'arco alpino – quale futuro? Un bilancio dei problemi attuali e delle soluzioni possibili*, a cura di Academia Europea di Bolzano, Franco Angelo, Milano 1996, 396 S.

12. Alpen-Lexikon:

Kleines Alpen-Lexikon. Umwelt – Wirtschaft – Kultur, Verlag C.H. Beck, München 1997, 320 S. (Beck'sche Reihe 1205).

13. Tagungsband Alpenstädte:

Manfred Perlik und Werner Bätzing (Hrsg.), *L'avenir des villes des Alpes en Europe/Die Zukunft der Alpenstädte in Europa*, Tagungsband Konferenz Villach 19.–20.6. 1998, Grenoble 1999, 231 S. (*Revue de Géographie Alpine*, 87/1999, no. 2) und zugleich Bern 1999 (Geographica Bernensia P 36).

14. UBA-Monografie:

Ökologische und sozioökonomische Anforderungen an das Schwerpunktthema der Alpenkonvention »Bevölkerung und Kultur«, hrsg. vom Umweltbundesamt, Berlin 2002, 135 S. (UBA-Texte 61/02).

15. Alpen-Buch (3. Fassung):

Die Alpen – Geschichte und Zukunft einer europäischen Kulturlandschaft, Verlag C.H. Beck, München 2003, 431 S., 2., unveränderte Auflage 2005.

Italienische Ausgabe: *Le Alpi. Una regione unica al centro dell'Europa*, herausgegeben und bearbeitet von Fabrizio Bartaletti, Bollati Boringhieri Editore, Turin 2005, 485 S. (Nuova Cultura 107).

Französische Ausgabe: *Les Alpes. Un foyer de civilisation au cœur de l'Europe*, übersetzt und bearbeitet von Henri Rougier, Editions Loisirs et Pédagogie, Le-Mont-sur-Lausanne 2005, 514 S.

16. Alpenbildband:

Bildatlas Alpen. Eine Kulturlandschaft im Porträt, Wissenschaftliche Buchgesellschaft, Darmstadt 2005, 192 S. mit 194 Farbfotos; Lizenzausgabe für Buchhandel: Primus-Verlag, Darmstadt 2005, 192 S.

17. Seealpen-Wanderführer:

Werner Bätzing und Michael Kleider, *Die Seealpen. Naturparkwanderungen zwischen Piemont und Côte-d'Azur*, Rotpunktverlag, Zürich 2006, 215 S. (Reihe Naturpunkt-Wanderführer).

18. Stura-Wanderführer:

Werner Bätzing und Michael Kleider, *Valle Stura. Rundwanderung durch ein einsames Tal der piemontesischen Alpen*, Rotpunktverlag, Zürich 2008, 209 Seiten (Reihe Naturpunkt-Wanderführer).

Lebenslauf von Werner Bätzing

Werner Bätzing wurde am 24. Juni 1949 in Kassel geboren und wuchs in einer Pfarrersfamilie im ländlichen Raum Nordhessens auf, zuerst im damals noch sehr traditionell geprägten Dorf Istha, ab 1956 in der Kleinstadt Fritzlar. Nach dem Abitur 1968 studierte er Evangelische Theologie und Philosophie an der Kirchlichen Hochschule Bethel bei Bielefeld und an den Universitäten Tübingen und Heidelberg, was er im Sommer 1974 mit dem Ersten Theologischen Examen in Heidelberg abschloss. Angeregt durch seinen Hochschullehrer, den Heidegger-Schüler Wilhelm Anz (Bethel), bildete die Auseinandersetzung mit Fragen der Naturphilosophie und Naturzerstörung bereits vor dem Einsetzen der Ökologiebewegung einen Schwerpunkt in seinem Studium, und parallel dazu entwickelte sich bei ihm allmählich ein Interesse für gesellschaftspolitische Fragen.

Nach dem Studium ging er 1974 nach Berlin und arbeitete dort ein Jahr lang als Religionslehrer an einem Gymnasium. Weil er sich aber mit dem Christentum nicht mehr identifizieren konnte, kündigte er und suchte sich eine Lehrstelle. Von 1976 bis 1978 absolvierte er eine Ausbildung (»Lehre«) zum Sortimentsbuchhändler (Landkarten und Reiseführer als Spezialgebiet) und war anschließend bis 1981 in verschiedenen Berliner Buchhandlungen und Verlagen als Buchhändler und Buchhersteller tätig. Dabei hatte für ihn das Engagement in der Gewerkschaft Handel, Banken, Versicherungen (HBV, heute: ver.di) einen wichtigen Stellenwert.

Mit dem Umzug nach Berlin im Jahr 1974 veränderten sich seine Urlaubsbedürfnisse: An die Stelle der Suche nach Distanz zu den mitteleuropäischen Selbstverständlichkeiten (deshalb zwischen 1969 und 1974 längere Reisen nach Israel, in die Türkei, auf den Balkan und im Mittelmeerraum) trat jetzt die Suche nach Distanz zur hektischen Großstadt Berlin. In dieser Situation wurde die Erinnerung an die Alpen – die er zwischen 1964 und 1967 in Gsteig/Berner Oberland kennengelernt hatte – wieder wach. Deshalb fuhr er im Sommer 1976 von Berlin in die Alpen, ins Ötztal, was aber gar nicht seinen Erwartungen entsprach. 1977 war er dann das erste Mal in den südpiemontesischen Alpen, die ihn sofort so stark faszinierten, dass er 1978 eine Zeit der Arbeitslosigkeit nutzte, um drei Monate lang durch die gesamten Südwestalpen – von Menton an der Riviera bis nach Aosta – zu wandern.

Seit dieser Zeit wurden ihm die Alpen immer wichtiger: Zuerst standen sie im Mittelpunkt seiner Urlaubszeiten, 1981-1982 nahm er eine selbständige Tätigkeit für die »Nordhessische Fachwerkhaus-börse« in einem Architekturbüro im Kontext des Denkmalschutzes an, um mehr Zeit für die Alpen zu haben, und von 1983 bis 1987 studierte er Geografie an der Technischen Universität Berlin, um sein Alpeninteresse fachlich zu vertiefen und eine Berufstätigkeit im Alpenbereich vorzubereiten. In dieser Zeit erschien 1984 die erste Fassung seines *Alpen*-Buches, mit dem er überregional bekannt wurde.

1988 holte ihn Prof. Paul Messerli an das Geographische Institut der Universität Bern (Schweiz), wo er in kurzer Zeit promovierte (1989) und habilitierte (1993) und von wo aus er zahlreiche, teilweise viel beachtete öffentliche Beiträge zur Alpendiskussion leistete.

Im Jahr 1995 erhielt er einen Ruf an die Universität Erlangen-Nürnberg, wo er seitdem als Professor für Kulturgeografie tätig ist. Nach wie vor stehen die Alpen im Zentrum seines wissenschaft-lichen, politischen und persönlichen Engagements, wobei beson-ders die Jahre 2005 und 2006 mit der italienischen und französi-schen Ausgabe seines *Alpen*-Buches und mehreren Preisen in Italien und der Schweiz eine große internationale Anerkennung brachten. Seit dem Wechsel nach Erlangen beschäftigt sich Werner Bätzing neben den Alpen auch mit den ländlichen Räumen in der Metropolregion Nürnberg, in Deutschland und in Europa und hier besonders mit dem neuen Phänomen der *Regionalprodukte* und ihrer wirtschaftlichen, kulturellen und politischen Aufwertung.

Preise und Ehrungen

- Literaturpreis des Deutschen Alpenvereins 1986. Preis zum Schutz der Bergwelt von GEO-Buch München 1991; Prix Media Reuters, Genf 1995
- Auszeichnung als »Botschafter der Friedensglocke des Alpenraumes« durch die Arbeitsgemeinschaft Alpenländer (Arge Alp), das Land Tirol und die Marktgemeinde Telfs
- Prix littéraire René Willien der Autonomen Region Aosta-Tal, Premio Letterario Nazionale Leggimontagna, Premio ITAS del libro di montagna, Premio Gambrinus »Giuseppe Mazzotti« per la letteratura di montagna – alle 2006 für die italienische Ausgabe des *Alpen*-Buches (München 2003) mit dem Titel *Le Alpi – una regione unica al centro dell'Europa* (Bollati Boringhieri Editori, Torino 2005)
- King Albert Mountain Award 2006
- »Grüne Palme«, die »Auszeichnung für sanften Tourismus« der Redaktion von *GEO-SAISON*